歩行者事故はなぜ起きるのか

松浦常夫 Tsuneo Matsuura

東京大学出版会

Why Are Pedestrians Involved in Traffic Accidents ?
Tsuneo Matsuura
University of Tokyo Press, 2020
ISBN 978-4-13-013315-9

はじめに

交通安全の研究分野には、工学や医学のほかに心理学がある。私は心理学（交通心理学）の立場から、警察庁の研究所や大学で、ドライバーや歩行者の心理や行動、事故分析を研究してきた。

この本で歩行者の交通安全を取り上げた理由の一つは、歩行者にクローズアップした本がまだ書かれていないからである。歩行者の交通安全と言えば、従来は子どもの交通安全教育が主体で、歩行者の心理や行動や事故を取り上げた本が必要だと思ったからだ。

理由のもう一つは、個人的に歩くことが好きだからだ。散歩などをしていると、安全で歩きやすい道に関心が向く。特に、痛風発作を経験してからは、歩けることの幸せを感じるようになった。親指周辺が真っ赤に腫れ上がった足を引きずりながら駅まで歩くと、このあたりの路面はデコボコしているな、ここは上り坂だったのか、道路を横断するのに歩行者用の青信号はありがたいな、と気がつくようになった。考えてみると、小さな子どもや老いが進んだ高齢者は、これと似た思いで道を歩いているに違いない。

忘れがちであるが、歩きやすい道路があり、そこを安心して不自由なく歩けることは、生活の基本である。歩きやすい道路の条件には、道路の快適性以外にも、アクセスのよさとか、歩いて楽しい道路であるとかがあるが、やはり安全な道路であることが一番だ。しかし、日本の歩行者はまだ安心して歩けていない。狭い地域に多くの人が住んで働いているため、歩道がない道路や歩道が狭い道路が張りめぐらされ、交差点も多い。また、先進国の中では高齢化も一番進んでいる。交通事故死者に占める歩行者の割合は三分の一を占め、先進国の中で群を抜いて多い。

かつては、車交通の急激な進展によって「棺桶型」と呼ばれるほど自動車乗車中の死者が増えて、死者全体の半数近くに達する時期があった。しかし、一〇年ほど前から、再び歩行中死者が一番多くなってきた。車の性能は年々向上して、ドライバーの安全運転を支援してくれるようになったが(その究極が自動運転)、歩行者のほうは相変わらず無防備だからだ。

本書は、歩行(第1章)、歩行環境(第2章)、歩行者行動(第3章)、歩行者事故(第4章)、子どもと高齢者(第5章)、歩行者事故対策(第6章)といった歩行者安全の基本的なテーマを一冊にまとめた本である。学問分野で言えば、第1章は交通科学ではあまり取り上げられないテーマで、歩行にかかわる様々な分野の知見をまとめた。第2、3、6章の道路交通対策は交通工学の領域で、第3、5、6章の教育的対策は交通心理学の領域だ。第4章の歩行者事故はどの交通科学も関与する重要な領域であるが、歩行者事故の統計分析の多くは、事故データを保有する警察などの行政や、関連の交通事故総合分析センターで行われている。第6章では自動車と救急医療面からの対策にも言及したが、これは自動車工学や交通医学の領域だ。

交通心理学の研究者に過ぎない筆者が、このように歩行者安全にかかわる広範囲な問題をまとめることができたのは、科学警察研究所勤務時に、土木工学や機械工学といった工学系の研究者とともに交通安全の研究を行っていたからである。また、研究所から警察庁交通局に二年間出向して交通事故の統計分析を担当したこともあり、交通事故を、ドライバーや歩行者の心理や行動といった心理学的な側面からだけでなく、道路交通法や交通規制を含めた広い視点から見るようにしていたからである。

本書は、子どもや高齢者の交通安全教育に携わっている方、道路交通行政や交通警察に携わっている方、そして歩行者問題の研究者を主な読者対象としている。しかし、知的好奇心のある一般読者、特に散歩や町歩きを趣味とされる方にもぜひ、読んでいただきたい。読者の皆さんにとっては、各自がかかわっている歩行者問題を、もっと広い視野から、あるいは別の角度から眺めるよい機会となるだろう。

本書は、日本交通安全教育普及協会の『交通安全教育』（二〇一八年四月〜二〇二〇年一月号）の連載「歩行者の交通安全」に、大幅に加筆、修正したものです。同協会編集部の御座紀子氏と、東京大学出版会編集部の小室まどか氏にはお世話になりました。ここに深く感謝いたします。

二〇二〇年七月

松浦常夫

目次

第1章　歩行とは

第1節　運動としての歩行

歩くことは誰でも行っているし、どういうことか誰でも知っている。しかし、歩いている時の足や手の動きがどうなっているかを意識すると、途端に歩きがぎこちなくなってしまう。役者でも、もう少し大きく手を振って歩いてなどと監督から言われると、意識が手に行ってしまい、自然に歩けなくなるという。知っているようで知らない、運動としての歩行を科学的に考えてみよう。

人間が歩く時の足の動きはどうなっているのか、ヒトの二足歩行の原理は何なのか、歩行と走行の違いは何かなどについて以下に述べる。

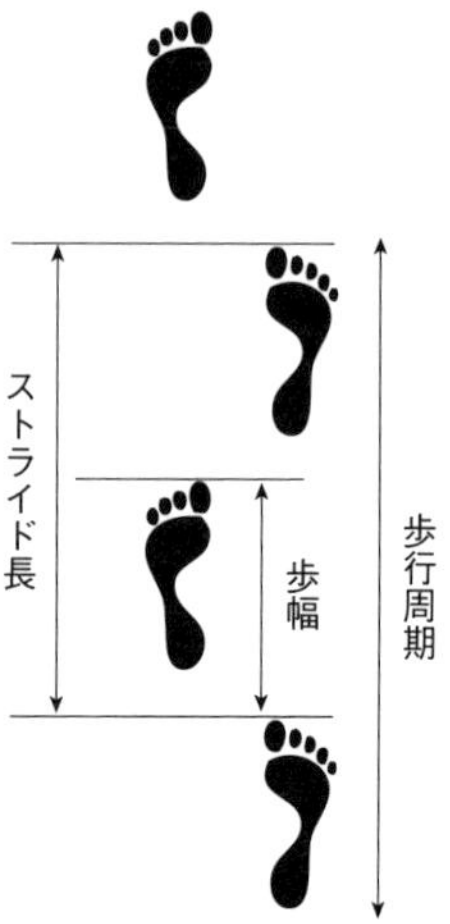

図1-1　歩行周期とストライド[1]

1　歩行周期と歩行相

ヒトは左右の足を交互に出して、規則的に歩いている。その様子を足跡から見ると、図1-1のようになる。右足（あるいは左足）が地面に着いてから再び右足（左足）が地面に着くまでを歩行周期（約一秒）として、これを繰り返すのだ。ちなみに、この周期の動作のことをストライドと呼び、その間の距離をストライド長（身長の約九〇パーセント）と呼ぶ。歩幅は一歩分の長さであるから、二歩分の歩幅がストライド長になる[1]。歩行の速度は歩行周期とストライドで決まり、ピッチ（単位時間当たりの歩数）を上げて歩行周期を短くするか、歩幅を広げてストライドを長くすると速く歩ける。歩きと走りは異なるが、マラソンなどで言われるピッチ走法とストライド走法はこの原理による。ちなみに、日本のマラソンランナーの多くはピッチ走法で、アフリカ勢はストライド走法で走っている。スピードを上げるには、ピッチを上げるよりストライドを伸ばすほうが効率的であり[2]、脚が長いほうが速く歩いたり走ったりできる。

歩行周期内での歩行の様子（歩行相）を、足が地面に着いているかどうかで表現すると、足が地面に着いている時を立脚期あるいは支持期と呼ぶ。ふつうは片足だけが地面に着いているが、両足が地面に着く時もある。また、片足が地面に着いていて、もう一方の足が地面から離れている時は、遊脚期と呼ばれる。図1-1で言えば、「右足立脚期・左足遊脚期→両足立脚期→左足立脚期・右足遊脚期→両足立脚期」が歩行の一つの周期で見られる。

歩行の一周期のうち、約六〇パーセントが立脚期で、約四〇パーセントが遊脚期である[1]。歩いている時は、足は交互に休みながら進んでいるが、支えている時間のほうが少しだけ長いというわけだ。ただし、歩く速度を上げると、歩幅が長くなって遊んでいる時間が増えるので、支えている時間の割合が減っていく[2]。

2　倒立振り子歩行

三脚は安定しているが、二つの脚で支えるコンパスやホチキスは倒れやすい。私たちもじっと動かずに立っているのはきついが、何かにつかまったり、歩いたりすると姿勢が安定する。不安定なはずの二足を用いた歩行がスムーズに行われる秘密は何だろうか。それは倒立振り子運動に基づく移動にある。

倒立振り子運動は、時計の振り子運動を上下逆さにした構造で、図1-2のように、支点が下にあって振り子の玉が円弧を描く。円弧の両端では運動エネルギーが大きく、中央では位置エネルギーが大きい。運動エネルギーと位置エネルギーの変換（エネルギー保存の法則）によって、移動が効率的

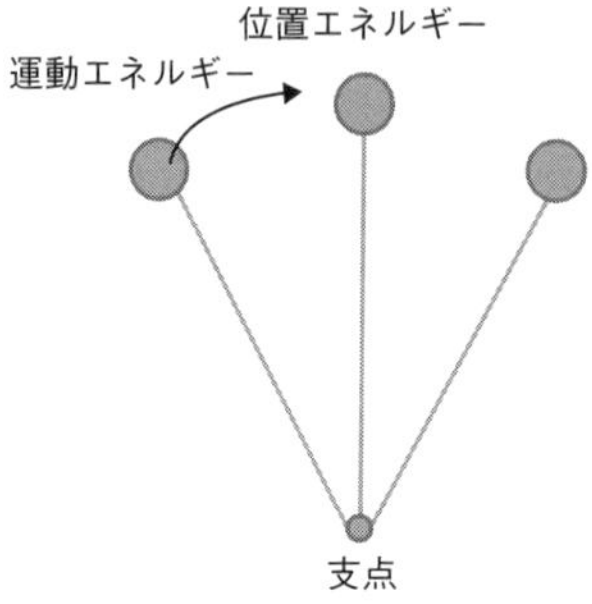

図 1-2　倒立振り子

図 1-3　歩行と倒立振り子[(2)]

に行われる。

この運動が立脚期の下肢の動きにも当てはまる。図1-3は右足を支点とした倒立振り子の動きだ。右足が地面に着いた時に、進行方向に生じている運動エネルギーは最大で、体の重心は低い位置にある。その後、右足が直立することで重心が持ち上げられて位置のエネルギーが増加する一方で、進行方向への速度は低下して運動エネルギーも失われる。この原理はヒトの歩行だけでなく、カタカタと斜面を歩く昔ながらのオモチャや、後で述べる二足歩行ロボットにも応用されている。

一方、遊脚期にはふつうの振り子運動の原理が働いている。前方の足が接地すると、その後に地面から離れて遊脚期に入った後方の足は、振り子やブランコのようにスイングして前方に振り出されるのだ。ただし、下肢には、股関節から膝までの振り子と膝から足首までの振り子の二つがあって、少しだけ異なったタイミングでスイングされる[(2)]。

3　歩行時に加わる力

まっすぐ床の上に立っている時には、体重による力（重力）が床を押していて、床は同じ力（床反力）で人体を押し返している。重力は体の重心に作用するが、立っている時はだいたい腰のあたりに重心がある。腰は重い物を持ったり、外からの力に耐えたりする時に力の入るところであり、動作を起こす時にも使うところで、まさに体のカナメ（要）だ。「腰を入れる」「腰を据える」「腰くだけ」など、腰に譬えた精神的表現もあるほど、体にとって重要なところと言える。

歩いている時に体にかかる力には、腰のあたりに働く下向きの重力のほかに、前に進もうとする慣性力がある。これも体の重心に加わっている。

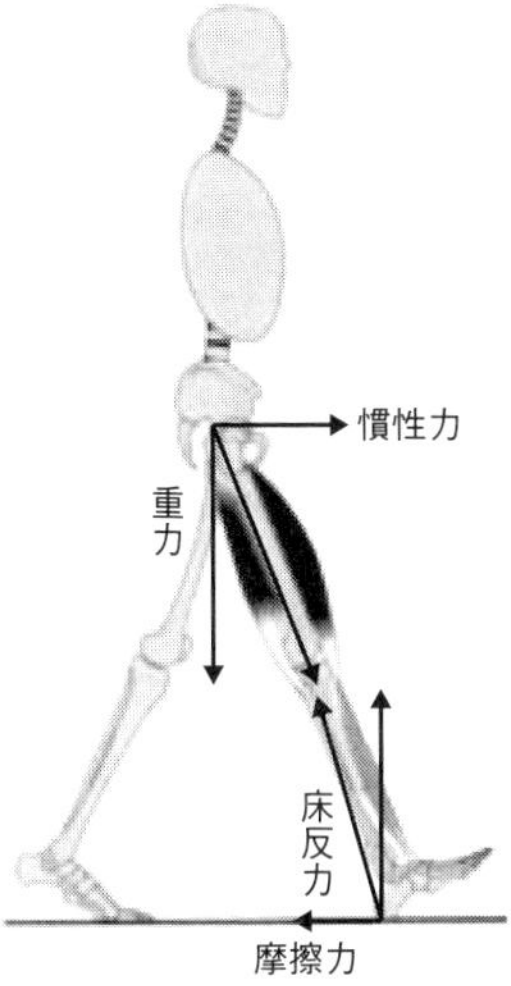

図1-4　歩行時に加わる力[3]

一方、重力と慣性力の合力に対抗する力は、足が地面に接した時に地面からの反作用として働く力（床反力）である。歩いて前に進めるのは、足が接地した際に生じる摩擦力より、慣性力のほうが大きいためである[3]（図1-4）。

さらに体には筋肉や関節があって、私たちはそのバネを使って歩いている。筋肉（筋）が収縮し、関節の角度が変化することで回転力（モーメント）が生じるのだ。その時に使われる主な筋肉は、股関節進展筋群（下肢を後方に振る動作に必要な、尻の大臀筋や太ももの筋肉など）と足関節底屈筋群（足が裏側に曲がるために必要とされる、ふくらはぎの筋肉など）である。また、主な関節には股関節、膝関節、足関節があり、こういった関節が曲げられると、関節周囲の軟部組織（皮膚、靱帯、筋、腱）が伸張してエネルギーが蓄えられ、関節が元に戻る時にエネルギーが放出される。(4)

4　ロボットの歩行運動

ヒトはどう歩くか、なぜ歩けるかという問題は、運動学やスポーツ医学やリハビリテーション学、あるいは脳科学などで研究されている。ロボット工学でも、ヒトの歩き方を調べ、それをロボットの歩行に反映させる研究をしている。ここでは二足歩行ロボットを制御する二つのタイプの原理から、逆にヒトの歩行の特徴を考えてみよう。

重力を利用した受動歩行制御

ヒト型の二足歩行ロボットを作る場合の一つの考え方は、できるだけシンプルな原理で作成することである。倒れることを利用して歩くという受動歩行もその一つだ。その原理は遊脚を振り子、支持脚を倒立振り子と考えて、衝撃や摩擦で失われるエネルギーを、坂道を下りることで得られる重力で補填するというものだ。受動歩行は、私たちがリラックスして緩やかな坂道を下っている時のような歩き方で、足にそれほど力を入れなくても自然に前に進める歩き方である。ロボットを坂の上に立たせると、前に倒れるような力が働いて、片方の足が前に出る。その足が地面に着くと、その足のほうに重心が移動する。そのままだと前に倒れてしまうが、そうならないように次の瞬間に別の足が出てきて、そちらの足のほうに重心が移動する。これが繰り返されて坂をゆっくりと下って歩いていく。興味深いことに、不規則な数歩の後、傾斜角に応じてタン・タン・タンといった規則的な歩行に収束するという(5)。

受動歩行では基本的にモーターを必要とせず、重力だけが推進力となる。しかし、歩き始めの力はどこから得るか、歩行の途中での風や路面のでこぼこなどの外乱に対してどうするかなどは、純粋な受動歩行ロボットでは解決できない。また、平坦な道や上り坂では、このロボットは歩けない。そこで実際の受動歩行ロボットでは、基本的には受動歩行をするが、平地や坂道などではその情報に対するフィードバック制御が働いて能動的な歩行ができるように、センサーやアクチュエーター（駆動力を出すためのモーターと変速機）が備えられている。

ヒトの歩行も、基本的には振り子の運動に基づく受動歩行である。しかし、受動歩行ロボットと同様に、特に平地や上り坂では推進力が必要である。それが筋肉や関節による力だ。

図1-5　ASIMO (2000)[8]

動力学に基づくZMP制御

図1-4で歩く時に加わる力を説明したが、ロボットの歩行もこの原理に基づく。ロボットが歩いている時には、重力と加減速によって生じる慣性力が働く。一方、ロボットの着地している足には、地面からの反作用として床反力が働く。重力と慣性力の二つの力が合わさった合力の軸と地面との交点は、床反力の圧力中心で、ロボットにかかる回転力（モーメント）がゼロとなるので、ＺＭＰ（ゼロ・モーメント・ポイント）と呼ばれる[6]。簡単に言うと、歩いている時に力を込めている足裏の点がＺＭＰだ。ＺＭＰが重要なのは、安定した歩行下ではＺＭＰと床反力の作用点が一致していることから、ロボットを制御する時にも、両者を一致させる必要があるからだ。目標とするＺＭＰと実際の床反力作用点がずれると、ロボットはバランスを崩してしまう。

ロボットを二足歩行させるには、足をうまく動かして体全体（重心位置）を前に移動させ、転ばないようにすることが必要である。これを実現させるために、まず股・膝・足首の関節の角度などを考えて、あらかじめ歩行軌道を定めておく。次いで、重心位置が足裏に来る（ＺＭＰと床反力の作用点が一致する）ように持って行くために、どの関節をどれだけ動かせればよいか、ロボットの関節のモーターを制御する[7]。

ただし、実際には路面の状況によっては転ばずに動くかわからないので、バランスを取るような制

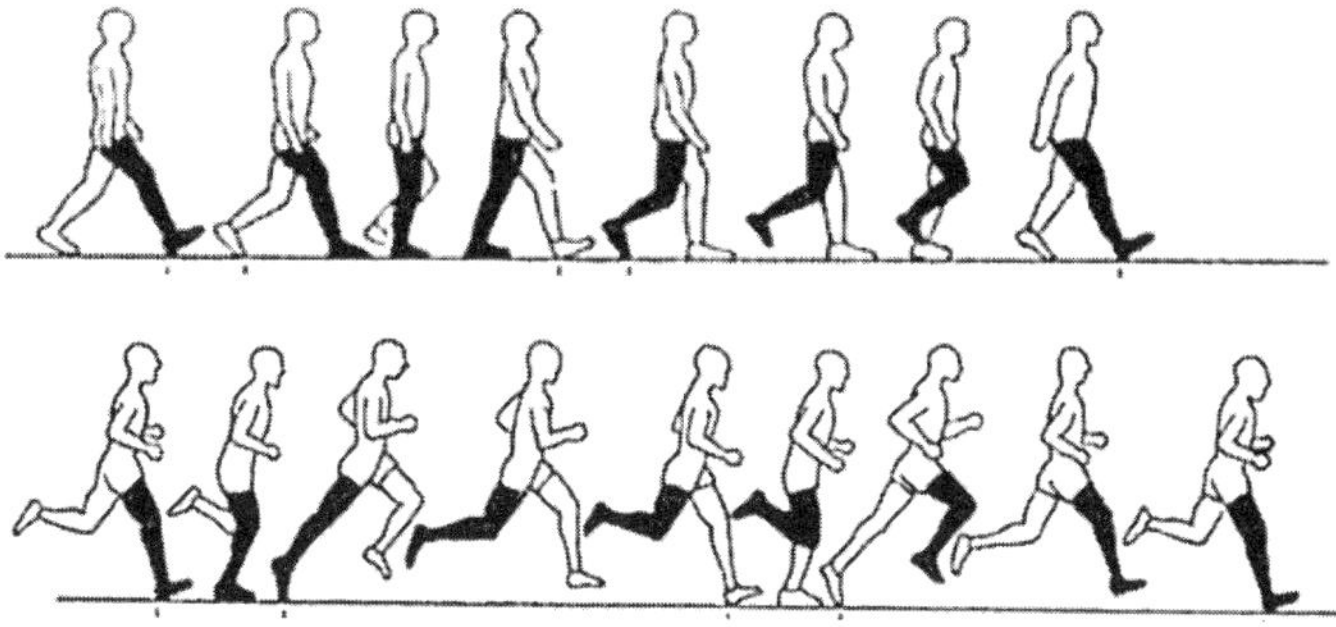

図 1-6　歩行時と走行時のフォーム [2]

御が必要となる。ホンダの二足歩行ロボットＡＳＩＭＯ（図1-5）では、バランスを崩して倒れそうになると足の裏で踏ん張る制御、足裏で踏ん張りきれない時に姿勢を保つ制御、およびこの制御によって生じた上体のずれを歩幅によって調整する制御が用いられている[8]。将棋や囲碁のような知的ゲームでは、すでにＡＩロボットがヒトを打ち負かしている。車の運転でも自動運転まであと一歩だ。しかし、ＺＭＰ制御によるヒト型ロボットは、ヒトの歩行にだいぶ近づいてはいるものの、まだヒトの歩行能力を上回るまでには至っていない。

5　「歩く」と「走る」

朝の出勤時など、早足で歩いている人がいつのまにか小走りで駅に向かうことがある。その姿を横から見ると、速度のほかに、フォームがかなり異なる（図1-6）。なぜ急いでいる時に走るのかというと、ある速度を超えると、歩行より走行のほうがエネルギーを消費しなくなるからと言われている。歩くより走るほうが

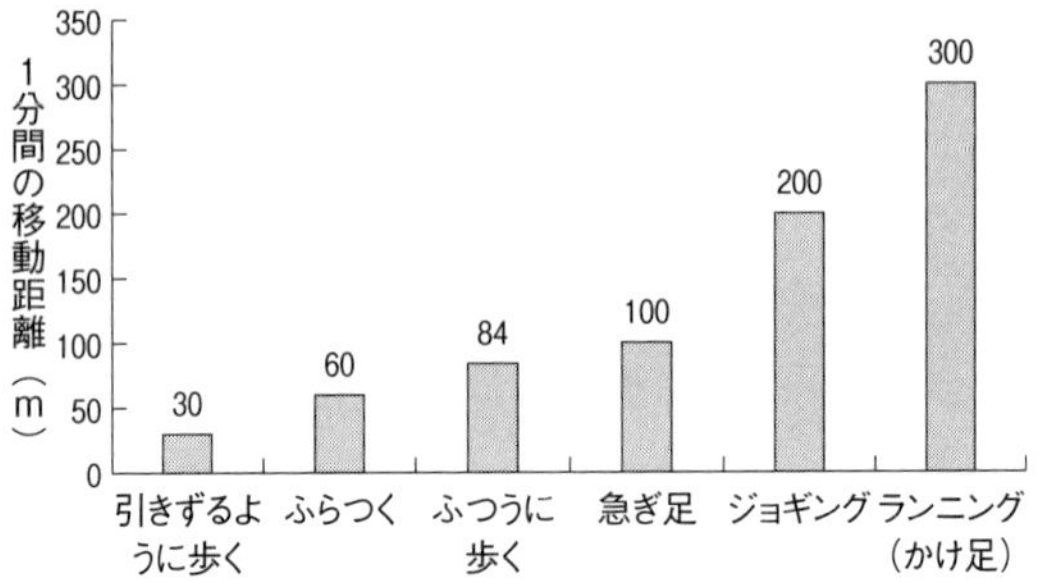

図1-7　様々な歩行と走行の速度[(3)]

楽になるのだ。移動速度を比較した図1-7からも、急ぐ場合には、急ぎ足で歩くより軽く走るほうが早く着くようだ。[(3)] 急いで歩いても速度は二割しか増さないが、走り出すと二倍速くなる。

移動速度のほかに、歩きと走りの違いは何だろうか。図1-6の二つのフォームを見くらべるとすぐわかるが、歩行では片足で立っている瞬間と両足で立っている瞬間とが交互に繰り返される。一方、走行では片足で立っている瞬間と宙に浮いている瞬間とが交互に繰り返されている。陸上の競歩でも、「いずれかの足は地面に着いた状態でなければならない」というルールがあるように、歩行ではいつもどちらかの足が地面に着いているが、走行では両足が空中に浮いている瞬間があるのだ。

図1-6をもう一度見てみよう。足の接地状態を見ると、歩く時は誰でもかかとで着地し、その後足裏全体に体重がのるが、走る時はかかと着地のほかに足の中央での着地（フラット着地）や、足の前半部分での着地が見られ、ともに接地時間が少ない。

歩くより走るほうが苦しい理由の一つは、歩行のような位置エネルギーと運動エネルギーの変換がなくて力学的エネルギーが保存されないため、速く移動するためには尻・腿の筋肉や膝・足首の関節の動きを大きくして、筋活動を活発にする必要があるからだ(1)。歩行は、少ないエネルギーで移動できるので一〇分くらいは誰でも歩けるが、エネルギーを要する走行は、無理をしないと一〇分は持たない。

ここで、交通安全を考える上で重要な両者の違いを考えてみよう。それは走っていると、車と同様に急には止まれないという点である。「だるまさんが転んだ」という遊びが成り立つように、歩いていてもすぐには止まれない。しかし、走ればもっと「停止距離」が伸びてしまう。子どもの飛び出し事故が多いが、歩いて横断していれば、そのうちの何割かは防げたはずである。

第２節　歩行をコントロールする脳のメカニズム

脳卒中などで脳が傷つくと、腕や脚にマヒが生じて歩行が困難になり、歩けるようリハビリが必要となる。ここでのテーマは、脳や脊髄がどのように歩行をコントロールしているかである。

１　脳と脊髄からなる中枢神経系

外界の刺激を脳に伝えたり、脳から運動などの司令を伝えたりするために、人体には神経系という

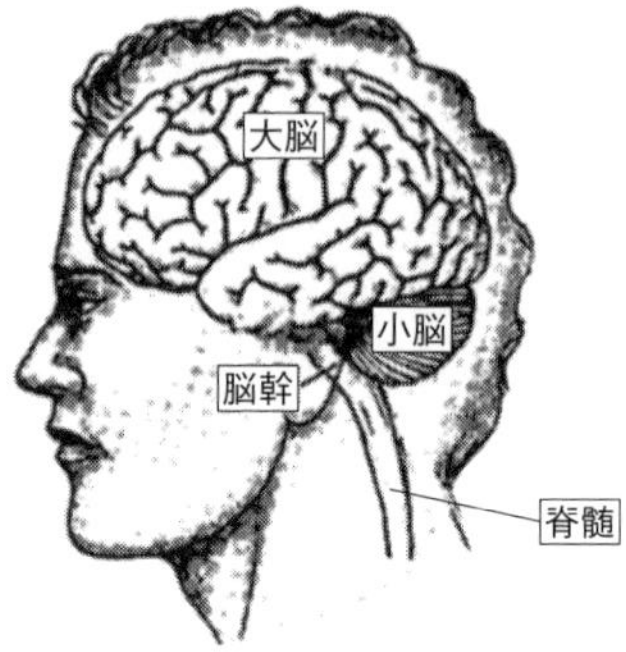

図 1-8　大脳、小脳、脳幹、脊髄[10]
間脳は図示されていないが脳幹の上にある.

器官がある。この神経系には、中枢神経系と末梢神経系がある。中枢神経系は、感覚器や筋肉などの末梢からの情報を受け取り、それを統合・判断し、末梢にある諸器官に司令を発するところで、脳と脊髄によって構成されている[9]。脳は頭蓋骨の中にあり、上から大脳、間脳、小脳、脳幹に分かれていて、脊髄はその下の首から背中にかけて伸びている（図1-8）。大脳は脳の八割を占め、精神や肉体の活動をコントロールする最高中枢である。脳の残りの部分である間脳、小脳、脳幹はあまり聞きなれないが、脊髄も含めていずれも歩行や一般の運動に欠くことのできない部位だ。

末梢神経系は、外界からの刺激や情報を中枢に向けて送り、また中枢からの司令を末梢の器官に伝えて反応を起こさせる役割を担う部分で、末梢から中枢に向けて感覚情報を伝える神経は感覚神経、中枢から末梢に向けて運動情報を伝える神経は運動神経と呼ばれる[9]。

2　運動の階層性と歩行

運動には反射運動、リズム運動、随意運動の三つの階層がある[11][12]（図1-9）。歩行はこの三つが組み合わさった動作であり、中でもリズム運動の側面が強い。

反射運動

反射運動というのは、きわめて自動性の強い、定型的な運動を言う。たとえば、熱いものに触れて手を引っ込める、足先に動物のフンなどを感じて足を引っ込めるといった動きは、引っ込め反射（屈曲反射）と呼ばれ、防御的、逃避的な意味を持つ。立っている時に体が傾くと、それを無意識に立て直そうとする。これは立ち直り反応とか平衡反応と呼ばれる、姿勢制御にかかわる反射である。

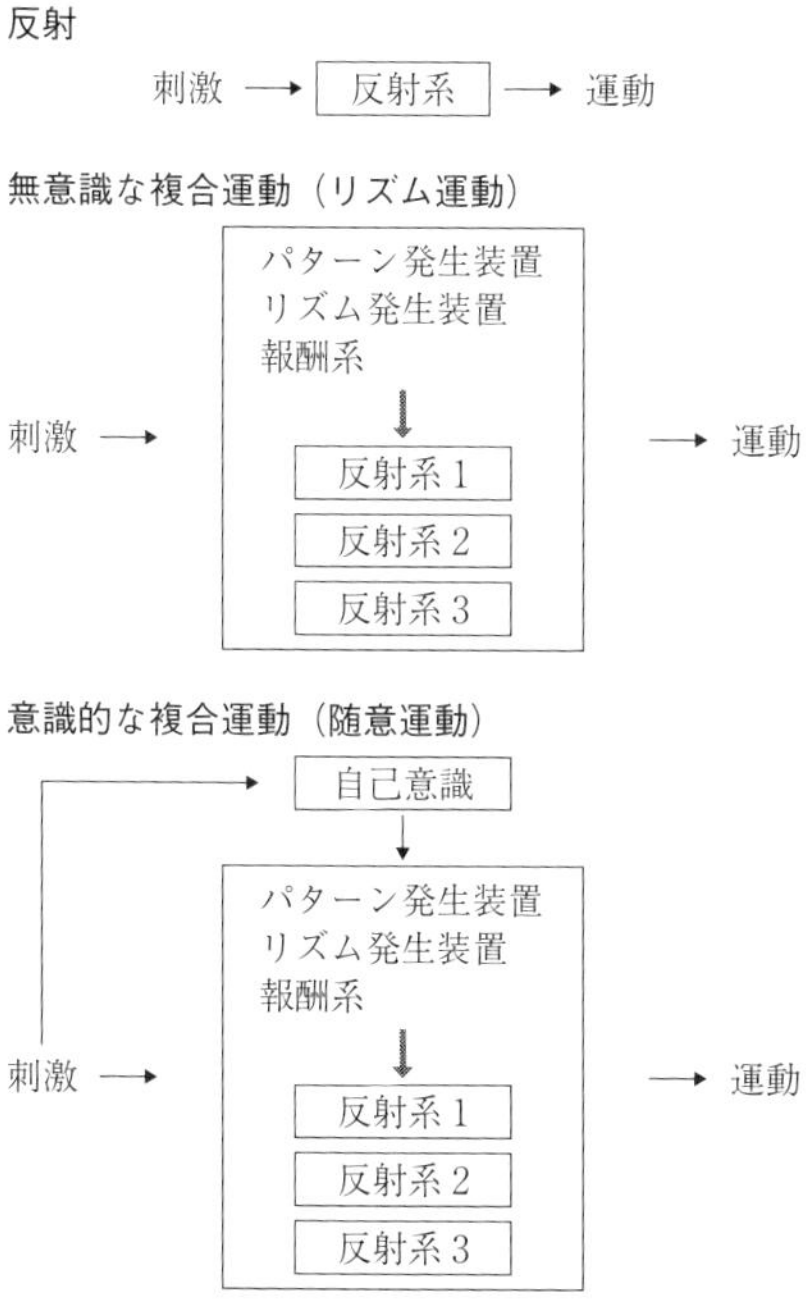

図 1-9　運動の三つの階層[12]

足が地面に着く時、かかとにかかる衝撃によって足がそり上がって（足背屈）、ふくらはぎの筋肉（ヒラメ筋）が伸ばされるが、すぐにそのふくらはぎの筋肉が収縮して、次に足の前方部分が床に押しつけられて前方への推進力が得られる。これは、骨格筋が伸張されると、筋を支配する脊髄にある運動ニューロンが興奮して筋を収縮させるという、伸張反射の一つである。

生まれて二、三カ月までの赤ちゃんは、両脇を支えられて立った状態になると、足を交互に出そうとする。これは赤ちゃんが生まれながらに持っている原始反射の一つ（自立歩行反射）である。下等な動物は行動のすべてが反射である。人間の場合も赤ちゃんのうちは、口に触れたものを無意識にくわえて吸いつこうとする反射（吸啜反射）や、手や足の指に触れたものを握ろうとギュッと指を折り曲げる反射（把握反射）といった原始反射がいくつかあるが、発達とともに消えていく。

リズム運動

呼吸や発声や咀嚼など、反射よりも複雑な運動では、無意識のうちに外界の刺激に対応して、複数の筋肉群が様々なタイミングで使われる。この運動が生じるのは、反射の神経システムが、さらに上位の運動パターン発生装置や生体リズム発生装置から出される信号によって制御されるためである。この装置は中枢パターン発生器（ＣＰＧ）と呼ばれ、脳幹から脊髄にかけて存在する。

私たちは左右の足を交互に前に出して、リズミカルに歩く。歩行もＣＰＧにより制御されている。歩行運動の基本は、各下肢の屈筋（曲げる時に使用される筋肉——ふくらはぎのヒラメ筋、腓腹筋など）と伸筋（伸ばす時使用される筋肉——大腿四頭筋や前脛骨筋など）が、タイミングよく興奮と抑制を繰り返すことである。脊髄には、そのような基本的パターンを屈筋と伸筋の運動細胞に送り出す神経回路網が存在する。また、左右の肢の立脚期と遊脚期が一定のパターンで交代するようなしくみもそこに存在する。

随意運動

運動がこれら第一、第二の層でまかなわれているうちは、大脳皮質の機能を必要としない。日常の運動のかなりの部分は、特に意識して調節する必要がないこうした自動性の高い運動である。ただ、こういった運動に不具合が生じた場合にはそれを調節し、都合の悪い時に動き出さないように上位中枢がコントロールする。これが随意運動である。

随意運動は、手や足に加え、顔面筋や眼球など、体の様々な部分を、自らの意思によって自在に動かすことによって、自らの意図する行動目的を達成しようとする運動である。歩行では、速度を変えたり、方向を変えたり、立ち止まったり、再び歩き出したりする時には、目的があって今までの運動が変化する。こうなると運動というより、動作や行動と言ったほうがよいかもしれない。

ところで、関節や筋肉などの部位が、脳などの神経回路の制御の下で動く働きが運動である。身体のある部分の運動が特定のしかたで組み合わさって遂行されると、それは動作と呼ばれる。立つ、食べる、歩くは動作と言える。一方、行動はというと、あることを行うという、動作を含めつつも目的により力点が置かれた言葉である。この章では歩行を運動や動作の面から取り上げているが、第2章以下では、歩行者の交通場面での安全行動を取り上げる。

3　大脳の運動野

大脳（図1-10）には表面の大脳皮質と内部の大脳髄質があり、特に人間では大脳皮質が発達していて、部位に応じて、視覚、聴覚、感覚、言語、運動などの固有の機能を分担している。特に歩行運動に関係するのは、運動野と呼ばれる部位で、一次運動野と高次運動野（運動前野、補足運動野、帯状皮質運動野）から構成されている（後掲図1-12）。

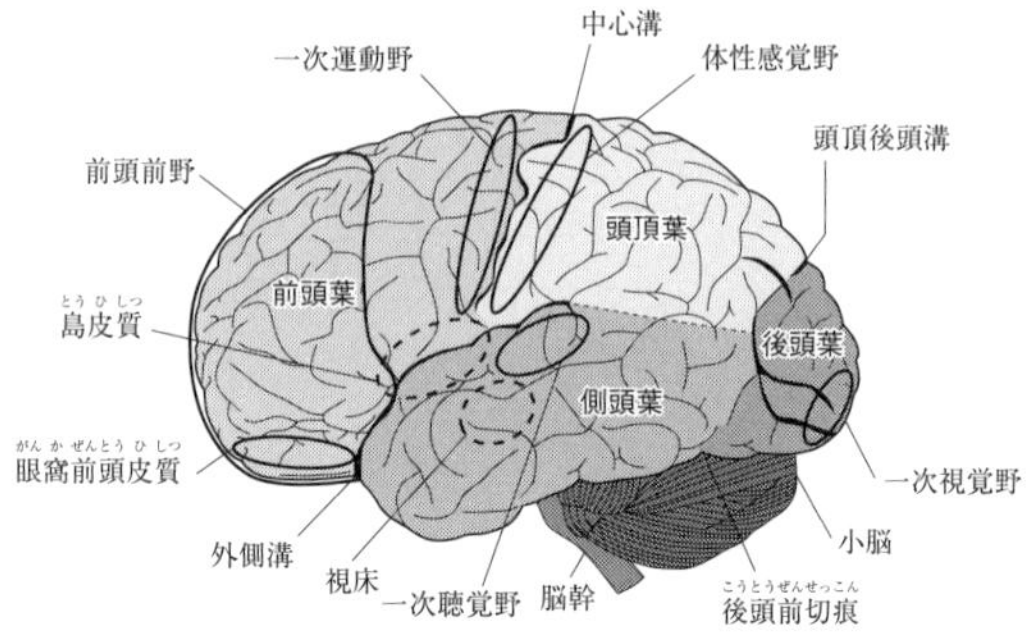

図 1-10　ヒトの脳の概観(13)

一次運動野

一次運動野へは、高次運動野からだけでなく脳の様々な部位から情報が入力されてくる(14)。

頭頂連合野からは、自分の身体の位置と物体の位置や動きの情報が一次運動野と運動前野に送られる。体性感覚野は、運動野の近くにあって、触覚・圧覚などの皮膚感覚や、筋や腱が受ける運動感覚などの情報を処理する部位である。ここからの入力情報によって一次運動野は、運動をしている時に身体の各部分がどのように動いているかを知り、運動を補正する。また、視覚などの感覚情報を集めてそれを大脳に送る間脳の視床、後で述べる小脳、および大脳全体の覚醒水準に適合した活動レベルの調整をする脳幹などからの入力がある[14]。

こうした脳の広範囲な部分からの入力をもとに、一次運動野はどのように運動を行うかという情報をそれらの部位にフィードバックする。しかし、もっと重要な情報の出力は、脊髄運動系への出力である。一次運動野には脊髄に通じるニューロンが多数あり、その経路は皮質脊髄路と呼ばれている。脊髄まで下降したニューロンは、随意運動にかかわる情報を伝える（図1-11）。

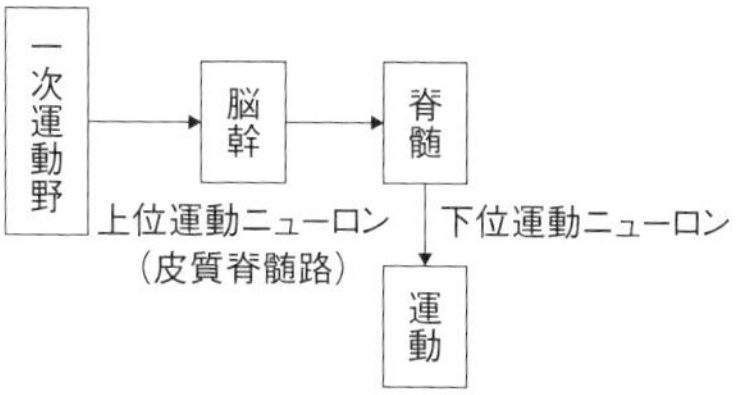

図1-11　運動制御の指令[14]

運動前野

ある部位の働きを調べる方法として、その部位を切除して運動や動作の変化を見るという方法がある。ヒトに近いサルがその実験対象としてよく使われる。箱の真ん中にリンゴを置き、その上にプラスチックの透明な板を置いて、板の周辺部に穴を開けておく。運動前野を切除していないサルは穴から手を入れてリンゴを取れたが、切除したサルはリンゴに向かって直接手を伸ばしてしまい、プラスチック板にぶつかってリンゴを取ることができなかった[14][15]。視覚情報を適切に使って運動の構成を考え、手などを誘導することができなかったのだ。

ランプが点灯したら指示された方向に手を動かすというサルを使った実験

では、まだ筋活動が見られない運動開始前に、運動前野の細胞の活動が著しく増加したことから、運動前野は運動に先立って運動を企画したり準備したりする働きを持っていると考えられている(14)(16)。

まとめると、運動前野は視覚などの感覚情報から物体を認知した後、それに対応した動作を起こす中枢と言える(14)。ところで、ほかの人が運動をしているのを見ている時に、あたかも自分が運動をしているかのような活動を呈する、ミラーニューロンと呼ばれる神経細胞があるのをご存じだろうか。運動前野は、このシステムの代表部位だ。

補足運動野

サルにハンドルを押す、引く、回すのいずれかの動作を、ＬＥＤの三色の点灯と対応させて行わせる実験がある。これは青が出たら右キーを押し、赤だったら足のキーを踏むといった、運転適性検査の反応検査と似た課題だ。特定の順序でこれを何回か繰り返すと、サルは点灯がなくても順序通りに三種類の操作ができるようになった。この時の補足運動野の細胞の活動を見ると、ある特定の順序で行った動作の時だけに活動する細胞が見られた。また、一つの動作が終了してから、次の動作までの間に活動する細胞も見られた(17)。こういった各種実験の結果から、補足運動野は、動作選択の準備、複数の動作の順番の決定、動作様式の切り替え、自発的な動作への切り替え、動作開始に至るまでの時間の制御といった役割を果たすことがわかった(14)。

帯状皮質運動野

帯状皮質運動野は、大脳皮質の奥のほうにあって、その下に大脳辺縁系に属する帯状回がある。帯状回は、情動の表出や内的欲求の発現に重要な役割を有したり、注意の方向づけに関係したりする部位であり、帯状皮質運動野との結びつきが深い[14]。つまり、楽しいとか不快だとか、安全そうだとか危険そうだとかといった側面から運動を価値づける働きがある。

以上、運動野について説明したが、道路上での歩行とのかかわりについては、運動前野は「『信号が青になったら、手を上げて渡れ』という交通ルールの標語のようなタイプの運動」、補足運動野は「道路の片側に立って車が途切れた瞬間に、『この辺で渡ってやろうと思い立って通りを横切る』というタイプの運動」と関係し、「それぞれの時点で必要な運動に関わる筋肉に司令を出す」のが一次運動野であるという[18]。また、道路を横断する時などは、面倒くさくないとか、安全だとか直感的に感じて横断することが多いが、こういった情報処理に帯状皮質運動野が関係しているかもしれない。

4　小　脳

大脳皮質の後部のすぐ下に小脳がある（前掲図1-10）。運動にかかわる情報の入出力の面から、小脳は三つの部分に分かれる[14]。

第一は、内耳の前庭から頭部の位置や動きに関する情報を脳幹の前庭神経核経由でもらい、情報処理した結果を前庭神経核に戻す部位である。この前庭小脳と呼ばれる部位は、姿勢調節や眼球運動の調節に関与している。頭を動かしても網膜上の像がぶれないように、自動的に頭の動きとは逆に眼球が動くという脳幹の前庭動眼反射の調節はこの部位で行われる[12]。

第二は、脊髄を介して全身の皮膚、筋肉、関節の感覚情報を受け取り、情報を処理した結果を脳幹と脊髄にフィードバックする部位で、脊髄小脳と呼ばれる。ここでは身体のバランスや歩行などの自動性の高い運動の調節が行われる。先に、脊髄の中枢パターン発生器（CPG）に触れたが、この活動に脊髄小脳も関与している。平行に置かれた二つのトレッドミル（ルームランナー）の速度を変えて、その上をネコに歩かせて、左右の肢の動きがどう混乱し、最終的にどう安定歩行が可能となるかを見る実験がある。こうした実験によると、大脳や間脳が取り除かれ、脳幹と脊髄が残っているネコではスムーズな歩行ができるようになったが、脊髄だけが残っているネコでは、左右の肢の協調が見られなかった。これは、大脳と脊髄の間にある脳幹や小脳が、歩行時の両肢の協調に重要な役割を果たしていることを示す結果である[19]。

第三は、大脳皮質から情報を受け取り、視床を経由して、一次運動野と運動前野に出力する部位で、大脳皮質小脳と呼ばれる。この部位は随意的な運動の調整や組み立てに関与している。戦争で後頭部を弾丸が貫通して小脳だけが損傷した患者を見ると、運動調節の障害と姿勢調節の異常が目立った。小脳が壊れると、四肢がだらりとしたり、ある運動をしようとしてもスタートが遅れたり、動作を正しく行えなかったり、座っていても姿勢の維持が困難であったり、立つと倒れてしまったりするのだ。[14]

5 脳幹

脳幹は、大脳などと脊髄を結ぶ位置にある長さ一〇センチメートルほどの脳器官である（前掲図1-10）。上から中脳、橋、延髄がある。大脳に加えて脳幹も回復不能となると脳死と判定されるほど、脳幹は生命に深くかかわる。それは大脳や小脳や脊髄と連絡する膨大な数の神経線維が脳幹を通過していくからであり、また脳幹からも様々な感覚神経や運動神経が出入りしているからである。

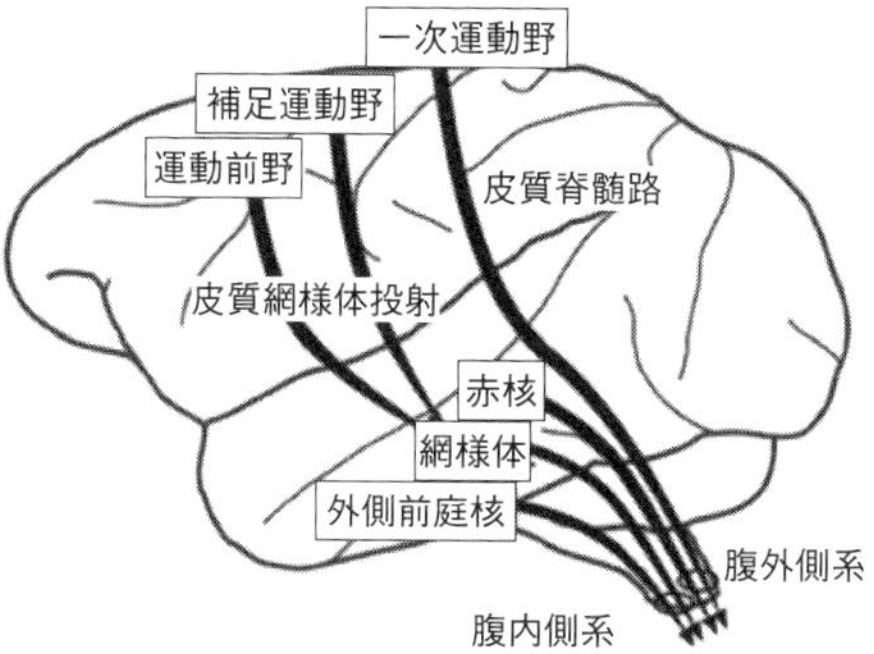

図1-12　皮質運動野からの脊髄下行系[20]

運動制御に関しては、大脳から脊髄へ下行する皮質脊髄路が脳幹を通るほかに、脳幹から脊髄まで伸びる情報の通路がいくつかある（図1-12）。大脳と小脳の情報を中継して脊髄の働きを調節したり、眼球と首の運動の調節に関与したりする通路、内耳から送られてくる頭の位置や動きの情報をもとにして、姿勢の制御を司る通路、大脳とそれ以外の広範な脳の部位から情報を集め、運動と姿勢調節の両方に関与する通路などである。[12][14]

ところで歩行などの運動・動作は、それを遂行するための姿勢に支えられている。体の動きに対して、全身のバランスを取りながら姿勢を保っているのだ。また、歩行などの移動動作では、視覚を支える眼球運動も重要である。脳幹は姿勢と眼球運動の中枢である[14]。脊髄の歩行リズム生成の中枢である神経回路網については後にも述べるが、その回路網の調整をする部位も脳幹にある。まとめると、歩行のような、反射より複雑ではあるが定型的なパターンの運動の中枢が、脳幹にあるということである。

6 脊髄

脊髄は、首から背中を通って尻に伸びている、太さ一センチほどの器官である。脊髄の断面を見てみると、中央部に灰白質があり、周辺部に白質がある。灰白質には、運動性のニューロン（運動細胞）と感覚性のニューロンがあり、そこから伸びる神経線維は脊髄神経節を経て、体の各部位とつながっている（図1-13）。白質には、脳から骨格筋の筋細胞に運動を司令する下行性の運動神経と、末梢の感覚受容細胞で感知した感覚情報を脳に送る上行性の感覚神経が束になって走行している[9]。

運動細胞

歩行などの手足の運動は筋肉の収縮によって起きるが、それは脊髄の灰白質にある運動細胞から伸

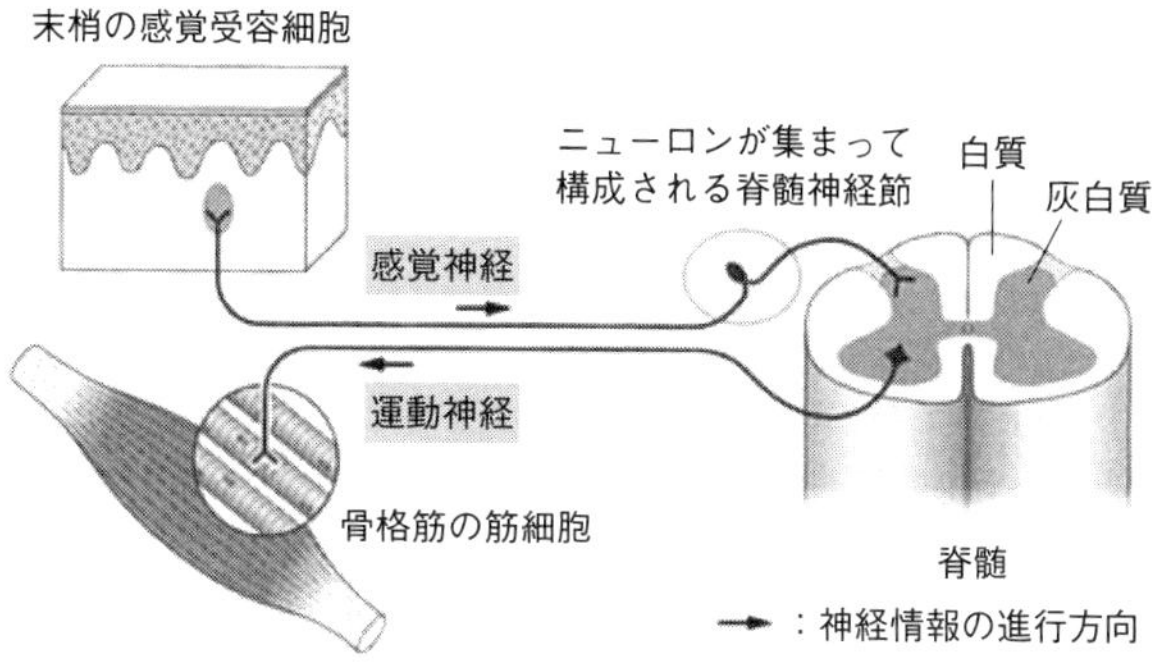

図 1-13　脊髄と末梢間の運動神経と感覚神経[9]

びる運動神経と呼ばれる神経線維を伝わる信号によって調整される。運動細胞が活動すると、その信号は運動神経を伝わり筋肉へ達し、その信号量に応じた筋収縮が生じるのだ。運動細胞の活動を決めるのは、運動細胞に接続する脳からの入力信号である。脳はプラス（興奮）またはマイナス（抑制）の信号を送って、筋肉の収縮を制御する[14]。

運動細胞は、脳から出力される下行性の神経線維から骨格筋の運動を司令される一方で、感覚情報を脳に送る上行性の神経線維（感覚神経）によってその活動は調整される。感覚情報は、運動している時に筋の長さや張力はどう変化しているか、関節はどう動いているか（深部感覚）、皮膚に何がどう接触しているか（皮膚感覚）といった運動感覚のことである。

中枢パターン発生器

私たちは左右の足を交互に前に出して、リズミカルに歩く。当然、歩行条件や環境が変化すると、様々な筋肉の動きはそれに応じて変わっていくが、筋電図を見てみると、歩行による筋活動はたった五つのパターンの組み合わせになるという[21][22]。筋肉に信号を伝えるこうした働きを司る部位は脊髄にあり、中枢パターン発生器（ＣＰＧ）と呼ばれる。

ヒトの歩行ＣＰＧには不明な点がまだ多いと言われるが、リズム発生部とパターン発生部の二つの階層から構成されているようだ。リズム発生部は、歩行の基本となるリズムを生成し、各種の感覚器からの入力に基づいてこれを修正する。パターン発生部は、このリズムをもとに筋活動の時空間パターンを形成する[21]。ＣＰＧは、歩行だけでなく呼吸や発声など、交代性の規則的な筋活動を必要とするリズミカルな運動を制御するもので、ほかの部位からの入力がなくても脊髄で形成される。しかし、歩行スピードや向きなどは、脳幹やそれより上位の中枢によって、制御されている。また、足裏の皮膚感覚や、下肢の筋肉や関節の運動感覚からの情報によって調整を受け、運動をより協調的なものにしている。脊髄の中央部の灰白質にあるニューロンの中には、神経線維が白質に進入するものがあって、歩行ＣＰＧを構成するニューロンはここに分布していると考えられている[11]。

脊髄反射

すべての反射の中枢が脊髄にあるわけではないが、多くの反射は刺激の受容から運動の発現までの経過が脊髄の中だけで完結し、脊髄反射と呼ばれる。ただし、脊髄反射といえども、歩行などの運動が適切に行われるように、大脳の運動野などによって監視・制御されている。

脊髄反射の代表は、伸張反射と屈曲反射である。昔、学校の身体検査の時に膝のお皿の部分をハンマーなどで軽くたたくと膝下が持ち上がるか調べる検査があった。これはビタミンB1欠乏による脚気にかかっていないかを、膝蓋腱反射をするかどうかで判定していた検査である。この反射は、筋肉が伸ばされた時に起こる筋収縮である伸張反射の例であり、山科[9]によれば、「ハンマーで叩いたことにより、大腿四頭筋の腱が伸ばされて、この伸展したことを筋紡錘（骨格筋の中にある感覚受容装置）が感知する。伸展情報は筋紡錘に分布する感覚神経を経由して脊髄神経節の感覚神経細胞に伝えられ、さらにそこから出た神経線維により、脊髄にある大腿四頭筋の運動細胞に伝えられる。その結果、『伸びたから締めなさい』という筋の収縮指令が発せられて、大腿四頭筋が収縮して膝が伸展するわけである」。立っていたり、歩いていたりする時に、一時的にバランスを失っても立ち直れるのも、伸張反射の働きによる。

屈曲反射では、先に述べたように、歩行時に肢や足の皮膚に侵害刺激が加わると、それから逃避するように肢（足）が屈曲して引っ込められる。その肢が引っ込むとバランスがくずれるが、都合よく反対の肢では逆に伸筋が興奮し（交叉性伸展反射）、その肢で身体は支えられる[12][14]。

第3節　歩行中の視覚行動

歩行行動は、歩行という身体運動面だけで考えることはできない。歩いて移動するためには、視覚や聴覚などによって外界の情報を得る必要がある。その現在の情報と過去の経験や知識の記憶をもとに、私たちは何らかの目的を持って歩いているのだ。外界からどのように視覚情報を取って歩いているか、どこに注意を払って歩いているかについて考えてみよう。

1　視覚による外界の情報処理

外界の情報は、視覚、聴覚、嗅覚、味覚、皮膚感覚（足裏などの圧と触覚、温冷、痛み）という五感のほかに、平衡感覚（体位の変化、加速度）や深部感覚（筋や腱の伸びの感覚）によって得ることができる。(9) 視覚は目、聴覚は耳といったように、その感覚特有の感覚受容器官があって、外界を感知した情報はこういった感覚器の感覚神経を経由して脳へ送られ、大脳皮質でそれぞれの感覚が認識される。感覚の中では視覚が最も重要で、全感覚の八〇パーセントあるいは九〇パーセントは視覚から得られる。目が見えないと、外を歩くのにかなりの困難を伴うだろう。

それでは、外界の物体の視覚情報は、どういう経路を通って脳で処理されるのだろうか。まず、物体から反射・発光される光刺激は、眼のレンズに相当する水晶体などを通ってフィルムに相当する網膜に達する。網膜の感光細胞で光刺激が電気信号に変換され、その信号が目の奥にある視神経、視交叉、視床の外側膝状体を経由して、後頭部にある脳の一次視覚野に送られて形や色が認識される(23)（図1-14）。そこで見ているという感覚が生じる。

網膜と一次視覚野のニューロンの活動が示す特徴は、物理世界の法則性に依存してどんな動物種でも共通であるが、ここからの情報の変化は、大脳皮質が発達したヒトとほかの動物では異なる[24]。ヒトの場合は、一次視覚野からの情報はほかの視覚野（高次視覚野）に伝えられて、物体を構成する色、形、位置、運動といった特徴が分業によって処理される。次いで、それらは脳の中で統合され、ヒトにとって意味ある外の世界が再現される。視覚情報の処理によって、背景から物体が切り出され、どこに何があるかがわかり、三次元の外部世界が復元されるのだ。この働きが知覚（視覚の場合は視知覚）だ。復元と言っても外部世界がそのままコピーされて見えているわけではない。私たちは鳥や昆虫と違って紫外線は見えないし、それほど視力がよいわけでもない。また、錯視（たとえばミュラー・リヤー錯視）という現象が示すように、同じ長さであっても同じ長さに見えないことがある。

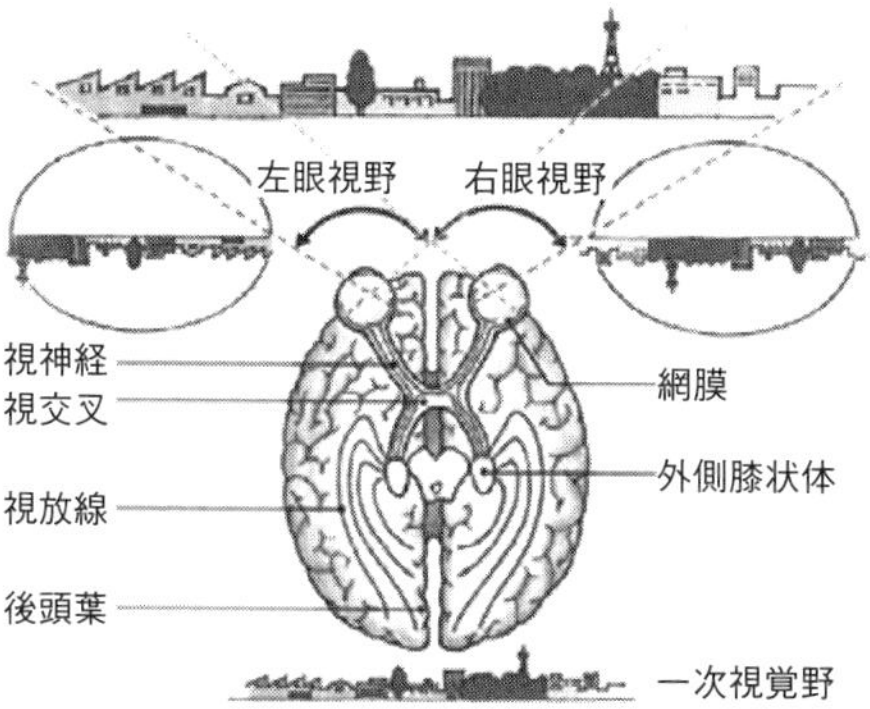

図1-14　ものが見えるまでの視覚情報の流れ[23]

2　視知覚

一次視覚野から高次の視覚野に至るルートは二つある（図1-15）。一つは頭頂葉へ至る背側視覚路で、物体の位置や動

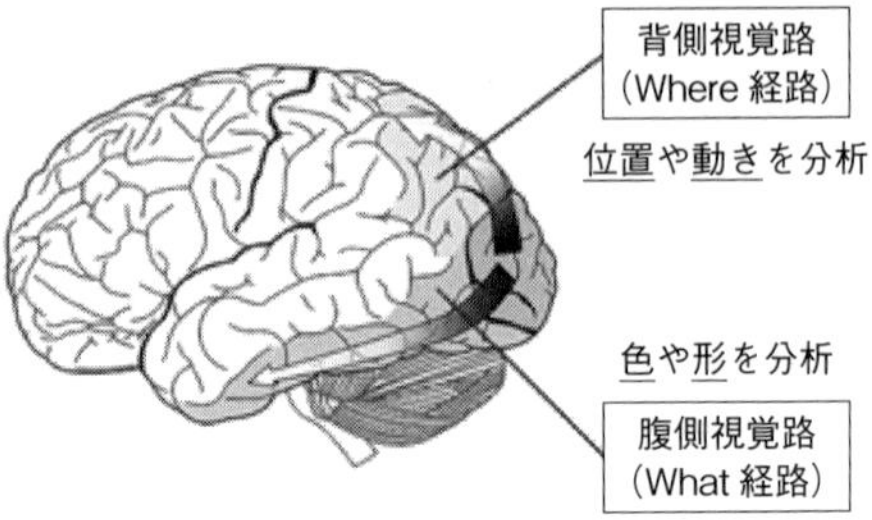

図 1-15　一次視覚野からの二つの視覚経路[25]

き、あるいは自分の動きを知覚する情報処理を行う（Where 経路）。もう一つは側頭葉下部へ至る腹側視覚路で、物体や人の識別にかかわる情報処理を行う（What 経路）[24][26]。以上のような視覚経路の中の処理により、様々な知覚が生じる。心理学の代表的な教科書である『ヒルガードの心理学』[27]によれば、知覚には次の五つの主要な機能がある。

① 注意――どの入力情報をさらに深く処理し、どの情報を捨てるか。
② 定位――対象物がどこにあるのか。
③ 再認――対象物が何であるのか。
④ 抽象化――対象物の生の感覚情報を、記憶に照らして抽象的カテゴリーに転換する。
⑤ 恒常性――対象物の網膜像（見え）が変わっても、その色・形・大きさは変わっていない。

ところで、心理学やその他の認知科学では、知覚の情報処理プロセスの中で、自分の記憶に照らし合わせて判断したり解釈したりするプロセスを認知と呼ぶ。高齢者講習の認知機能検査の認知はこの意味だ。こうした定義からすると、注意や抽象化などは認知と呼んでもよいが、感覚という用語も含めて、こうした用語はそれほど明確に区別して使われているわけではない。

3　注意

私たちは刻々と変化する周りの情報の中から、必要なものを選択して注目し、不必要なものを無視している。この機能を注意という。運転の場面では、危険予測運転や安全確認が注意にかかわる問題となっている。歩行者でも、周りに目を配りながら危険を予測して歩いたり、安全を確認したりすることで、事故や転倒を防止できる。知覚・認知の中でも特に重要な、注意について考えてみよう。

選択的注意

注意には、選択的注意と分割的注意の二つの働きがある。選択的注意というのは、周囲の情報の中で、自分にとって有用な情報を優先的に選ぶという選択の働きだ。なぜ情報を選択する必要があるかというと、ヒトが一度に処理できる情報量には限界があるため、一番重要な情報を優先するためだ。観衆の注目を集めるために、舞台の上の役者や歌手にスポットライトが当てられるイメージである[28]。

注意対象を選択するには、視覚的探索がまず必要である。歩行中などに危険な障害物や車などと衝突しないためには、とにかく周囲に視線を配って、そういった対象を事前に発見する必要がある。周りに視線を向けると、どういった情報が選ばれやすいだろうか。歩行中などに選ばれやすい情報には二種類ある。

一つ目は、目立つ特徴を持つものだ。歩いていて、大きな音がしたり、目立つものが前方に現れたりすると、反射的にそちらに注意が向けられる。これは生まれつきの行動であり、危険察知に都合がよい。しかし、注意が向きすぎると、脇見の原因となる。好奇心が旺盛な子どもや若者は、こういった様々なものに注意が行きやすいので、脇見の機会が多くなる。高齢者の場合は、脇見の回数は多くないかもしれない。しかし、抑制機能が低下しているため、いったんあるものに注意を向けると、それが現在の目標に無関係なものであっても、再度そちらに注意が向く傾向がある[28]。

二つ目に選択的注意の対象となりやすいものは、自分が予期していたり、関心を持っていたりするものである。これは一つ目の目立つものが外部の環境の中から自動的に浮かび上がってくるというボトムアップ的な影響と異なり、ヒトが主体的に注意対象を選び出すというトップダウン的な働きによるものだ。車の運転で危険予測とか危険予知が重要だと言われるのは、この予期による選択的注意のことを述べたものである。予期というのは、手がかりとなる情報や経験的知識を利用することで、注意をあらかじめ適切な情報や位置に向けることである[29]。したがって、危険予測運転が可能になるためには、事故の危険源（ハザード）が何であるか、それが事故とどう関係するのか、それに対してどう対処するかといった点を、講義や運転経験の中から学習する必要がある。運転者がこれを自動車学校で習うように、歩行者も家庭や小学校などで危険予測歩行を学習すべきだろう。

分割的注意

歩くという動作そのものは、リズム運動で半ば自動的に行われるので、それに必要なキャパシティ（注意資源）は少なくて済む。だから私たちは、周りの景色を見ながら歩いたり、話をしながら歩いたり、考えごとをしながら歩いたりできる。このように私たちは、複数の課題に注意を配りながら行動することができる。これを可能にするのが分割的注意だ。

ふつうは分割的注意によって何の支障もなく歩けるが、時にそれが事故に結びつく危険な行動となる。たとえば、道路横断時に左右から車が来ないかを確かめないといけない場合に、考えごとをしたり、歩きスマホをしたりする場合だ。

先に、ヒトが一度に処理できる情報量には限界があると言ったが、同時に行う課題が多くなると、それだけ注意に要する処理資源が必要となる。難しい課題ほど処理資源を要するので、一つの課題が難しいものであると、残りの課題には少ない資源しか割り当てられない。そうすると、いずれかあるいは全部の課題の遂行成績が低下してしまうのだ。歩きスマホなどが危険だというのは、スマホによってゲームなどをしているとそちらに注意のほとんどが行ってしまい、安全確認など歩くのに必要な視覚情報が取れなくなってしまって、車や人やものにぶつかってしまう恐れが生じるからだ。

高齢者で歩きスマホをする人は少ないが、注意資源そのものが少ないので、同時に二つの課題（二重課題）をすると、事故の危険性がより増す。横断場面を模擬したシミュレータで、音楽を聴いたり、携帯電話で話したりしながら横断すると、事故に遭ったり、制限時間内に横断できなくなったりするかどうかを調べた実験がある。それによると、高齢者は若者より携帯電話で通話中のほうが一層、横断開始までの時間が長く、制限時間内に横断することが難しかった[30]。また、歩行者事故ではなく転倒に関するものであるが、一緒に歩きながら簡単な質問をし、その人が立ち止まって質問に答えたかどうか、そしてその後の半年後に転倒をしたかどうかを調べた実験がある。それによると、高齢者では立ち止まって回答する人が多い（五八人中、一二人いた）上に、立ち止まって回答した高齢者ほど転倒危険性が高かった（転倒者率は八〇パーセント、立ち止まらなかった人は二〇パーセント[29][31]）。

注意の瞬き

注意資源には、一度に複数のものに注意が行き渡らないという空間的制約のほかに、時間的な制約がある。注意が適切な場所に向けられていても、その場所で二つの事象が連続して起きると、後続の事象が見落とされやすいのだ。これは、ある対象に注意を向けると、その後のごく短い期間、注意が機能しなくなるために生じる現象で、瞬きした後のできごとを見落としてしまうということから、注意の瞬きと呼ばれる[32][33]。

この現象は、車がスピードを出して往来する道路上で生じやすい。たとえば、歩行者が道路横断中に事故に遭った時の違反に、「車の直前直後横断」がある。この中の直後横断というのは、右から来た車が通過したので直後に横断を開始したところ、左の反対車線から来た車に気がつかず衝突したという違反である。何台かの車をやり過ごしてやれやれ横断できると安心した後の一瞬の「休息」時間に、視線の向こうの反対車線から車が来ていたのだが、注意の瞬きによって見逃してしまったのだ。

4　視線行動

眼球運動

歩行の目的には様々あり、私たちはその目的に合うように注意を払って歩く。それは主として目を動かして視線を注意対象に向ける眼球運動によって行われる。こうした視覚的探索では、関心がありそうな場所に視線を向け、そこに視線を一定期間停留させる。この時に行われる眼球運動には、大きく二つのタイプがある。まず、視線をある位置から別の位置に急速に移動させるサッケードと呼ばれる眼球運動がある。もう一つは、視線をある位置に一定期間停留しておく固視と呼ばれる眼球運動である。対象物をよく見るために、対象を視野の中心に持っていくのがサッケードで、解像度の高い視覚像が得られる網膜の中心領域（中心窩）でものをとらえ、識別するのが固視である。

サッケード中の眼球運動は、短時間に、高速（最大七〇〇度／秒）で行われる[34]。そのため移動中は網膜に投影される像が不鮮明となって、視覚情報を取り入れることはできない。しかし、注意を分割する時には、すばやくほかの注意対象物に視線が移動できる。また、視線はいつも目標志向的である。予期による選択的注意で述べたように、目標対象の出現が予想できる場合には、サッケードを開始する時間（潜時）はふつうよりも早くなり、いち早く目標物に視線が向けられる[34]。

詳しく情報を収集するためには、固視時間は長いほうがよいが、視線はその間、ずっと固定されているわけではない。眼が止まっているように見える固視の状態でも、実は眼は細かく動いている。目標物を注視し続けている時、眼はしばしば目標物からさまよって、またすぐにすばやい動きで目標物に戻るのだ。この眼球運動は固視微動と呼ばれる。これは光受容器の疲労や順応を阻止するための働きであって、仮に固視微動がなく、光受容器が絶えず刺激され続けると、見えている像は消失する[34]。

交通場面では注視対象が緩やかに移動する場合が多い。こうした緩やかに移動する対象に注視を向け続ける眼球運動は、円滑追跡眼球運動と呼ばれる[34]。何台かの車の間を縫って歩行者が横断しようとする時は、この円滑追跡眼球運動でまずやって来る車の動きを観察する。次いで、後続の車をとらえるのがサッケードで、この場面では二つの眼球運動が交互に現れる。

歩行中の視線

歩行中の視線は、どこに注意を払っているか、つまりその時の関心事や道路交通環境などによって左右される。したがって、歩行者によって、またその時の環境によって、視線がどこに向いているかは異なるはずである。

しかし、こういった研究はドライバーの視線の研究に比べて少ない。ドライバーは、前方に車が見えない空いた道路を自由走行させると、左右では進行方向とそのやや右側（日本の場合は左側）、上下では地平線を中心にそのやや上に視線を向けることが多い。さらに標識を見たり、先行車に追従したりする時は、そこを見る視線が加わる[35]。いずれの場合も、遠近法の絵画に見られるように、道路の両側の線など進行方向に平行なものが彼方遠くで交わる、消失点を中心にして視線が向けられる[35]。

この消失点に視線を多く向ける理由は、オプティックフローと呼ばれる動的視覚情報を利用できるからである。これは体あるいは物体の動きによって網膜上に生じる、規則的かつ光学的なパターンを指す[29][36]（図1-16）。たとえば、車を運転していたり、歩いていたりする時に、消失点がフローの拡大中心となって、そこに向かって移動していることがわかる。消失点が視界からずれた場合には、まっすぐ進んでいないことを意味するので、そこでハンドルや歩行の軌道を調整するのだ。また、フローの速度から移動速度が実感される。

図1-16　移動時のオプティックフローの拡散的な流れ[36]

進行方向遠くの消失点に視線を固定する理由の二つ目は、道路上やその周りで何か障害物や危険対象物やその他重要な情報が出現した時に、それを容易に視野内で検出しやすいからである[29]。歩行の場合も、空いた歩道などを歩く際には、フローの拡大中心である地平線上の消失点に視線を向けることが多い。しかし、歩く時には周囲の状況とともに路面の具合も確かめる必要があるので、水平線よりもわずかに視線を下に向けて歩く[37]。特に、路面が平らでなかったりすると、下向きで歩く時間が長くなるが、それでも真下を向いて歩くわけではない。状況にもよるが、悪路でも視線の先は数歩先[29][38]に向けられ、なるべく遠方の情報を得ようとしている。つまり、障害物などをまたいでいる時には、すでに視線はその上ではなく、二、三歩先、一秒先の路面を見ている。その時の足元周辺の視覚情報は、周辺視野からの情報によりモニターされているので、視線は向けられていなくても見えるのだ（図1-17）。慎重に歩くためか、歩行機能が低い人（顕著に歩行速度が遅い人、歩幅が狭い人、転倒しやすい人）は特に足元を見て歩きやすい。

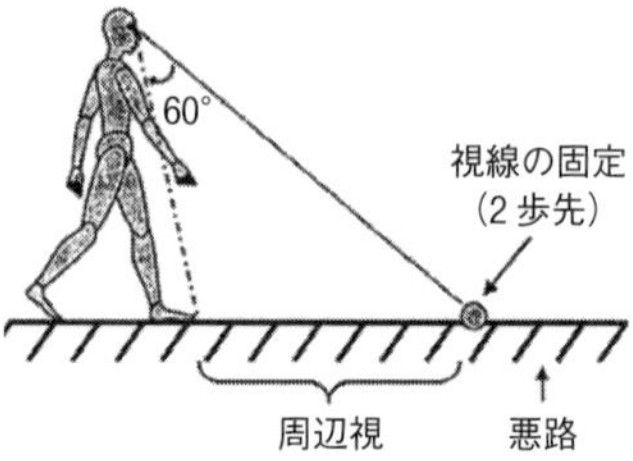

図 1-17　悪路を歩く時の視線[38]

ところで、都市や庭園での歩行による空間移動の研究によれば、歩いている時には、横方向に広がる開放度や縦方向に広がる奥行き度という空間の大枠にまず反応し、次いで路傍の樹木や看板などのインパクトの強いものに反応するという[39]。

また、進行方向からずれた興味あるものを見る時は、いくつかの見方があるという。進行方向を向いたまま目の動きだけで見る場合、顔を対象物に向けて見る場合、体を向けて見る場合である。体を向けて見る場合も、足はそのままで上半身のみを向ける場合と足の方向も変える場合とがあり、後者のほうが見た時の反応は大きくなるという。道路を横断する前の左右確認時も、顔を左右に向けるだけでなく、せめて上半身も向けて見るほうが車を確実に発見できるだろう。

最後に、横断前の視線行動についてシミュレータを用いて調べた研究を見よう。それによると、ほとんどの人は車が来る方向への視線が多いが、高齢者は転倒への不安のためか横断方向や足元への視線が多く、反対車線から来る車の方向への視線が少なかった[40]。

第2章　歩行者をとりまく環境

第1節　歩行者の通るところ

歩行者の交通安全を考える上で、どんな道路交通環境の中を通行しているかを確認しておくことは重要である。人（ここでは歩行者）の行動（安全な歩行）に、環境（道路交通環境）は大きく影響を及ぼすからだ。最初に、道路のどこを歩行者は通行すべきか、また通行しがちかを明らかにしよう。

1　道路の種類

道路といっても様々なものがある。呼び方も、道路、道、小道、街路、街道、通り、路地などいろ

表 2-1　道路の種類[1〜6]

法律	所管官庁	道路の種類
道路法	国土交通省道路局	高速自動車国道，一般国道，都道府県道，市町村道（特別区道含む）
道路運送法	国土交通省自動車局	道路法に規定する道路，その他の一般交通の用に供する場所・自動車道（一般自動車道，専用自動車道）
道路交通法	警察庁交通局	道路法に規定する道路，道路運送法に規定する自動車道，一般交通の用に供するその他の場所
都市計画法	国土交通省都市局	自動車専用道路，幹線道路，区画道路，特殊道路

いろだ。国が定めた正式名称も、所管官庁の法律ごとに少しずつ異なる[1〜6]（表2-1）。

道路法は、道路に関する最も基本的な法律で、戦後の復興期であった一九五二年に制定された。道路網整備のため、道路に関する各種の事項（路線の指定・認定、管理、構造、保全、費用の負担区分等）を定めている。この法律では、道路を管理主体が国か自治体かによって区分している。農道や林道などは国や自治体の管理外なので範囲外としている[3〜6]。

道路運送法は、バスやトラックなどの道路運送事業者の運営に関する法律で、その中の道路に自動車道を含めている[4]。これは自動車専用の有料道路で、静岡県道路公社が経営する箱根スカイラインや宮城交通の蔵王ハイラインといった観光道路がその例である。

道路交通法（道交法）は、交通の安全と円滑および交通に起因する障害の防止を目的とするものである。道路交通法では、道路法に規定する道路に加えて、道路運送法に規定する自動車道、農道や林道など一般に利用される道路すべてを網羅している。駐車場での事故が時々話題になるが、駐車場は「一般交通の用に供するその他の場所」として、事故統計の対象になる。[4]

都市計画法は、高度成長の過程での都市への人口集中と市街地の無秩序な広がりを背景に一九六八年に成立した、都市の健全な発展と秩序ある整備を図るための法律である。[5] その実現には道路が不可欠であり、都市計画道路と呼ぶ都市施設として道路を位置づけている。幹線道路は都市の骨格を形成する比較的高水準の規格を備えた道路で、区画道路は幹線道路から各家々へのアクセスを目的とする、日常生活に欠かせない密に配置された道路である。この中間に、表2-1にはないが、隣町との境界をなすことが多い補助幹線道路がある。

道路には歩行者が歩けないものもある。都市計画法の自動車専用道路、道路法の高速自動車国道、および道路運送法の自動車道といった自動車専用の道路である。逆に歩行者がよく利用し、歩行者優先がうたわれている道路は、都市計画法の区画道路と特殊道路（歩行者や自転車の専用道路）、道路法の市町村道である。こうした歩行者がよく利用する道は、生活の拠点である住宅地や商店街にある道路であることから、生活道路と呼ばれる。[1][2]

2　道路の構成と歩行者の通るところ

歩行者がよく使用する道路を上から見ると、図2-1のようになっている。図2-1左は、住宅街の区画道路によく見られる細い道路で、歩行者は自動車や自転車と入り混じって通行する歩車混合道路

図2-1　生活道路等の平面構成

である。ここでは原則的に道路の右端を歩くことになっている（道交法第10条第1項）。

図2-1中央は、車道の両側に路側帯がある一車線の道路である。道路交通法では、路側帯は道路の路端寄りに設けられた帯状の道路の部分で、道路標示（白線）によって区画されたものを指す(4)。ところで道路法の道路構造令には、道路には車道に接続して路肩を設けるものとする規定がある(6)（図2-2）。道路交通法で路側帯が設けられた道路にも路肩は存在し、そこでは路側帯と路肩は一致する(4)(7)。路側帯の幅員は原則七五センチ以上となっていて、場所によって幅員は様々だが、歩行者は車道外側線と呼ばれる白線の内側、車両は外側を通行しなければならない(4)。

図2-1右の歩道のある道路は、住宅街や商店街の中でも比較的大きな道路で、都市計画法で言う補助幹線道路である。歩道は歩行者の通行の安全を確保する構造物で、縁石によって高低差を設けたり、柵などの工作物を設置したりして、車道と区別している。歩道の幅員基準は二メートル以上であり(6)、歩道のある道路では歩行者は歩道を通行しなければならない。

3　歩行者の右側通行と左側通行

車道や狭い幅員の路側帯を通行する場合は、原則的に道路の右端を歩かなければならない（右側通行、道交法第10条）。こうした道路で右側通行が指示されているのは、右側通行をしていれば、左側通行して来る車と対面しながら通行できるからである（図２-３の右）。危険性はあるものの、衝突の可能性のある相手の車を目で見ながら通行できるのだ。歩行者が左側通行するとどうなるか。歩行者にとって左側通行して来る車は後ろからやって来るので見えず（図２-３の左）、車の音のみが回避の手がかりとなって、事故の危険性が高まる。

実際に歩行者が右側通行をしているか観察すると、その割合は高くないようだが、それを示す文献は見当たらなかった。交通事故統計では、歩行者事故（人対車両事故）の事故のタイプ（事故類型）は、対面通行中、背面通行中、横断中、その他に大きく分類される。対面通行中というのは、相手方の車両が左側を直進していれば、歩行者は右側通行してい

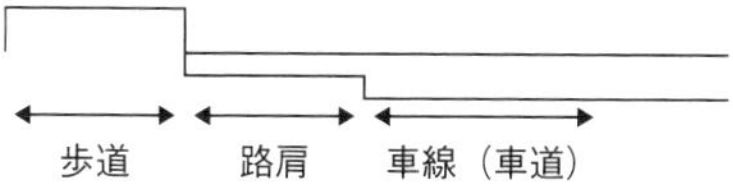

図2-2　歩道のある道路の横断面構成 [8]

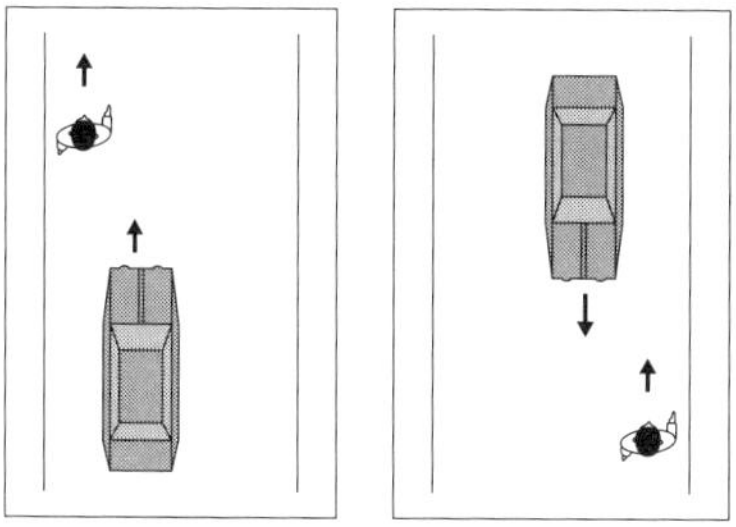

図2-3　歩行者の左側通行（左）と右側通行（右）

ることを意味する。逆に、背面通行中というのは、歩行者は道路の左側を歩いていることになる。背面通行中の事故のほうが多いか調べると、歩行者事故のうち対面通行中の事故は六・一パーセント、背面通行中の事故は九・五パーセントであり、対面通行中の一・六倍であった(9)。

高齢歩行者が、直進あるいは発進してきた四輪車と衝突した事故に限って調べると、背面通行中の事故は対面通行中の二・三倍であった(10)。

以上は、歩行者が車道や狭い幅員の路側帯を通行する場合の右側・左側通行であった。広い幅員の路側帯や歩道を歩く場合は、道路の右側でも左側でも通行して構わない。ふつう、目的地が右のほうにあれば、道路の右側部分を歩き、左方向に目的地があれば左側部分を歩くようだ。車道や狭い幅員の路側帯を通行する場合も、同様な歩き方をするので、歩行者の右側通行が守られないのだろう。

4　歩道上の自転車との混合交通

歩行者は前掲図2-1の左や中央のような生活道路では、特に車に注意して通行する必要がある。右のような歩道のある道路では、歩行者と車は分離されているので、歩道を歩く歩行者はそれほど車に注意することはない。ただし、歩道であっても自転車の通行があるので、自転車には注意が必要だ。歩行者にとって交通事故の相手が自転車であるケースは一パーセントにも満たないが(9)、歩道上に限ると最大の加害者は自転車だ。歩行者と自転車の事故全体でも、歩道上での事故が四割を占めている(11)。

自転車は車道を通行するのが原則であり、ここ数年来、自転車の専用走行空間の整備や歩道における自転車通行の禁止などによって、自転車は車両であることを徹底させる動きが国土交通省や警察庁等で生じてきている[12]。しかし、自転車は車道が原則、歩道は歩行者が優先といったルールを、自転車乗用者はあまり守っていないようだ[13]〜[16]。

自転車の歩道通行のルールを見ると、自転車（普通自転車）は以下の三つの場合に、歩行者優先ルールを守った上で、歩道を通行できる（道交法第63条の4第1項）。

① 普通自転車歩道通行可の道路標識（図2-4）や道路標示（図2-5）によって歩道通行が認められている。

② 幼児・児童や七〇歳以上の高齢者や身体の不自由な人が自転車に乗車している。

③ 車道や交通の状況から、歩道通行がやむを得ないと認められる。

図2-4 「自転車及び歩行者専用」の道路標識

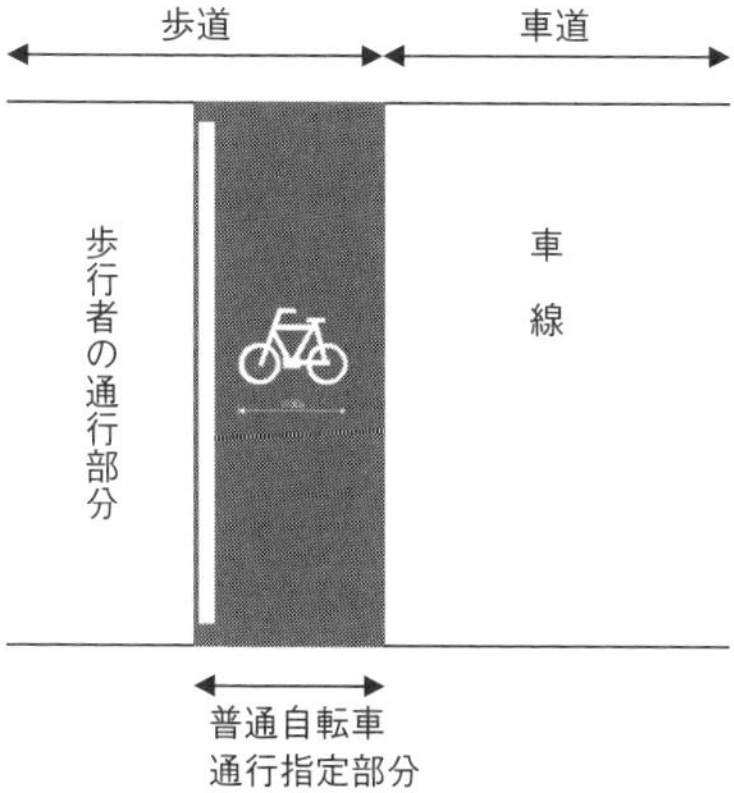

図2-5 「普通自転車の歩道通行部分」の道路表示

図2-4の標識がある歩道でも、自転車は歩道の中

央から車道寄りの部分を徐行しなければならず、歩行者の通行を妨げることとなる場合は一時停止することになっている（道交法第63条の4第2項）。また図2-5のような普通自転車が通行できる指定部分がある場合は、自転車はその部分を通行しなければならず、歩行者はその部分をできるだけ避けて通行する（道交法第10条第3項）。

これより法律は確かに歩行者優先をうたっているが、歩道で自転車の通行すべき場所を守っている人は四割にとどまっていること、[14] 自転車の歩道通行が禁止されたとしても歩道を通行し続けるという人が四分の三いること、[13] そして何より子どもや高齢者の乗る自転車はいつでも歩道を通行できることから、歩行者としては、どんな歩道であってもできるだけ車道から離れた歩道部分を歩き、自転車にぶつからないように注意するしか手立てはないようだ。

5　歩行者の道路横断場所

歩行者は道路のどこを横断すべきか。道路交通法によれば、基本的にはどこを横断してもよいが、例外を二つ挙げている。一つは「歩行者は、道路を横断しようとするときは、横断歩道がある場所の附近においては、その横断歩道によって道路を横断しなければならない」（道交法第12条第1項）とあるように、横断歩道が近くにあればそれを利用することである。もう一つは「歩行者は、道路標識によりその横断が禁止されている道路の部分においては、道路を横断してはならない」（道交法第13

条第2項）と示されるように、歩行者横断禁止の標識がある場所では横断禁止である。

法律は人の行動を規定するが、人は必ずしもそれを守らない。上記の法律の場合でも、違反しても歩行者に罰則が設けられていないので、法律を守らない歩行者が出てくる。また、横断歩道が近くになく、横断禁止場所でもないところは無数にある。そこでは何を基準として道路横断場所を決めているのだろうか。この問題は交通心理学よりも、交通工学の研究者によって、歩行時の経路選択や横断歩道・歩道橋などの横断施設利用の研究の中で調べられてきた。

歩行時の経路選択の研究では、経路選択の要因として、①経路の距離、②街路環境、③歩行者の空間的定位、④歩行者属性、が指摘されている[17)〜22)]。簡単に言えば、歩行者は①最短の時間や距離で行ける経路、②歩きやすく、安全・安心で、にぎやかで、わかりやすい経路、③目的地の方向へ進み、進行している方向を維持するような経路を取りやすい。また、④通行目的によって異なる経路（たとえば、買物が目的なら商店があるにぎやかな経路）を取りやすく、高齢者や女性は歩きやすい道や信号機つきの横断歩道がある経路を、方向感覚が悪い人や地域をよく知らない人は単純な経路を取りやすい。

横断場所の選択は経路選択の一部であるから、上記の要因のいくつかは横断場所の選択要因にもなる。たとえば、①最短経路を取る、③進行方向指向、④歩行者属性による違い、は共通した要因だ[23)〜25)]。最短経路と進行方向指向を示す図2-6を見てみよう。右下にいる歩行者は、目的地が横断歩道の先にあるBだったら、横断歩道を利用するだろう。しかし、目的地が横断歩道の手前のAであったら、横断歩道まで行かないでcのように横断歩道の手前で横断する可能性が高い。それは歩行者から目的

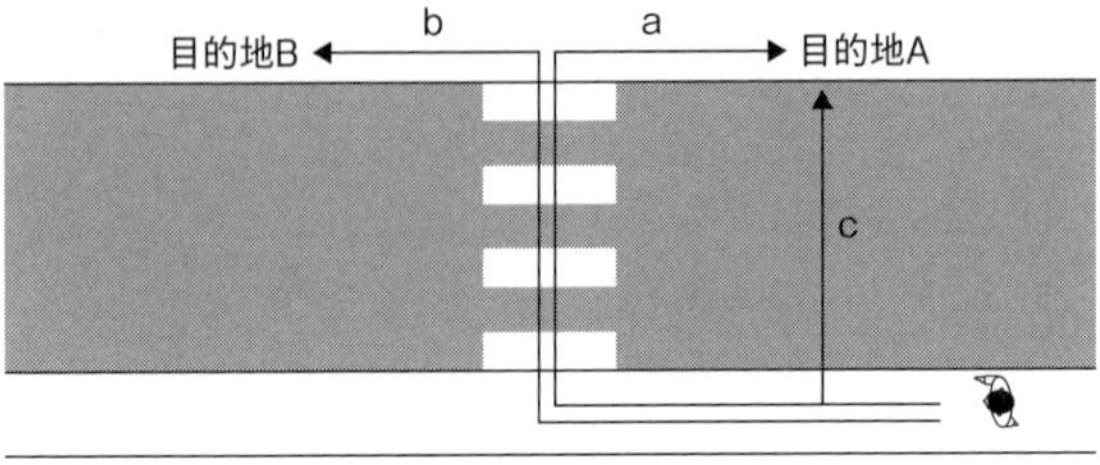

図 2-6　歩行者の横断場所

目的地がBなら横断歩道を利用するが，目的地がAならcのように横断歩道以外の場所で横断する可能性が高い。

地までの移動距離が横断歩道を利用すると何倍も（図2-6のaルートでは三倍）増えてしまい、迂回することになるからである。

都内の団地内道路でこの予測を確かめる観察調査を実施した研究がある。それによると、目的地がBにあるような状況では、八二パーセントが横断歩道を利用したが、Aにある場合には一一パーセントしか利用しなかった。この傾向は歩行者が高齢者か非高齢者かという歩行者属性で異なり、高齢者のほうがAでもBでも横断歩道利用率が高かった[26]。

横断場所の選択では、それ以外に、⑤横断歩道、歩道橋、地下道といった横断施設の有無と使い勝手、⑥歩行者横断禁止の規制や歩道と車道の間のバリアの有無、⑦横断道路の交通や見通し、が大きく影響する。⑤は、横断歩道や歩道橋や地下道といった歩行者が安全に横断できるように設けられた横断施設があれば、横断場所としてそれらを利用する可能性が高いということである。しかし、あっても利用されにくい歩道橋や横断地下道がある。多くの研究では、横断歩道、特に信号機つきの横断歩道のほうが歩道橋や横断地下道より好まれ、利用率が高いという[27]〜[29]。それは道路横断を考える時の基準を安全性、効率・負担性、使いやすさの三点から考えると明らかだ。横断歩道は比較的安全で、歩いていても平坦でそれほど疲れないし、数も多くて使いやすい。それに比べ、歩道橋は交通安全面では車と衝突する恐れは全くないが、階段の昇り降りがあって負担が大きいので、特に高齢者や荷物を持っている人に嫌われる。横断地下道は、交通安全上は安全で、身体的負担は歩道橋より少ないが、暗さや閉塞感から快適性や防犯上で問題があるため、特に女性に不人気である。⑥の歩道と車道の間のバリアは、歩道と車道の境界にある防護柵・ガードレールや植樹帯のことである。これがあると横断できなかったり、横断するのに心理的抵抗感が生じたりする。[23] ⑦の横断道路の交通は、交通量が多かったり、車のスピードが速かったり、道路が広かったりすると、横断歩道以外の場所での横断は、安全面から断念しやすいということだ。

第２節　歩行者を守る移動空間

歩行者が安全に快適に移動するためには、歩道等の移動空間の整備が必要である。まだ必ずしも十分とは言えないが、道路法（道路構造令）や道路交通法によってその根拠が与えられ、最近ではバリアフリーや「どこでも、だれでも、自由に、使いやすく」というユニバーサルデザインの一環として、歩行者空間が見直されつつある。ここでは歩道や横断歩道がどういった基準で設置されているか、またその利用に当たってのルールについて解説する。

1 歩道

自動車の普及とともに、自動車から歩行者を守るために、あるいは自動車を円滑に通行させるために、歩道が出現した。もっとも馬車の時代にも歩道はあり、古くは古代ローマに端を発し、ルネッサンスを経て、一七世紀にイギリスのロンドンで復活したという[30]。日本でも江戸時代の東海道の一部は車道（くるまみち）と人馬道に分かれていたし[31]、明治の文明開化とともに東京や横浜などに歩道が輸入されたようだ。しかし、本格的な普及は戦後である。

道路構造令によれば、都市部の一般道（一般国道、都道府県道、市町村道）と地方部の歩行者交通量が多い一般道には歩道を設けるとされている。歩行者に配慮したバリアフリー新法（二〇〇六年施行の「高齢者、障害者等の移動等の円滑化の促進に関する法律」）の関連省令である道路移動等円滑化基準（「移動等円滑化のために必要な道路の構造に関する基準を定める省令」[32]）によれば、道路には歩道を設けること、歩道の有効幅員は道路構造令に規定する幅員の値以上とすることが示されている。

安全で円滑に移動できる歩道とは、幅員が広く、車からしっかり分離された歩道だ。まず、幅員について考えてみよう。

歩道の幅員

歩道は人が歩く道であるから、一定以上の幅（歩道幅員）が必要である。その幅は歩行者の交通量が多ければそれに応じて広く取る必要がある。二〇〇〇年の交通バリアフリー法の制定を受けて翌年に改正された道路構造令によれば、歩道の最小幅員は、歩行者交通量が多い道路にあっては三・五メートル、その他の道路では二メートルである[6]。歩行者などがすれ違う場合を考慮しての幅員だ。歩道では、通常の歩行者だけでなく、杖をついたり、車イスに乗っていたり、ベビーカーを押したりする人や、ステッキを使った視覚障害者などが通行している。通常の歩行者は七五センチの占有幅を必要とするが、そうした人たちは一メートルの占有幅を必要とする。そこで、歩行者交通量が多い道路では、車イス二台（二メートル）と歩行者二人（一・五メートル）がすれ違えるような幅員として三・五メートル、その他の道路の二メートルについては、車イス同士がすれ違える幅として二メートルが設定された[6]（図2-7）。

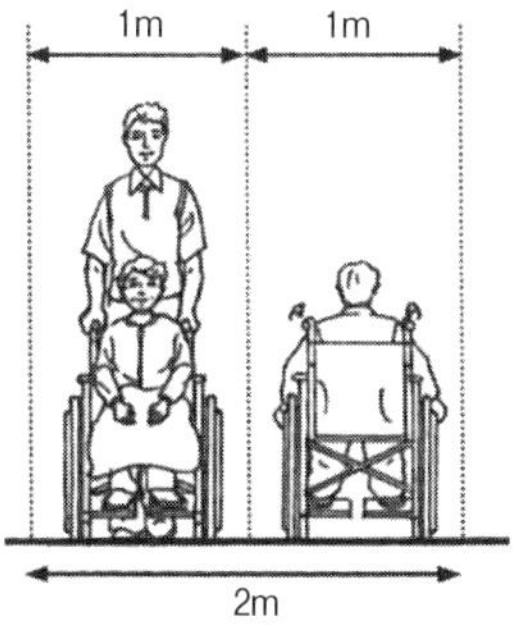

図2-7　歩道2m以上の根拠[32]

幅員が二メートルあったとしても、歩道上に並木や防護柵や電柱などがあったりすると、実際に歩行者が通行可能な幅員（有効幅員）は狭くなってしまう。そこで道路構造令では、並木を設ける場合は一・五メートル、防護柵や標識などの路上施設を設ける場合は〇・五メートルを加えた幅員とするよう示している。また、自転車の通行が可能な自転車歩行者道では、自転車の占有幅も考慮して、歩行者交通量が多い道路では四メートル以上、その他の道路では三メートル以上としている。(6)前述の道路移動等円滑化基準でも同様な基準が示されているが、問題は既存の歩道である。まだ幅員が二メートル未満の区間が多いが、用地買収が難しくて拡幅できないようだ。

歩道の広さは、主として歩行の円滑性と快適性に関係するが、交通安全にも影響する。基本的には歩道は歩行者を守ってくれるが、歩道が狭くなると事故の危険が生じてくる。一つは、自転車が通行可能な歩道での自転車との接触事故で、前に紹介したように、歩道上では歩く脇をすり抜けていく自転車が最大の脅威だ。

もう一つは、歩道と車道が交差する場所（交差点）での車や自転車などとの事故である。歩道を歩いていて、広い道路と交差する地点に来ると、歩行者は交差道路から車や自転車などが来ないか意識する。しかし、交差する道路が図2-8のように狭い場合には、横断歩道でもない限り、右方向に注意を向けにくい。二〇一七年の交通事故統計によれば、図2-8のような場所で発生した「歩行者が歩車道区分のある道路を通行中に、横断歩道のない交差点を横断、車両側の車道幅員が五・五メートル以下」の事故件数は、一四八〇件あった。(33)こうした事故が発生するのは、主にドライバーが、流入しようとする道路の交通に気を取られて、左右からの歩行者に気づくのが遅れたためであるが、それには見通しの悪さや幅員の広さも関係している。図2-8に示すように、歩道が広ければ見通し距離が長くなって事故を回避できる可能性が増す。

こうした事故の件数は、単路の歩道や路側帯を通行中に自転車と衝突した歩行者事故の件数九九〇件と匹敵する。[33] つまり、歩道を歩いていて注意すべきは、歩道上の自転車だけでなく、横断歩道のない小さな交差点を横断する時の車との事故にも注意が必要だということだ。

縁石による歩道と車道の分離

歩道の車道側に川の堤防のような形をした縁石がある。縁石は車道より一五センチ以上高くなっていて（図2-9）、五つの役割がある。[6][34]

①　歩道と車道の境界をはっきりさせる。
②　車道を通行するドライバーの視線を誘導する。
③　車道外に逸脱しかけた車の進行方向を復元する。
④　縁石を乗り上げた車の速度を低下させる。
⑤　車道の排水が歩道に流入するのを防ぐ。

③の車の進行方向復元の効果について調べた実験を紹介しよう。そこでは車の速度（時速三〇～六〇キロ）と縁石への進入角度（五度、一〇度、一五度）と縁石の高さ（図2-9cのマウントアップ形式で一〇～二五センチ）を変えて、車が縁石に衝突

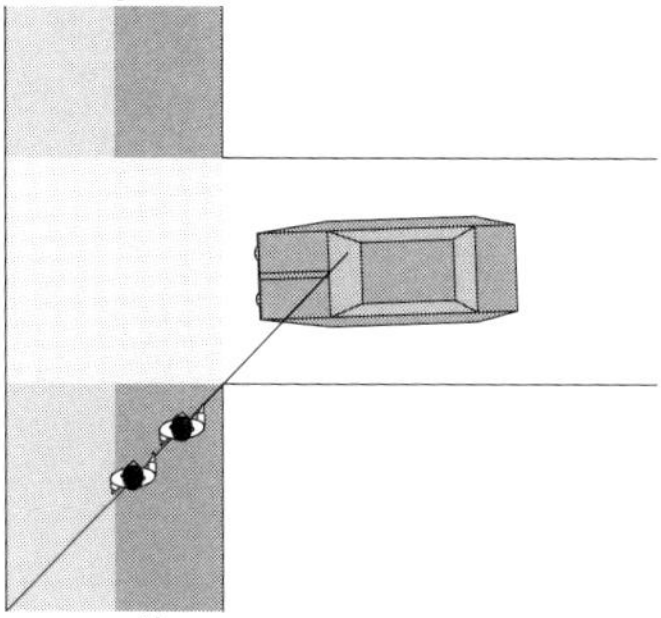

図2-8　歩道幅員（歩行者通行位置）と見通し距離

歩道が広くなると，ドライバーは早めに歩行者を発見できる．

した後の挙動を調べた[34]。その結果、進入角度が一五度と大きくなると、つまり、車道からかなり逸脱して歩道に突っ込むと、縁石の高さが一五センチの場合には、時速三〇キロの低速でも車は直線的に歩道に乗り上げた。ただし、これほどの進入角度の逸脱は一般的な不注意運転ではあり得ないという。進入角度が小さくなると、縁石の高さが一五センチあればほぼ安全で、時速五〇キロで車が縁石に衝突しても、車は歩道に進入しないか、左側の車輪だけ歩道に進入した。

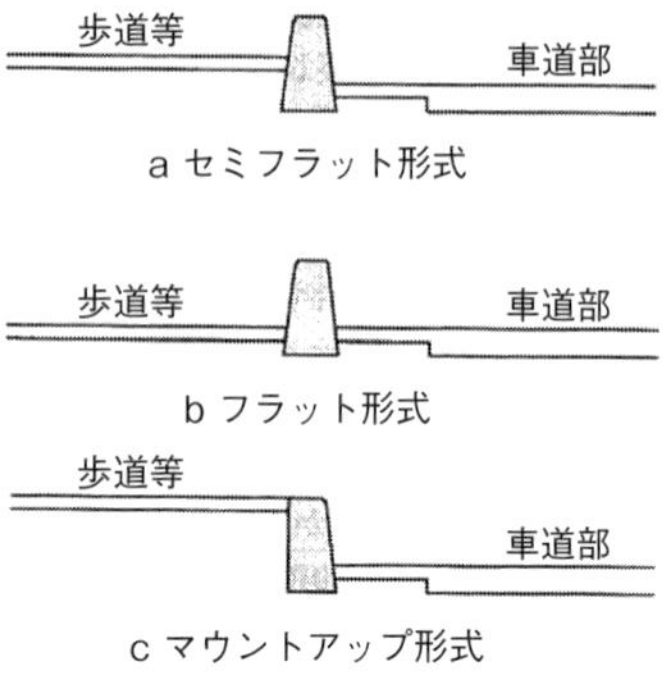

図 2-9　車道と歩道の高さの 3 形式[6]

図2-9に戻って、歩道の車道に対する高さについて考えてみよう[6][8]。cのマウントアップ形式は、従来の歩道に多いタイプで、車道とくらべた歩道の高さが一番高い。車道より高いので歩行者側に安心感を与え、駐車車両の歩道乗り上げを防ぐ面もある。さらに、縁石が途切れても、歩道面との高低差がなくなるbのフラット形式などとくらべて、車道の排水が歩道や建物敷地に浸入する恐れが少ない。しかし、短所は、沿道施設に車が乗り入れたり、道路横断のために歩道から車道に歩行者が移動したりする時に、大きな段差が生じて移動しにくい点である。それを解消するために歩道の縦断、横断方向で無理やりスロープをつけることになるが、一般の歩行者はもとより、車イスや杖やベビーカーを使う人にとっては、それが移動の障害となる。そのため、最近のバリアフリー化の流れから、既存のマウントアップ形式からaのセミフラット形式に変更するこ

とが推奨されている。道路移動等円滑化基準によれば、歩道の車道に対する高さの標準も五センチメートルと低くなっている[32]。

防護柵や植栽による歩道と車道の分離

歩道と車道を明確に分離する方法には、縁石のほかに防護柵と植樹帯がある。

防護柵には、車両用に設置された強度の高い車両用防護柵と、歩行者や自転車の安全のための歩行者自転車用防護柵がある。車両用防護柵の目的は、車両の路外逸脱によってドライバーなど乗員が被害に遭うのを防止したり、車両が路外逸脱して歩行者などに被害が及ぶのを防止したりすることだ[6]（図2-10）。歩行者自転車用防護柵には、①歩行者等が路外に転落するのを防ぐ転落防止柵と、②歩行者横断禁止場所など道路横断が危険な場所に設置される横断防止柵（図2-11）、および③車両の走行速度が低い都市内の道路で、歩道と車道を単に分離する目的で設置されるボラードがある[6]（図2-12）。

歩道と車道との間に植樹帯を置くのも、歩車分離に有効である。柵やボラードにくらべて設置面積を広く取ったり、管理が大変であったりするが、景観を楽しむという快適な歩行の演出には欠かせない。植栽には安全や快適性のほかに、大気の浄化、温暖化防止、防火といった環境保全面での効果もある。植栽する時には、歩道幅員との兼ね合いで低木を植えるのか高木を植えるのか、高木ならサクラにするかイチョウにするかといった問題がある。歩道幅員にかかわらず低木の心理的効果（安心感や美しさなど）は高いが、幅員が広い歩道の場合には高木にも効果があるようだ。[38]

2　横断歩道

横断歩道は、歩行者が道路を安全に横断できるように、図2-13のような標識や標示によってその存在を示している道路の部分である。横断歩道の幅員は、原則として四メートル以上であり、幹線道路相互の交差点では四メートル以上、細街路相互の交差点では三メートル以上とされる。[6][40]横断歩道の

図2-10　歩行者の被害軽減のための車両用防護柵[35]

図2-11　歩行者等の横断防止のための歩行者自転車用柵[36]

図2-12　歩車道分離を示すための歩行者自転車用防護柵（ボラード）[37]

ゼブラ（しまうま）模様をなす白い帯と舗装の帯は、ともに四五センチである。したがって、その本数から車道の幅員が推定できる。横断歩道は歩行者とドライバーに交通の方法を規制・指示するものであるため、設置・管理は歩道と異なり、公安委員会（警察）が行う。

横断歩道がある場所は、交差点と単路である。設計や規制上の考え方や歩行者側の利用法が少し異なることから、両者を分けて解説しよう。

図 2-13　横断歩道の標識と標示[39]

交差点の横断歩道

交差点に横断歩道を設置したり、それを改良したりする際に考慮する点は、次の四つである[6][41]。

①　歩行者が遠回りしない。
②　歩行者が道路を最短距離で横断できる。
③　歩行者と車との錯綜や事故の可能性を低くする。
④　交差点での車の円滑な流れを損なわない。

①の歩行者にとっての利便性は、③の安全性と④の車の円滑な流れと相反する。①のみを考慮して歩道と同じ延長上まで横断歩道を交差点内に近づけすぎると、歩行者にとっては右後方から来る左折車に巻き込まれる恐れがある。また、左折車が手前で止まると、後続の車はその車に進路をブロックされて、渋

滞や追突事故のもととなりやすい（③と④が実現されない）。そこで歩行者は少しだけ交差点から離れて遠回りするよう横断歩道は設計されている（図2-14）。

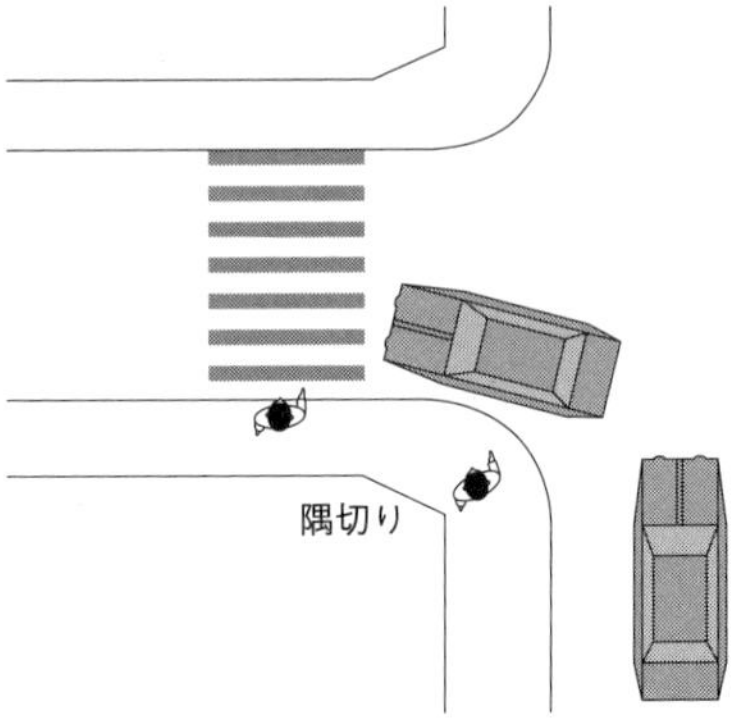

図2-14　大規模交差点の横断歩道

横断歩道まで歩行者と車を誘導するよう、交差点の角は直角ではなく、丸味を帯びている。これを隅切りと言い、円滑な通行を確保するほかに、見通しを確保して③を実現したり、街角の景観を向上させたりする。しかし、隅切り部の曲率半径が大きすぎると、交差点が大きくなりすぎるので、小さくして横断歩道を交差点中央部に寄せる必要がある[41]。

②の最短距離横断は、図2-14では車道に対して直角に横断歩道が設置されていて実現されている。ただし、変形の十字交差点などで、横断歩道を直角に設置すると、歩行者が遠回りして①が実現されないので、その時は斜めに設置する[41]。交通工学研究会が作成した「交差点改良のキーポイント」によれば、横断歩道の設置位置は、「自動車・歩行者交通量をもとに、左折車両の滞留による後続車両への影響、車両から歩行者の視認の容易性、歩行者の自然な流れを考慮して決定する[41]」。

以上は、交差点の横断歩道の設計基準であった。次に歩行者の横断歩道での通行ルールを見てみよう。交通の方法に関する教則によれば、信号交差点の横断歩道では、次のような横断の仕方が指示されている[42]。

①　信号を守る。具体的には、信号が青になってから横断する、青の点滅になったら横断を開始しない。

②　信号が青になっても、左右から来る車が止まったのを確認してから横断する。

③　横断歩道をそれて道路を斜めに横断しない。

これ以外にも教則には明示されていないが、

④　横断中に信号が青であっても、交差点側から来る左折車と右折車の動向に注意する必要がある。

信号機のない交差点の横断歩道では、青信号という味方がいない分、注意すべき点はもっと多い。立ち止まって左右の確認をする、車が近づいている時は無理して横断しない、横断歩道をそれて斜めに横断しない、車が止まってくれてもほかの車の動きに注意して安全を確認する、走って横断しない、横断中も車が近づいて来ないか周りに気をつける、といった点だ。

単路の横断歩道

単路では、押しボタン式信号機が設置されている場所や、車道幅員が五・五メートル以上で横断歩行者が多い場所に横断歩道が設置される[40]。横断歩行者の安全を確保するのが目的であるから、危険な場所には設置されない。たとえば、坂の頂上付近は坂の向こうから来る車から横断歩行者は見えにくいし、急カーブ地点もドライバーと歩行者双方にとって相手が発見しにくい。

安全な横断を支援する横断歩道は、歩行者にとっては多いほうが便利である。しかし、車側にとっては交通の流れが損なわれて、渋滞や追突事故を招きかねない。そこで、単路では必要最小限の間隔で横断歩道が設置されている。交通規制基準によれば、その間隔は、市街地ではおおむね一〇〇メートル以上、非市街地ではおおむね二〇〇メートル以上である。[40] 歩行者は、付近に横断歩道がない時はそこで道路を横断してよいことに原則なっているが、市街地では一、二分、非市街地でも二、三分も歩けば横断歩道があるのだ。

横断歩道の設置は、歩行者の安全確保が目的であるから、そこに横断歩道があることをドライバーに知らせる必要がある。そのために標識やゼブラ標示でその存在を示すほかに、横断歩道の手前には停止線や横断歩道を予告する菱形の標示が路面に記される（図2-15)。

歩行者は単路の横断歩道をどう通行するようルールで定められているだろうか。道路交通法では、「歩行者は、道路を横断しようとするときは、横断歩道のある場所の附近においては、その横断歩道によって道路を横断しなければならない」とある（道交法第12条第1項)。附近というのは、横断歩道からおおむね二〇～五〇メートル程度の距離にある場所と解されている。[4] 交通の方法に関する教則によれば、立ち止まって左右の確認をする、車が近づいている時は無理して横断しない、横断歩道をそれて斜めに横断しない、車が止まってくれてもほかの車の動きに注意して安全を確認する、走って横断しない、横断中も車が近づいて来ないか周りに気をつける、といった点が述べられている。[42]

図2-15を紹介したついでに、ドライバー側のルールについても説明しよう。道路交通法では、横

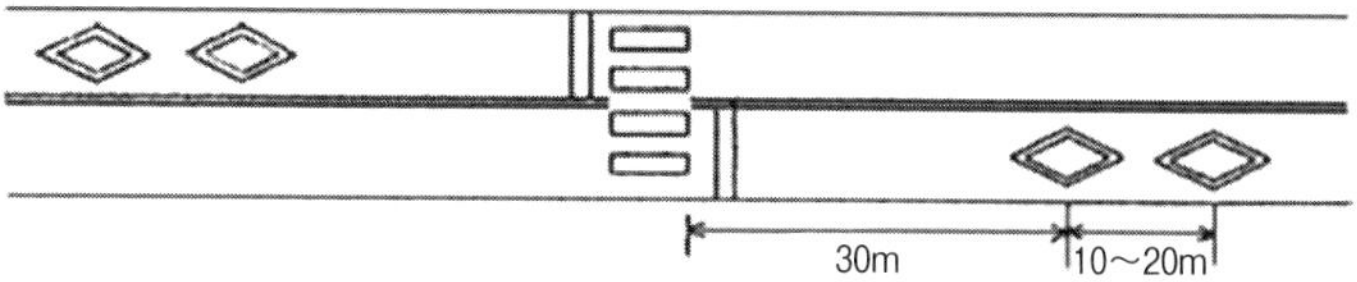

図 2-15　横断歩道，停止線，横断歩道予告の標示[40]

断歩道では歩行者が優先で、ドライバーは歩行者の横断を妨げてはならないと定められている（道交法第38条）。つまり、ドライバーは次のように運転しなければならない。

① 道路を横断していたり、横断しようとしていたりする歩行者がいる場合には、その横断歩道の直前で一時停止して、歩行者の通行を妨げてはいけない。

② 横断しようとする歩行者が明らかにいない場合を除いて、横断歩道に接近する時は、その直前で停止することができるような低速度で進行しなければならない。

③ 横断歩道の直前で停止している車があり、その側方を通過してその車の前方に出る時は、一時停止しなければならない。

④ 横断歩道の手前三〇メートルの区間では、軽車両を除くほかの車両を追い越してはいけない。

しかし、実状はかけ離れており、年間千人以上の歩行者が、単路の横断歩道上やその付近で事故にあっている[43]。

第3節　歩行者事故を招く視覚的環境

歩行者が安全に通行できるように、歩道や横断歩道などが設置され、道路交通法によって交通ルールが定められているのに、歩行者事故は後を絶たない。その理由の一つが、歩行者の視覚や注意の働きを損なう、歩行時の危険な視覚的環境である。ここではその例として、道路横断時の駐停車両やカーブなどによる見通しの悪さや夜間の暗さを取り上げる。

1　横断時の見えない危険

ドライバーにとって、ほかの車や歩行者などのハザード（危険対象物、危険源あるいは単に危険）をあらかじめ見つけ、それに対処することは事故防止に欠かせない[44][45]。自動車教習所で習う危険予測はそのための訓練である。この能力は歩行者にとっても重要である。道路横断時のハザード（危険）を例にとって考えてみよう。

図2-16は、横断時に存在する危険を分類したものである。ふつうは左右から来る車を発見すると、これを直接的危険と認知して横断を控えるという対処行動を取る。その後、左右から来る車が停止し

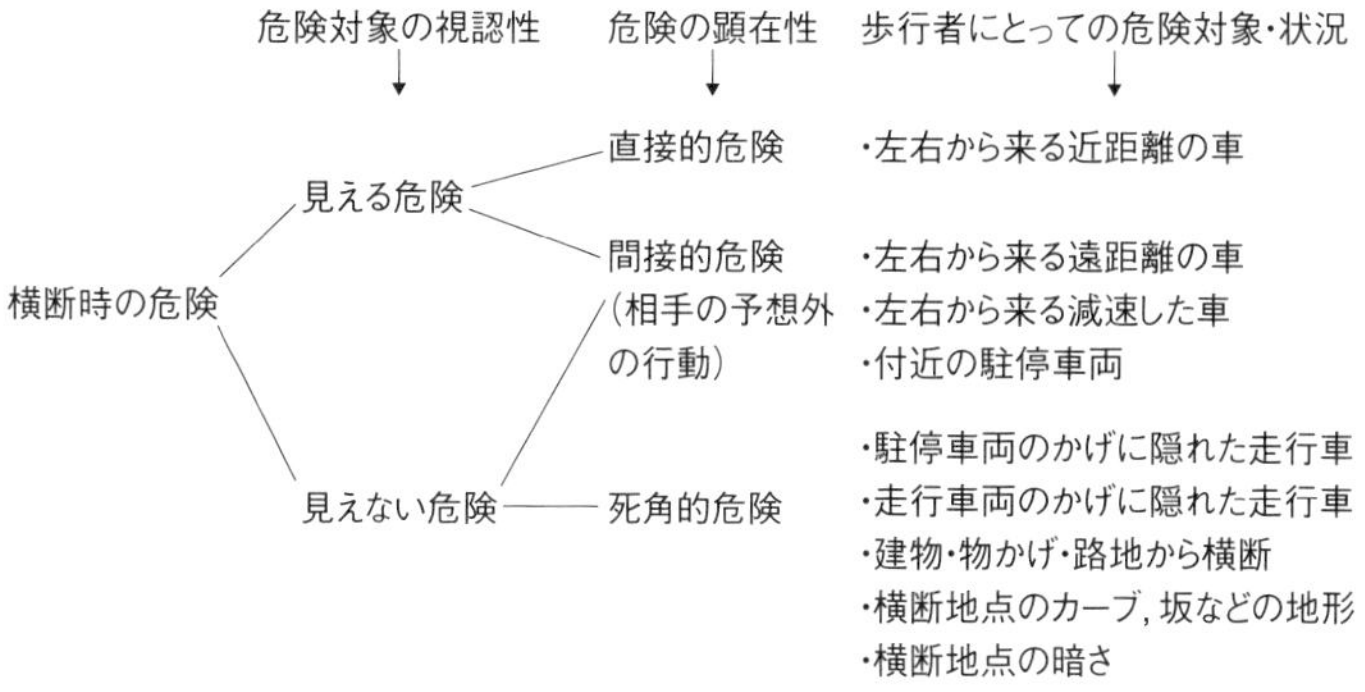

図 2-16　歩行者の道路横断時の危険（蓮花[45]を改変）

ようと減速した時は、本当に止まってくれるかその車の動向を注視して、止まってくれると確信したら横断を開始するのが正しい対処だ。この時、減速の気配を感じただけで、車のほうを見ないで横断を開始すると（これを動静不注視という）、まれに車が停止しないで事故になることがある。この減速車は、そのまま減速を続けて止まってくれれば危険ではないが、必ずしも止まるとは限らないので、間接的危険と呼ばれる[45]。

　死角的危険は見えないゆえの危険でこの節のテーマである。急いでいて、さっと左右を確認しただけで道路を横断したところ、駐停車両や走行車両のかげに隠れて見落とした車が目の前に現れて、その車にはねられるという歩行者事故は多い。また、夜間は暗くてものが見えにくい。歩行者にとっては車を、ドライバーにとっては歩行者を発見しにくい環境で歩行者事故が発生しやすい。

表 2-2　歩行者横断事故の横断場所別発生割合[48]

横断場所	1975 年 (N=83,380)	1980 年 (N=71,741)	1985 年 (N=61,456)
駐車車両のかげから	10	10	9
停車車両のかげから	17	17	15
進行車両のかげから	5	5	4
建物から	6	5	5
物かげから	3	3	3
路地から	7	8	8
その他路側から（歩行者が見える場所から）	53	52	57
合計	100（%）	100（%）	100（%）

歩行者横断事故が発生しやすい場所

交通事故死者が最多の一万六七六五人を記録した一九七〇年ごろは、歩行者事故がとりわけ多かった。二〇一八年の歩行者事故は年間五万件ほどで、事故全体の一割を占めるが、そのころの歩行者事故は一七万件、事故全体の四分の一近くを占めていた[46][47]。そのため、交通事故が発生した時に交通事故統計用に調査する様式（交通事故統計原票）には、現在は採用されていない歩行者関係の項目が採用されていた。その一つが、表2-2に示す歩行者の横断場所である[48]。

表2-2より、四〇年くらい前は、道路横断中の歩行者事故の半数近くが、ドライバーにとって歩行者が見えにくい場所から横断していたことがわかる。駐車施設が整備され、駐車場の利用状況とその経路を示す駐車誘導システムなどの対策が進むにつれて、駐停車車両のかげからの横断事故はだんだん少なくなってきたようだ。しかし、現在でも車や路地などのかげからの横断は依然として多い。

駐停車両や走行車両のかげからの横断

駐車車両や停車車両のかげからの横断事故の代表例を図2-17・図2-18に示す。図2-17は走行車両の右側（対向車線側）から歩行者が横断した事故であり、図2-18は走行車両の左側から歩行者が横断した事故である。筆者が以前に行った事故事例調査では、図2-17の歩行者の左側に駐停車両bが一台あり、そのかげから横断してa車と衝突したものが二五件、その車両bと後ろの停止・渋滞車両cの間から横断した時の事故が二三件あった(49)。図2-18の走行車両から見て左に駐停車両cが一台あり、その向こう側のかげから歩行者が左から右に横断した時の事故は二二件あり、停止・渋滞車両bとcの間から歩行者が左から右に横断した事故は一三件あった。この四つのパターンで、駐車・停車・渋滞車両が関与した歩行者事故一一四件の四分の三を占めた。

進行車両のかげからの横断では、図2-17の歩行者左の車bが走行車両だとすると、その車が左に進行して過ぎ去ったので横断を開始したところ、対向車線からやって来たa車と衝突するという例が一番多く、一八件中一二件あった(49)。

ところで横断事故では、車から見て歩行者がどちら側から横断した時の事故が多いかが話題になる。駐停車両や走行車両のかげからの横断の場合には、前述の事故事例調査からわかるように、相手車両の右側から横断した時の事故のほうが多い(49)(50)。車の影響がない場合の事故ではどうかというと、ほぼ同数であった(50)。したがって、横断事故全体では、ドライバーから見て右側（対向車線側）から横断してくる歩行者との事故が多い。歩行者から見ると、道路を横断して反対車線まで来た時に左からの車と

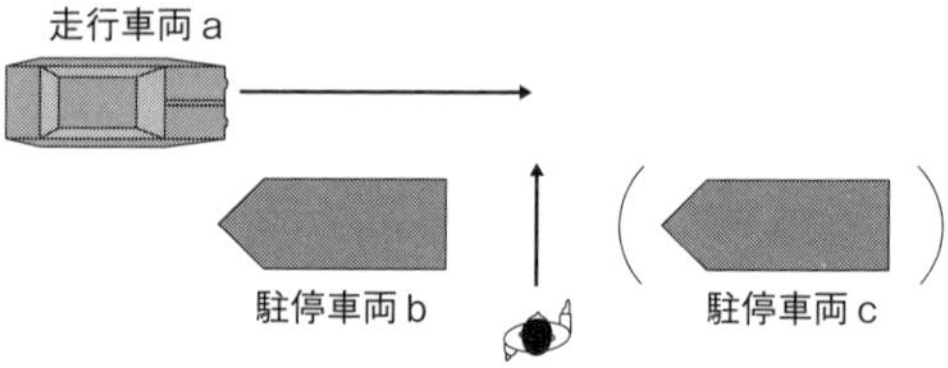

図 2-17　駐停車両のかげからの横断事故の代表例（車の右側から横断）

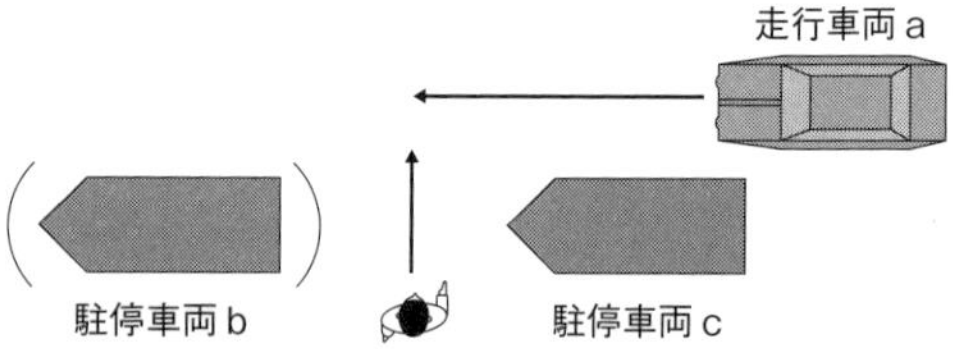

図 2-18　駐停車両のかげからの横断事故の代表例（車の左側から横断）

衝突する事故が多いということになる。

特に夜間では車の右側からの横断事故が七〇パーセントを占める[51][52]。こうした事故は二車線以上の道路でよく発生するが、それは対向車線を右側から横断してくる歩行者にヘッドライトの光が届きにくいためである。ドライバーにとっては暗い中から突然歩行者が現れることになり、発見が遅れて事故を回避できなくなるのだ。対向車線側からの歩行者が渋滞車両や走行車両のかげから横断した場合は、特に発見が難しくなる。

ドライバーが対向車のヘッドライトの光に目が眩惑された場合には、事故の可能性が一層高まる。対向車のライトでその前にいる横断歩行者が見えなくなる現象はグレア（いわゆる蒸発現象）と呼ばれ、数十メートルにわたって歩行者の姿が見えず、目の前に見えた時にはブレーキが間に合わない[53]。歩行者はと言えば、ヘッドライトに照らされているので、相手の車に自分が見えていると思うようだ。末永[53]は、自動車学校のコースでこの実験を行い、こういった眩惑による事故を防止するには、

①対向車のライトをさえぎる中央分離帯を設置する、②道路照明、特に横断歩道周辺の照明を十分明るくする、③対向車がある時には下向きビームにする、④歩行者は横断歩道を横断する、などの対策が必要だと主張した[53]。現在でも通用する主張だ。

車のかげからの横断事故を助長する視覚的要因には、夜間のほかに駐停車両の車種（貨物車やワゴンなど車体が大きいと視界がさえぎられやすい）、歩行者の年齢（子どもなどは背が低いので互いに見えにくい）、歩行者と駐停車両との距離（車に近いほど見えにくい）、事故車両と駐停車両との距離（側方間隔――近いほど見えにくい）、歩行者が安全確認をする位置（車道にある程度出てから確認すれば見えやすい）がある[49]。

建物・物かげ・路地等からの横断

駐停車している車の付近以外にも、歩行者と車の双方を見えにくくする横断場所がある。前掲表2-2の「建物から」というのがその一つで、住宅・商店・倉庫などの建物やその敷地の中から、あるいは建物・塀などのかげからの横断だ[54]（図2-19）。

「物かげから」とは、車両・建物以外の物件（電柱・立木など）の付近で、歩行者の人影が見えにくい場所から横断を始めたことを言う（図2-20）。図2-20はカーブ地点で、街路樹のかげになって歩行者と車の双方が一層見えにくくなっている。

ところで、ドライバーは進行方向前方に障害物（この場合は歩行者）を認めると、衝突しないよう

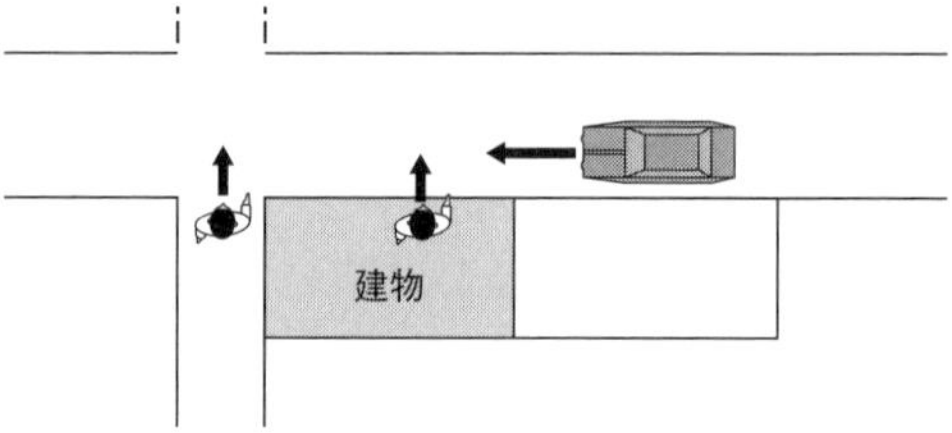

図 2-19　建物の中から，塀のかげからの横断

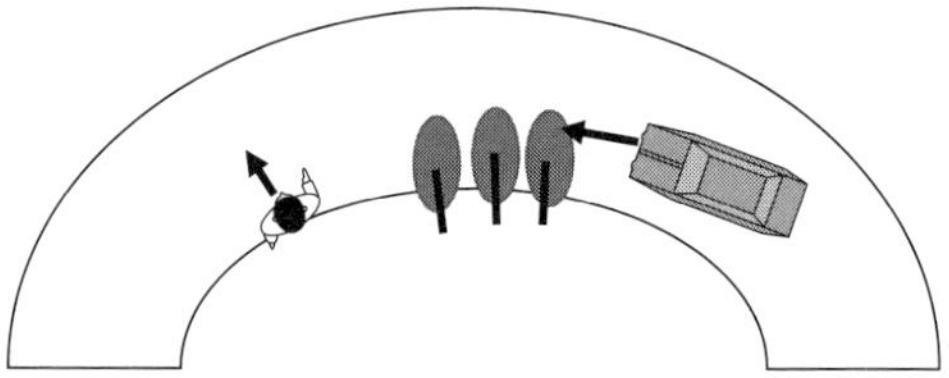

図 2-20　物かげからの横断

に停止するか避けて進行する。しかし、車の走行スピードが速すぎたり、歩行者を発見した時の距離が短すぎたりすると、間に合わずに事故になる。停止するのに必要な、この前方を見通せる距離（視距）のことを制動停止視距と言い、たとえば時速三〇キロで走行している場合には三〇メートルの視距が必要とされる。[6] カーブ地点や電柱・立木などがある場所では、必要な視距に達しても、そのかげに歩行者が隠れると発見しにくくなってしまう。ほかに視距の確保が難しい道路地点に坂がある。坂の向こうを見ても空や遠くの町並みしか見えず、車や歩行者が見えないことがある。

「路地から」というのは、建物や塀などにはさまれた、一般の道路とは認められないような狭い道から横断を始めたことをいう。前に、歩道幅員が広ければ見通し距離も長くなって事故が起きにくくなることを示したが、それと同様に、路地の角には隅切りがなく見通しが悪い。また、ドライバーの側は交差点という認識がないため、路地からの不用意な横断は事故になりやすい。

2　夜間は暗くて見えにくい

ものが見えるのは錐体と桿体という網膜の光受容器が光を感知し、それが脳の視覚野へ伝達されるからである。そのため、ものを見るにはもの自らが発光しているか、周囲の明かりに照らされている必要がある。昼は太陽光に照らされてものがよく見えるが、夜になると日が沈んであたりが暗くなる。夜は照明が設置された道路や繁華街などを除くと光を出すものが少ないため、暗くて見えないのだ。

ただし、ヒトの目はよくできていて、夜間には暗い環境のもとで働き、光に対する感受性がきわめて高い桿体という光受容器が活躍する。桿体はまた、周辺で動く対象を認識するのに優れている。しかし、昼に活躍する錐体に比べて、ものの細部を見分けたり、色を見分けたりする能力がない[55]。したがって、夜は基本的に輪郭がはっきりしない白黒映画の世界であり、通り過ぎる車のヘッドライトや、周囲のネオンや照明とその付近だけが色鮮やかである。

そのため、ドライバーは、夜道を歩く歩行者が反射材や発光物を身に着けていない限り、発見するのが昼にくらべて遅くなる。加えて夜間は昼の疲れが生じるころであり、飲酒運転をしてしまう人もいる。また、交通量が少ないためか走行速度も高い[56]。歩行者にとっても、夜は無灯火で走る二輪車や車は見にくいし、ヘッドライトを点灯していても車までの距離がつかみにくい。その上、歩行者の中にも疲れていたり、飲酒していたりする人がいる。夜間は暗さをはじめとして危険性が高い環境だ。

ドライバーにはスピードを控えたハイビームでの運転が求められ、歩行者には横断歩道での横断や反射材の着用が求められるのは、夜間のこういった危険性のためだ。

暗いと発生しやすい歩行者事故

実際に夜間は交通量に比べて、交通事故、特に歩行者事故が多いかどうかを調べたものが図2-21である。[46][57] これより、交通事故全体でも夜間は交通量に比べて事故が多く、特に死亡事故が発生しやすいこと、歩行者事故は事故全体よりもさらに夜間に発生しやすいこと、特に歩行者が死亡する事故が夜間のほうが昼間よりずっと多いこと（七〇パーセントは夜間）が明らかである。追突などの車両事故などと比べて歩行者事故のほうが夜間に発生しやすいのは、夜間では特に歩行者が見えにくいためである。夜間に死亡事故が多い理由としては、車の走行速度が高いこと、運転者や歩行者の中に飲酒をしている人がいること、暗さや疲れで事故回避が遅れることが考えられる。[56][58]

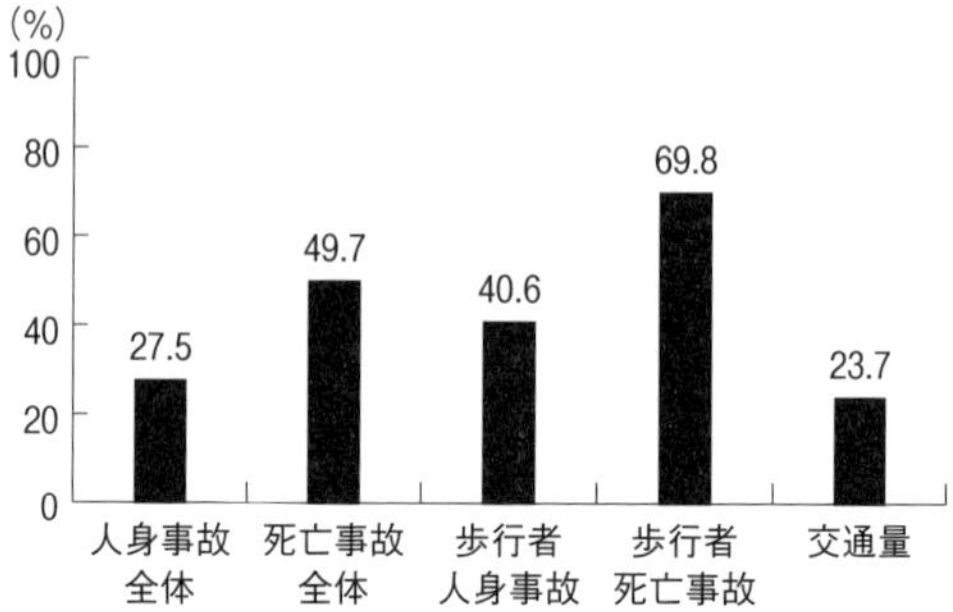

図 2-21　夜間の歩行者事故と交通量の割合 [46][57]

平成 27 年中に全国で発生した事故の統計と平成 27 年秋の一般国道，主要地方道，一般都道府県道の一般交通量調査による．

歩行者事故が、夜間の特徴である暗さという視覚的環境に影響されることを示すデータを紹介しよう。図2-22の月別・時間帯別の歩行者死亡事故件数がそれである。[33] 歩行者死亡事故は、夜が一番長

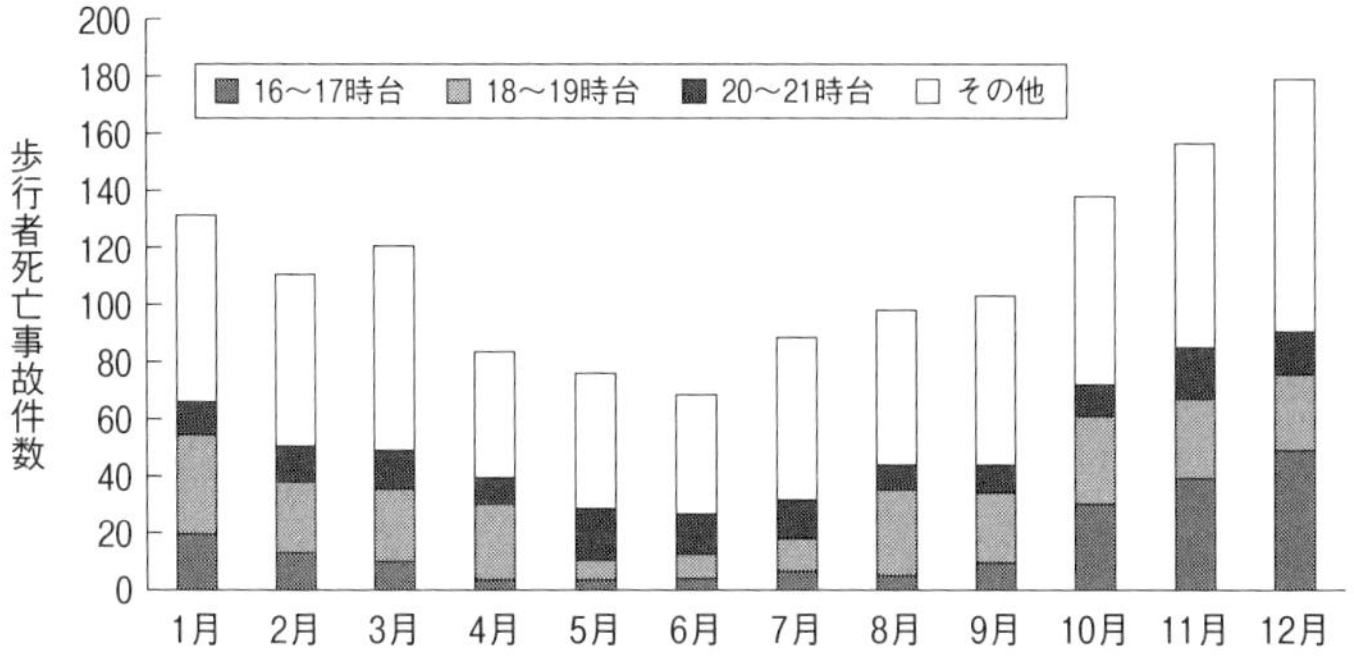

図2-22　月別・時間帯別の歩行者死亡事故件数（2016年と2017年の平均）(33)

い冬至（一二月下旬）のころが一番多く発生し、夜が一番短い夏至（六月下旬）のころが最も少ない。冬至のころは夏至のころの二倍以上である。暗いという環境が歩行者事故に大きく影響することを端的に示す結果と言える。

ちなみに、東京では、冬至の日の出が六時四五分ごろで、日の入りが一六時半ごろだから、冬至の夜は一四時間あまりある。一方、夏至の日の出が四時二五分ごろで、日の入りが一九時ごろだから、夏至の夜は九時間三〇分ほどしかない(59)。

発生時間帯に注目すると、夏は一六〜一七時台の事故がとりわけ少ないが、秋から冬にかけて急に増えていき、四分の一はこの時間帯に発生している。なぜこういったことが起きるのだろうか。一六〜一七時台は、買物などでまだ徒歩で移動している人が多いが(60)（図2-23）、夏はまだ明るいので歩行者事故は起きにくい。しかし、秋から冬は日の入りの時間帯に重なり、薄暗い中を徒歩で移動することになって事故が起きやすくなる。

図2-23は、春から夏にかけての栃木県での調査であるが、静岡県での秋から冬にかけての調査でも、歩行者が移動している

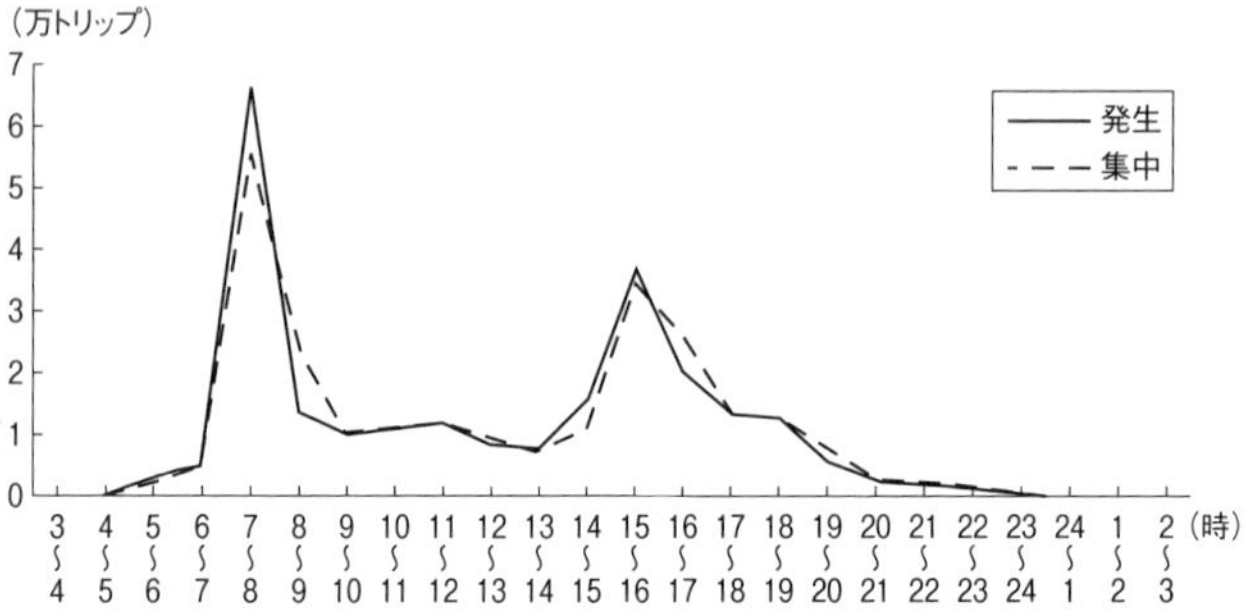

図 2-23　徒歩でのトリップ（移動）の発着時間帯別トリップ回数[60]
徒歩トリップのピークは，午前は夜明け後の 7 時台から 8 時台，午後は日没前（秋冬は一部日没後）の 14 時台から 17 時台.

時間帯の午後のピークは一五時台から一七時台と同様の結果であった[61]。春から夏にかけてと秋から冬にかけて、同じ午後の遅い時間帯に歩行者は活発に活動しているが、歩行者事故は周囲が薄暗くなる秋から冬にかけて多くなるのだ。

ところで、夏は歩行者事故が少ないものの、日没後の二〇～二一時台がやはり事故多発時間帯である[62]。興味深いことに、どの季節でも暗い夜間である二〇～二一時台の事故の件数は、一年を通して同じくらいである。これはこの時間帯の暗さと人・車の活動量が一年中変わらないためだろう。

道路照明の効果

夜間は人工的に道路を照明して、安全で快適な通行を確保する必要がある。主に歩行者のための市街地道路での照明を街路照明といい、補助幹線道路以上の道路に適用される自動車交通のための照明を道路照明といって、照明基準が異なっているが、考え方は同じである[55]。

① 道路上の凹凸や障害物などが見つけられる。

②　道路の線形や幅員や周囲の状況が把握でき、居る場所や進む方向がわかる。
③　ほかの歩行者や車の存在や種類や挙動がわかる。
④　標識や信号やその他のサインが読める。
⑤　快適に歩いたり、運転したりできる。

街路照明には、歩行者が安心して安全に通行できるように、街路の使用状況、周囲の明るさ、活動の内容、犯罪の危険性などを考慮した、ＪＩＳ照度基準やＪＩＳ道路照明基準がある。たとえば、歩行者交通量の多い住宅地の道路では、水平面照度（歩道の路面上の平均照度［光源に照らされている面の明るさ・入ってくる光の量］）が五ルクス、鉛直面照度（歩道から一・五メートルの高さでの重力方向面の最小照度）が一ルクスとなっている。

道路照明では、路上の障害物が発見できるよう、照度でなく路面輝度（光源や被照面の明るさ・出てくる光の量）が照明の要件として重要だ。道路の規格や周囲の明るさによって基準が異なるが、路面の輝度は明暗が生じないよう一様である必要がある。照明方法は場所によって異なり、「歩道等の利用者が道路を横断するおそれがあり、自動車交通量および歩道等の利用者数の多い区間」などには連続照明が必要であり、「信号機の設置された交差点または横断歩道」などでは局部照明をするとされている。(55)

最後に、照明の夜間事故防止効果について見てみよう。効果測定には、照明を新規に設置したり、改良したりした前と後で事故件数や事故率を比較する方法と、照明がある区間とない区間で発生した昼と夜の事故比率を比較する方法（照明がある区間のほうが夜間事故の割合が少ないか調べる）がある。[63] どちらの方法でも、だいたい二〇～七〇パーセントの事故減少効果が報告されている。[63]～[66] 事故の中で歩行者事故が最も夜間に発生しやすいという統計と一致して、歩行者事故には特に照明による効果が大きい。[65]～[67]

第4節　歩行者が望む道路・沿道環境

歩行者はどんな気持ちで何を考えながら、道を歩いたり、横断したりしているのだろうか。交通心理学では、安全と関連する歩行者の心理や行動などを研究することが多く、安全以外の歩行者の関心をテーマとする研究は少ない。そこでここでは、歩行者が道を歩く時に重視する歩行環境は何か、歩行者が歩きたいと思うのはどんな道かについて考えてみよう。

1　ウォーカビリティ

ウォーカビリティという言葉をご存知だろうか。文字どおり訳せば歩きやすさであるが、その意味は単なる歩きやすさではない。歩く道や沿道の環境が良好か、沿道の地域は住みやすいか、その地域に住む住民が車を使わずに生活できるかなどといった意味を含んだ言葉である。一言で言えば「歩いて生活しやすいか」だ[68]。ウォーカビリティが多くの意味を含んでいる理由は、「歩く・歩ける」環境という問題が、社会の様々な側面とかかわりがあるからである。車中心の社会になって、特に都市の環境が排気ガスや騒音や振動などで悪化したことや、道路によって地域と地域が物理的・社会的に分断されたこと、住民が歩かなくなって不健康になったことなどから、健全な生活ができるような持続可能な町づくりが課題となってきたのだ[68][69]。

環境問題の専門家からは、環境にやさしい土地利用のあり方を考えたり、車中心の道路環境の改善を考えていったりする中から、歩きたいと思う道とは環境面から見てどんな道かという議論が出てきた。その対策の一例が道路の緑化であり、道のバリアフリー化である[30][70]（図2-24）。環境心理学では、人々がある環境をどう感じ、どう評価するかが研究テーマとしてあるが、都市内の歩道や沿道施設の環境評価もその一つであった[71][72]。

図2-24　都心の散歩道（渋谷）

住みやすい、暮らしやすい地域には、歩いて行けるところに商店や公共施設などがある、歩きやすい道のネットワークがあるなど、いくつかの共通点がある。都市計画学では、地域の暮らしやすさの指標の一つとしてウォーカビリティを取り上げ、地域環境の評価を試みている。その一つは、客観的な都市の物理的要素、たとえば、居住密度、交差点密度、土地利用の多様性、小売店舗の四要素を指標としている[73]。また、住民が地域の歩行環境（歩道の整備状況、道路の横断しやすさ、ドライバーのマナーなど六項目）を主観的に評価した指標もある[74]。

歩行は手軽にできる運動であり、最近は健康や美容面から、散歩やウォーキングが注目されている。それを推進するためには、地域の道路や沿道環境が歩行に適したものである必要があるということから、医学（公衆衛生学やスポーツ医学）でもウォーカビリティは取り上げられている[75][76]。

交通分野でも、ウォーカビリティにかかわる問題が研究対象となってきた。その先駆けは、交通工学における歩行者の経路選択と横断時の安全施設選択の問題であった。車の経路選択の知見を援用した歩行者の経路選択研究の結果によれば、経路を選択する上で最も重視するのは最短経路であるが、ほかに安全性や魅力性も考慮された[17][77][78]。横断時の安全施設の選択では、安全性（信号機つき横断歩道を渡る）と利便性（手間取らずに渡れる）は相反する[28][29]。安全性を利便性より重視する人のほうが少し多いが、横断歩道が遠くにあったり、交通量が少なかったりすると、横断歩道を利用しないで横断するようになる[23][25]。また、信号機つき横断歩道と歩道橋・地下歩道のどちらを利用するかをたずねた研究によると、目の前に歩道橋や地下歩道があっても、歩道橋の場合歩いて二、三分、地下歩道の場合四、五分先までに信号機つき横断歩道があれば、横断歩道を利用するという[29]。

筆者が専門とする交通心理学では、最近になって歩行者の交通問題が再びクローズアップされてきた。しかし、まだ交通安全教育や、歩行行動の危険性、子どもや高齢者の歩行行動の特徴を調べる研究がほとんどである。私たちは危険性・安全性のほかにも、快適性や移動効率などといった要因も考えて歩いているはずであるから、その面での研究も必要となるはずだ。

ほかには、地理学や犯罪学や建築学といった学問分野でも、ウォーカビリティに注目している。アメリカ人の自動車依存による運動不足と肥満の問題に端を発したとされるウォーカビリティの問題は、日本でも重要だ(68)。日本では、肥満の問題はそれほどではないが、無秩序に拡大した上に人口が減少している都市をコンパクト化したり、公共輸送により中心市街地へ市民を呼び寄せたり、徒歩に依存する高齢者などの移動を社会的・物理的な対策によって支援したりするといった課題がある。歩きたくなる道を地域に用意することは、どこの国でも暮らしの前提だ。

2　歩きたい道の条件

ウォーカビリティをめぐっては、歩行を促す「歩いて生活しやすい地域」とはどんな地域かという研究が行われてきた。以下ではそういった研究をもとに、地域というより個人の立場から、歩きを促す道とはどんな道かを考えてみよう。歩行者が歩きたいと思う道とはどんな道路・沿道環境の道か、言い換えると、歩きたいと思う道に求める条件は何か、道を歩く上で重視する点は何かについて考えてみたい。こうした条件を明らかにして、道や沿道施設を改善していくことによって、人々は今より歩くようになり、それが健康や生きがいにつながり、社会の活気や環境や経済に貢献する。

交通安全の分野では事故にあわない点を重視し、環境分野では道路や沿道の快適な環境が重要であ

表2-3　歩きやすい道路の条件（歩く時に重視する点）

条件	意味
アクセスのよさ・利便性	目的地に簡単に行ける 複数の目的地がルート上にまとまっている
安全性	交通事故に遭わない 犯罪被害に遭わない
快適性	歩道が整備されている 天気がよく，空気がきれい
魅力性	沿道の植栽や建物に目をひくものがある 沿道に行きたくなる店がある

るといったように、研究分野によって歩行中に重視する条件が少しずつ異なる。個人にとっての歩きたい道の条件は、まずはこうした各学問分野の研究結果を集約することで得られるだろう。

いくつかの分野の論文を読んでいくと、歩きたい道の条件は表2-3に挙げる四つに分けられた[70][79][80]。アクセスのよさ・利便性は、スムーズに移動できて、用が足せるということである。安全性には交通事故だけでなく犯罪も含まれる。快適性と魅力性はともに心地よい感情をもたらすもので似ている。快適性はその構成要素が満たされない（例：天気がよくない）と不満を生じるもので、魅力性はその構成物（例：おしゃれな店）がなくてもそれほど不満を生じないが、あれば満足感が大きいものと考えられる。

アクセスのよさ・利便性

四つの条件の一つであるこの条件は、アクセスビリティ、近さ、接続性の三つに分けられる。

自動車の交通には、出発地から目的地まで移動する通行機能と、目的地である沿道の施設に出入りするアクセス機能がある。歩行者交通で言うアクセスビリティは、自動車の場合の通行機能も含めて、駅や商店などといった目的地まで歩きやすい道がつながっているかということである。道が途中で行き止まりになっていたり、途中で歩道がなくなって車道を歩くことになったり、狭くて歩きにくかったり、アップダウンがあったり、広い道路を渡らなくてはならなかったり、途中で迷いそうになったりする道は、アクセスビリティがよいとは言えない[80]。

近さは、商店まで歩いて行けるといったような目的地への近さである。目的地まで五〇〇メートルなら七〇パーセントの人が歩いていくが、一キロくらいになると四〇パーセントに減っていくということから、近いということは歩く最大の条件と言える[81]。また、徒歩圏内に店や郵便局や病院といった生活施設が集まっていて、まとめて用が足せることも大切である。

接続性は、出発地と目的地間がつながっていることである。そのためには道路がネットワーク化されているのがよい。二〇〇六年施行のバリアフリー新法では、地区内の生活関連施設をつなぐ経路を選定して、バリアフリーな歩行空間ネットワークを整備することが求められているが、遠回りにならない経路、わかりすい経路、回遊性を考慮した経路は確かに便利である[82]。生活関連施設の中でも駅は人が最も集まる場所であるから、住宅地から駅につながる道の整備は特に重要だ。

安全性

歩行者にとって安全とは何かと考えると、筆者のような交通安全の研究者は、交通安全を第一に考える。実際、厚生労働省の死因統計では、歩行中の交通事故死者は一八七二人で、転倒に代表される歩行中の不慮の事故による死者数の六九一人より多い[83]。また、警察庁の犯罪統計でも、道路を歩いている時の犯罪被害による死者（殺人の被害者）は一一五人と、交通事故死者のほうが多い[84]。

しかし、負傷者数や件数で見ると、歩行中の交通事故負傷者が五万一一九三人に対して、道路上の犯罪（交通事故事件を除く刑法犯）は、乗り物盗の三万四〇九一件を除くと、五万八七二六件とわずかに多い[47][84]。道路歩行中の転倒による負傷者数については、全国データはないが、東京都の東京消防庁の救急活動データがある。それによると、転倒による救急搬送者は七万六四九七人で、そのうち道路・交通施設で発生したものは三分の一を占めるので、道路歩行中の転倒者数は二万五〇〇〇人程度だと考えられる[85][86]。これは、都内で歩行中に交通事故で負傷して搬送された六〇九一人の四倍に当たる。

以上の統計から、歩行中の不安感や関心事は、道路歩行中の転倒が一番多く、次いで交通事故と犯罪被害が同じくらいだろう。問題はこうした事故や犯罪を減少させ、住民の不安感を減らすために、道路交通環境や沿道環境をどう整備したらよいかという点である。そこで交通事故や犯罪被害や転倒を減らすために必要な、具体的な環境条件を考えてみよう。

交通安全のために必要な道路の条件は、歩道や安全施設の整備とドライバーに対する規制や取り締まりである（表2-4）。一方、犯罪防止のために必要な道路の条件も表2-4とかなりの部分が重なる。地域住民に交通安全にかかわる環境項目（例：交差点に信号がある）を示し、その項目に対して交通安全と防犯の二つの面から不安感を調べた研究によると、交通安全上で不安と評価された項目は防犯上でも不安と評価された[87]。

防犯上で必要な、表2-4の道路交通環境以外の歩行環境を考えてみよう。一つは乱雑さ・荒廃がない環境である。歩道がゴミで汚れていたり、放置物が乱雑に置かれていたり、沿道の建物の壁などに落書きが書かれていたり、建物がゴミ屋敷であったり老朽化していたり空き家であったりすると、犯罪不安が高まる[80]。また、沿道にバー、パチンコ店、ゲームセンター、ラブホテルなどの性風俗店がある場合も、犯罪不安が高まるだろう。

環境犯罪学の荒廃理論によれば、落書きやゴミの散乱などの物理的荒廃や、公共の場での飲酒や騒音などの社会的荒廃は、犯罪を防ぐ力の低下や犯罪行動を連想させて、犯罪不安を喚起するというが、前述の歩行環境は確かに荒廃理論に当てはまる[88]。荒廃していなくても、人気の少ない道や沿道に住宅がない道も犯罪不安が高まる。それは、犯罪者が人目につきにくいので犯行を助長しやすく、被害に遭いそうになった時の助けが期待しにくいし、犯罪者が逃げやすいためである。また、犯罪を起こしやすいような人々がたむろしている歩道や沿道も、犯罪被害が直に感じられて不安が大きくなる。

最後のトピックスとして、転倒しにくい道を考えてみよう。転倒しやすいのは、筋力が低下し、バランスや視覚に障害があり、歩行に問題が生じている

表 2-4　歩きやすさ（交通安全）の条件

種類	具体例
歩道・安全施設	歩道（広い，平坦，すべりにくい） 歩道と車道の間にガードレールや植樹帯 横断歩道，特に信号機つき横断歩道 見通しの悪い交差点の改良 交差点とその付近の夜間照明
交通規制・取り締まり	速度規制，交通静穏化 車両の住宅地通行規制（一方通行，車両進入禁止） 路上駐車規制 危険な運転をしないような環境，取り締まり

人である。[89] そういった人でも転倒しないような、車の往来を気にせず、歩きに専念できる歩道が必要である。その歩道は平坦で、つまずいたり滑ったりしにくいことが重要だ。また、自転車が通る歩道では、歩行者用のスペースが十分ないと、自転車をよけようとして転倒する恐れがある。前にバリアフリー新法に基づく歩道と横断歩道の構造を述べたが、正にそういった歩道が望まれる。道路移動等円滑化基準では休憩施設や照明についても言及がある。ベンチやイスなどが歩道脇にあり、暗くなると明るく照らされる歩道が求められている。[82]

快適性と魅力性

快適な道を歩いていると気分がよい。どんな道が快適かというと、身体に負担がかからない道、五感にやさしい道だろう[90]（表2-5）。こうした環境の道が人を快適な気分にさせてくれるのだ。一方、一つか二つでも水準を大きく下回る環境状態があると、不快感が生じるだろう。

魅力性と快適性は、環境を五感で感じて得られるよい気分である点が似ている。しかし、魅力性はその環境状態があれば楽しいが、なくてもそれほどは不満を感じない点が快適性と異なる。また、快適性は静的で固定的な雰囲気がするが、魅力性は動的で生き生きとした雰囲気で、一時的な演出によっても生じるものだ（表2-6）。

表2-5　歩きやすさ（快適性）の条件

種類	環境	状態
身体的快適性	歩道	広い 平坦，舗装が破損していない，きれい 標識やその他の放置物がない 途切れていない
	歩道上の施設	ベンチ，休憩所 車道との境に防護柵や植栽
	道の勾配	坂が少ない，歩道と車道の接続がスムーズ
生理学的（感覚的）快適性	視覚	見通しがよい 緑の植栽がある 明るい
	聴覚	騒音がない，静か
	嗅覚	悪臭がない，空気がきれい
	触覚	風が心地よい 湿度が適度 歩道の舗装が心地よい
	温冷覚	気温が適度

表2-6　歩きやすさ（魅力性）の条件

種類	環境・状態
視覚的な美しさや楽しさ	建物が美しいデザイン 由緒ある建物 歩道の色やデザインがおもしろい 景色がよい
にぎやか，活気	歩道でイベントや展示がある 魅力的な店がある 店をのぞきながら歩ける 様々な人が歩いている
便利な設備	自動販売機，出店，オープンカフェ 立ち止まったり，座ったりできる スペースやモノがある

3　歩きたい道の条件として重視される安全性

歩行者が要求する歩きたい道の四つの条件を挙げたが、条件の重要度に違いが見られるだろうか。交通安全を専門とする筆者は、やはり安全性（特に交通安全）が一番重要だと思うがどうだろうか。これを取り上げた研究に、心理学で有名なマズローの欲求段階説を歩行行動に適用した研究がある。マズローは、個人の欲求には生存、安全、親和、自尊、自己実現の五つの欲求があり、その重要度に違いがあると考えた[91]。生存欲求（生きていくために必要な食事や睡眠など）が一番基本的で重要な欲求であり、それがある程度満たされないと次の安全欲求を満たそうとしないし、最高の欲求である自己実現（本来の自分になる、理想の自分に近づく）を求めるには、前の四つの欲求がある程度満たされている必要があると考えた。

歩行者が重視する歩行環境は、移動目的や状況によって求める条件が少しずつ異なる。そのためマズローの段階説ほど、条件によって重要度に違いはないかもしれない。しかし、基本的には前の段階の条件がある程度満たされないと、次の段階の条件には注意が向かないと考えられる。また、条件は行動を起こす一つの要因にすぎないので、実際にはすべての条件がクリアされてから歩くというわけでもないが、歩きたくなる条件がいくつかそろった道なら、歩く人が増えることは確かだ。

図2-25はそのモデルの一つで、歩行者のニーズは重要度の順に、歩行実現性、アクセスビリティ、

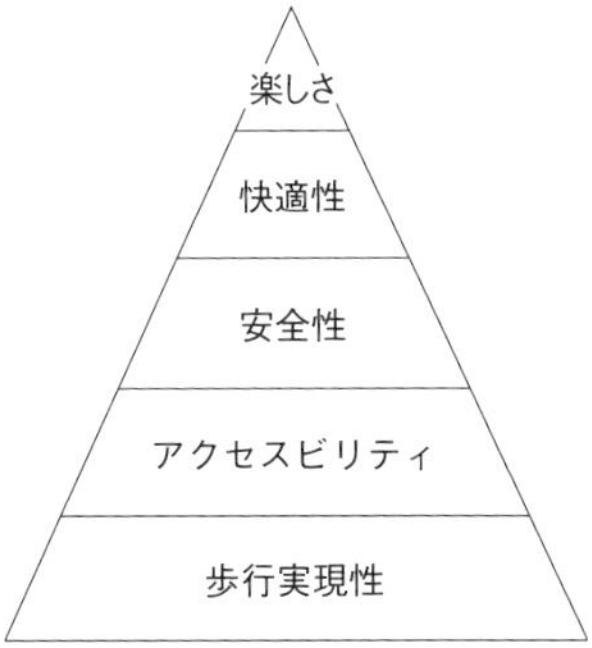

図2-25　歩行時欲求（歩行条件）の階層モデル1[80]

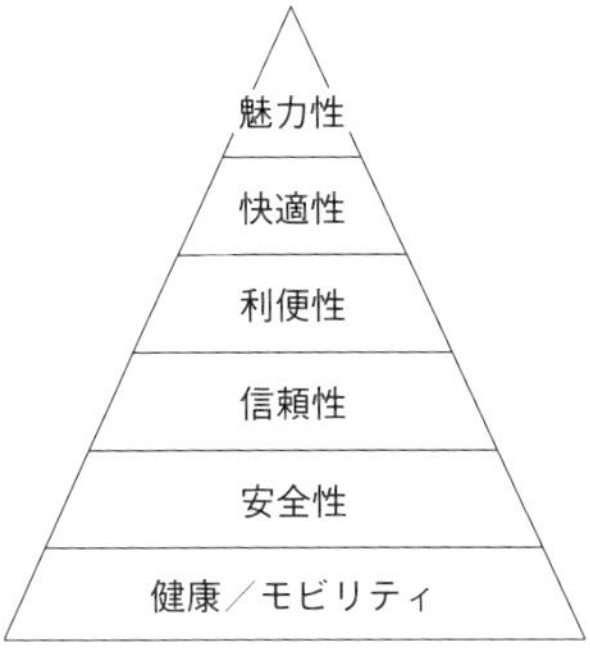

図2-26　歩行時欲求（歩行条件）の階層モデル2[92]

安全性、快適性、楽しさであると考えた。ただし、このモデルでは安全性の指標として、交通安全ではなく犯罪安全を考えている[80]。もう一つのモデルでは、歩行者のニーズは重要度の順に、健康・モビリティ、安全性、信頼性、利便性、快適性、魅力性となっている[92]（図2-26）。健康・モビリティは、歩くにはまず健康が必要だという個人の側の必要最低条件で、環境に求める条件ではない。そうすると、安全（交通と犯罪）が実質的には一番基本的な条件となる。信頼性が安全性の次に重要だと考えるのは、このモデルのもとがドイツの国鉄の旅行者のニーズに由来するからだろう。

以上はモデルであって、実証研究に基づくものではなかったが、実証的な研究でもほかの条件より安全を重視しているという研究が多かった[25][93]。また、安全を重視する傾向は、高齢者に多い。「住んでいる町を歩く時の経路選択で最も重視している条件は何ですか」という質問に対して、中年の人たちは最も早く着けるルート、直接目的地に行けるルート、歩道のあるルートを選択した人が多かったが、高齢者は歩道のあるルート、平坦な歩道のあるルート、横断歩道のあるルートを選んだ人が多かった[24]。

日本の研究でも、地方都市の中心商店街を歩く時に重視する条件として、どの年代も治安と移動時間を挙げていたが、高齢者では、移動時間と並んで横断時の危険や体の負担を挙げていた[94]。筆者の高齢者を対象とした調査でも、歩行時に重視するのは、歩きやすさ（歩道快適性）や快適性・魅力性（環境快適性）や移動利便性より、安全性（事故回避性）であった[95]。

第3章 歩行者の行動

第1節 移動行動

歩行者の行動というと、飛び出しや信号無視といった道路上での危険な行動を思い浮かべるだろう。しかし、第1章で述べた身体の運動としての歩行行動や本章で述べるような移動手段としての行動もある。歩行者の移動は道路上で主に行われることから、道路における交通安全と関係が深い。

1 移動行動の調べ方

歩行者の移動手段としての行動、つまり移動行動を調べるには、「どのような人が、どのような目的で、どこからどこへ、どのような時間帯に、どのような交通手段で」移動しているかを把握する必要がある[1]。この種の調査は、パーソントリップ調査として、国（国土交通省）や自治体で都市や都市圏を対象に定期的に実施されている。その目的は、都市交通の現況を把握し、将来の交通需要を予測することによって、都市の道路や公共交通に関する政策に生かすことだが、都市環境や防災を意識した都市づくりや住民の健康・医療・福祉向上のための政策にも使われる[2]。

交通事故統計では、「どのような人が、どのような目的で、どこを、どのような時間帯に、どのような交通手段で」移動していた時に事故が発生したかを調べるので、移動と事故のデータの多くは対応している。この対応関係が明らかになれば、移動量の割に事故件数が多いかどうかがわかるはずである。たとえば、高齢者が徒歩で移動した距離や時間が明らかになれば、高齢歩行者の事故危険性、つまり移動距離あたりあるいは移動時間あたりの歩行者事故件数がわかるだろう。

歩行者の移動を調べる調査には二種類ある。一つは、パーソントリップ調査のような郵送やウェブサイトでのアンケート調査である。この種の調査では、個人の歩行を含めた移動について詳しく質問することが可能だが、膨大なコストがかかる。そのため全国を対象とした全国都市交通特性調査（全国PT調査）は数年に一度、全国各地の都市圏で実施されている都市圏パーソントリップ調査は一〇年に一度実施されるだけである。また、回答者の負担も大きいため、対象となる日も一日か二日だけである[1][3]。この種の調査で問題となるのは、回答者の記憶と回答意欲に依存する点である。短い歩行移動などは忘れたり、面倒で記入しなかったりする恐れがある。また、子どもや高齢者の回答が正確かどうかという問題もある。

もう一つは機器を用いた調査で、その一つに歩数計を用いた調査がある。研究ベースの小規模調査のほかに、国レベルでの歩数の調査が、厚生労働省の国民健康・栄養調査で毎年実施されている。これによれば、歩数は男女ともに年々少しずつ減少している。二〇一八年の二〇歳以上の男性の歩数は六七九四歩、女性は五九四二歩であった(4)。一〇〇歩で一分と考えると、一日一時間くらいは歩いていることになる。ただし、道路を歩いている時間はこれよりずっと少ないはずだ。

最近になって盛んになってきたのは、スマホのGPS機能を利用した移動調査である。ある人のある時刻における位置が継続的に把握できるので、移動距離や移動時間や移動経路を正確に知ることが可能だ。交通の調査のほかには、子どもや高齢者を対象とした防犯や医療面の研究、観光客の移動や滞在先を調べる研究、移動する家畜や野生動物を対象とした農学や動物学の研究がある(5)。コロナウイルス関連報道の、新宿駅や梅田駅などの人出の増減データもこれだ。ただし、この調査法では、徒歩による移動であるか、移動目的は何かについては把握できないので、その情報は対象者が報告する必要がある。こうしたGPS携帯と行動日誌を組み合わせた調査は、プローブパーソン調査（PP調査）と呼ばれる。

この節では、全国規模のデータが公表されている、国土交通省のパーソントリップ調査（全国PT調査）の結果から、移動行動を見ていこう。

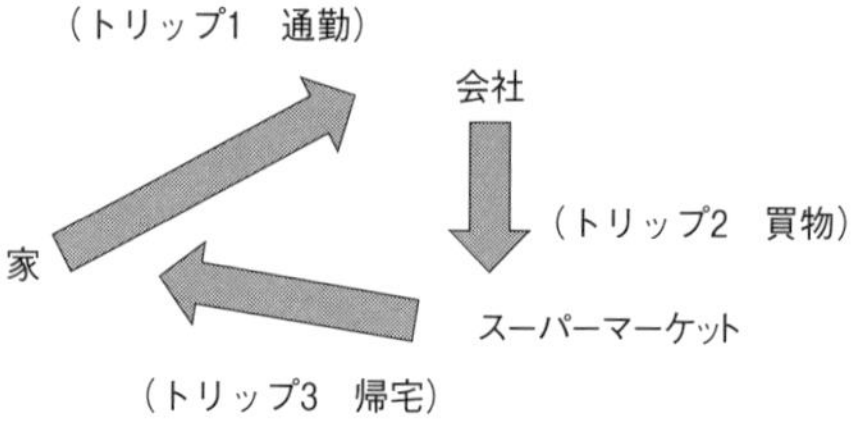

図 3-1　1日のトリップ回数の数え方

2　パーソントリップ調査からわかること

移動（トリップ）回数と移動目的

パーソントリップ調査では、ある目的を持ってある地点からある地点へ移動することを、トリップという。一回のトリップで複数の移動手段を使うこともある。たとえば、会社に電車で通う時に、駅までは徒歩や自転車で行く人も多いだろう。また、駅から会社まではたいてい徒歩で行くだろう。この場合には、複数の交通手段を用いていても、トリップは通勤を目的とした一回と数える[6]（図3-1）。

また、ある目的（仕事や買物など）を済ませて家に帰るのも、目的が帰宅という一つのトリップと数える（図3-1）。交通事故統計では帰宅という区分はなく、この時に事故に遭えば通勤（退社）や買物時の事故としている。このほか、パーソントリップ調査と交通事故統計では、交通目的の分類が異なっている。業務関係の目的はパーソントリップ調査のほうが詳しく、私用目的は交通事故統計のほうが詳しい。

一日の徒歩トリップの回数と一回の所要時間・移動距離

日本人は歩かなくなったとよく言われる。歩数調査の結果もそれを示すが、図3-2は、徒歩による一日のトリップ回数の経年変化を示している。[7] 徒歩による移動回数は、ここ三〇年間でほぼ半減して〇・四一回となり、今や一日一回徒歩で外出する人は二人に一人しかいないというほどになった。

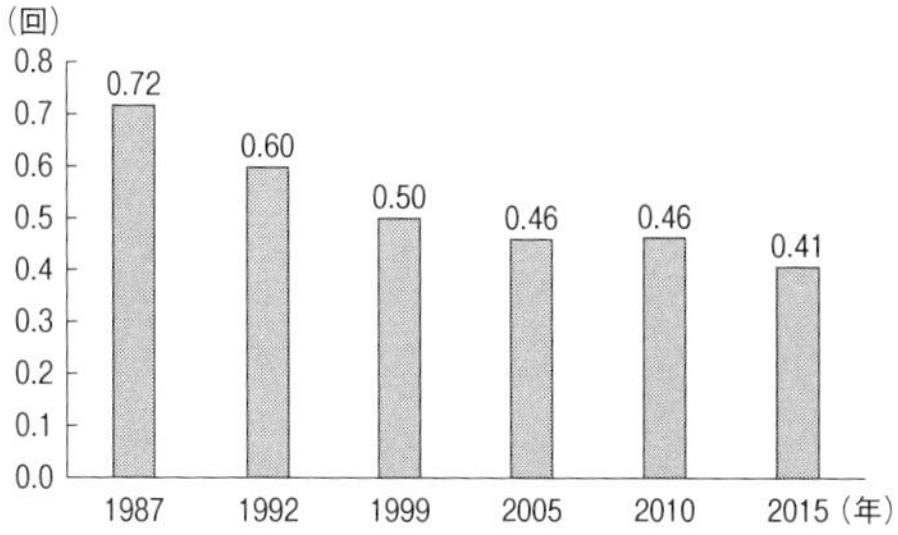

図3-2　1日の徒歩トリップ回数の経年変化（全国・平日）[7]

移動を示す指標には、ほかに所要時間と移動距離がある。二〇一五年調査によると、一回の徒歩トリップの所要時間の平均は一五・六分であった。[8] また、一回の徒歩トリップによる移動距離の中央値は一キロ、平均では一・三キロほどであった。[9] 以上の結果から、現代の日本人はあまり歩かないという印象を受けるが、こういった数字には注意が必要だ。その理由は統計数字の取り方にある。ここで挙げた〇・四一トリップ、一五・六分、一・三キロは、代表交通手段が徒歩である時の一日のトリップ回数、一回の所要時間、移動距離だからだ。たとえば、前掲図3-1の朝の通勤で、駅までは自転車で行き、電車で会社の最寄りの駅まで行き、駅から会社までは徒歩で行くとしよう。この時の代表交通手段は、「鉄道→バス→自動車→二輪車→徒歩」という規定の順位にのっとって、鉄道（電車）となる。[6] したがって、鉄道が代表交通手段であるこのトリップでは、たとえば駅から会社まで一〇

表3-1　交通手段に占める徒歩等の割合（分担率）の経年変化（全国・平日）[7]

調査年	代表交通手段						
	鉄道	バス	自動車（運転）	自動車（同乗）	自二・原付	自転車	徒歩
1987	11.6	3.9	34	0	5.2	18	27.2
1999	13.4	3.3	34.5	8	3.1	16.3	21.3
2010	14.9	2.9	35.2	10.6	2.7	14.2	19.5
2015	16.5	2.7	35	10.1	2.4	13.8	19.5

分歩いてもそれはカウントされないのだ。つまり、〇・四一トリップ、一五・六分、一・三キロという数字は、純粋に徒歩のみで移動したトリップの回数、一回の所要時間、移動距離ということになる。それ以外の徒歩での移動はカウントされないので、実際はもっと多い。

そうは言っても、こういった数字が意味を持たないというわけではない。過去と現在の徒歩による移動行動を比較したり、日本と外国の徒歩移動を比較したり、また、表3-1のように交通手段に占める徒歩の割合を知る上で有用だ。

交通手段に占める徒歩の位置

表3-1は、代表交通手段別の分担率の経年変化を示す[7]。分担率というのは、トリップ回数全体に占める、ある交通手段のトリップ回数の割合を示し、利用率とも呼ばれる。これより、一番よく利用されている交通手段は自動車（運転）であり、次いで徒歩であった。徒歩は一日のトリップ回数が〇・四一回と少ないが、それでも自動車運転に次ぐ分担率だ。しかし、経年変化を見ると、年々、徒歩トリップ回数が減少していくのと呼応して（図3-2）、交通手段に占める割合も低下してきている。

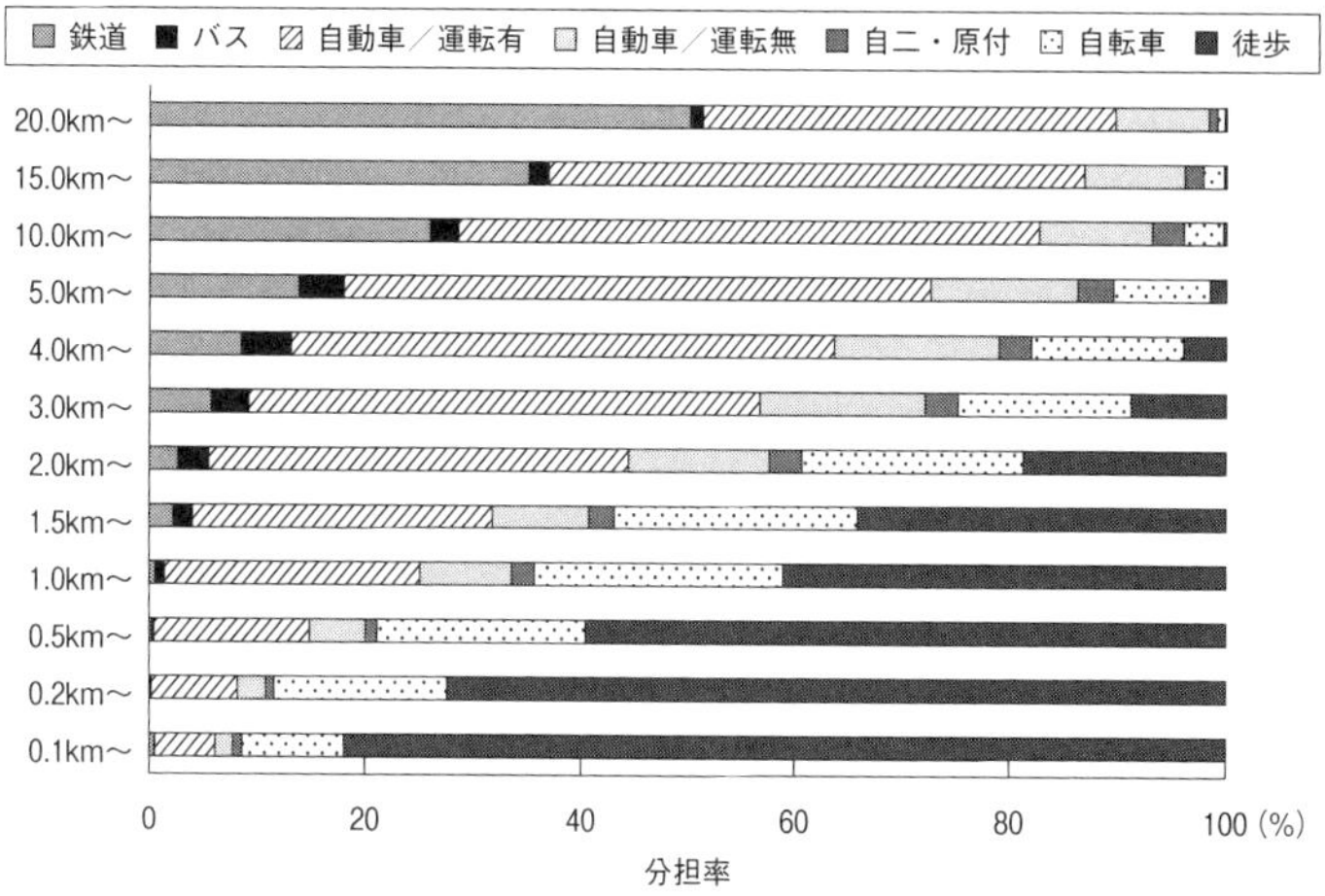

図 3-3　移動距離別の代表交通手段（全国・平日）(9)

トリップ回数が多い自動車と徒歩であるが、利用実態は移動距離によって大きく異なる。図3-3を見てみよう。これは、平日トリップの移動距離別に代表交通手段の分担率を示した図である。(9) これより、二キロ未満の移動では徒歩が一番多い交通手段で、特に、一キロ未満では過半数を占める。二〜二〇キロまでは自動車の利用が最も多く、それ以上になると鉄道利用が一番となる。私たちは目的地までの距離に応じて、交通手段を巧みに使い分けているのだ。これを企業や自治体などは、施設の立地計画に役立てている。たとえば、町のコンビニエンスストアなど、駐車スペースが少ない小売店舗では、歩いて一〇分以内くらいのところに住民や勤労者がどのくらいいるかが出店の条件となるだろう。

時間帯別の徒歩トリップ

パーソントリップ調査では、トリップの出発時刻と利用した交通手段と到着時刻を調べている。徒歩トリップの八〇パーセントは二キロ未満、時間にして三〇分未満だから、ある時間帯に徒歩で出発した人の多くが、その時間帯に道路を歩いていると考えられる。そのため出発時間帯別の徒歩による出発トリップ割合（二〇一五年、平日）を示す図

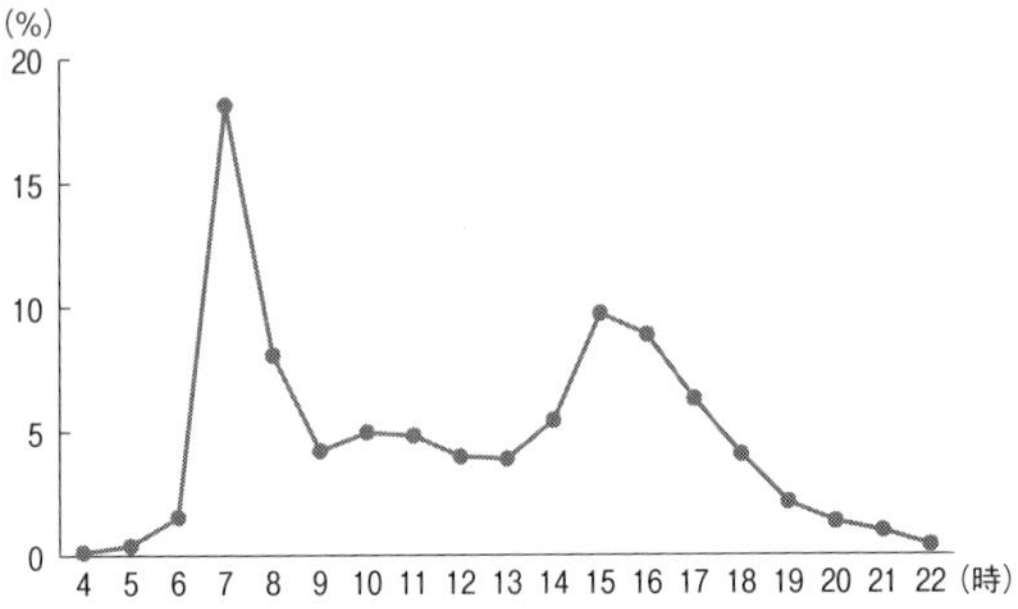

図 3-4　出発時間帯別の徒歩による出発トリップの割合(2015 年，全国・平日)(10)

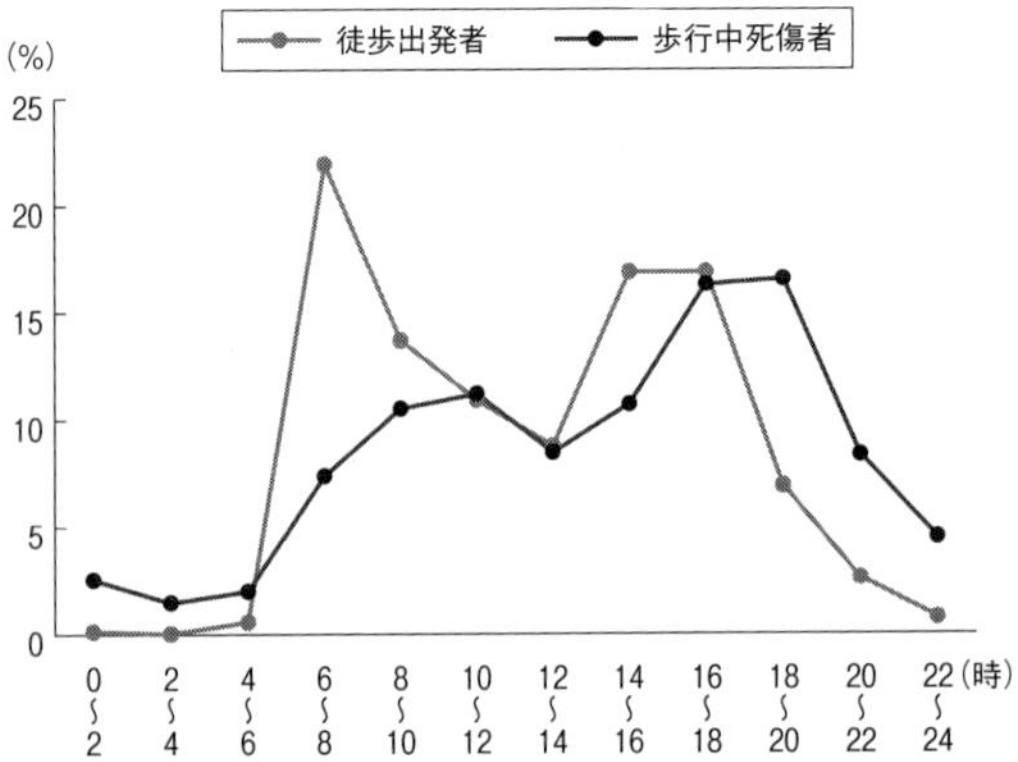

図 3-5　時間帯別の徒歩出発者と歩行中死傷者の割合(2015 年，平・休日)(10)(11)

３-４は、各時間帯に道路を歩いている人の割合を示す図と見なせる。[10] 七時台と一五時台がピークだ。この図は、歩行者事故の発生時間帯とどう対応しているだろうか。これを調べるために図３-４と、図３-５の交通事故統計から得られる時間帯別歩行中死傷者の割合[11]（二〇一五年、平・休日）とを比較してみた。図３-５を見ると、徒歩出発者と歩行中死傷者の割合の時間帯による分布は、ともに午前と夕方にピークがある点では似ている。しかし、歩行中死傷者数を徒歩出発者数で割った事故危険性を表す値を時間帯別に見ると、深夜・早朝が非常に高く、夕方から夜が次いで高かった。深夜・早朝の事故は少ないのであまり問題とされないが、歩くことになったら最大限の注意が必要だ。

徒歩トリップに影響する年齢と性別の要因

徒歩トリップ回数や歩行時間などに影響する要因には、年齢・性別といった個人特性と、平日・休日や都市のタイプといった社会特性がある。まず、年齢と性別について見てみよう。

図３-６は一日の徒歩のみのトリップ回数を年齢層別・性別に示したものである。[9] まず、子どもの徒歩トリップが大人（一五〜六四歳）の五倍程度と多いことが目立つ。ただし、大人の場合には、通勤や仕事中に徒歩以外の交通手段を使うと、そこでの徒歩トリップ回数は含まれていないので、実際の徒歩トリップ回数はもっと多い。それでも子どもの徒歩トリップの多さが、大人より人口あたりの歩行中の死傷者が二倍ほど多い理由の一つと言えるだろう。もう一つ注目すべきは、高齢になると徒歩トリップが増えることだ。歩数調査では高齢になるほど歩数が減少していったが、[4] 徒歩トリップ回

数は増えるようだ。高齢者の免許取得率は五〇パーセントほどと低いし、運転をやめる人も多い。移動手段として徒歩のみに頼る人が多くなるのだろう。性差を見ると、子ども以外の年齢では、女性の徒歩トリップ回数のほうが多い。男性より歩数は少ないのに徒歩トリップは多いのだ。女性のほうが自動車免許保有率と有職者率が低くて、車や電車などの利用が少ないため、徒歩のみによる移動が多くなるのだろう。

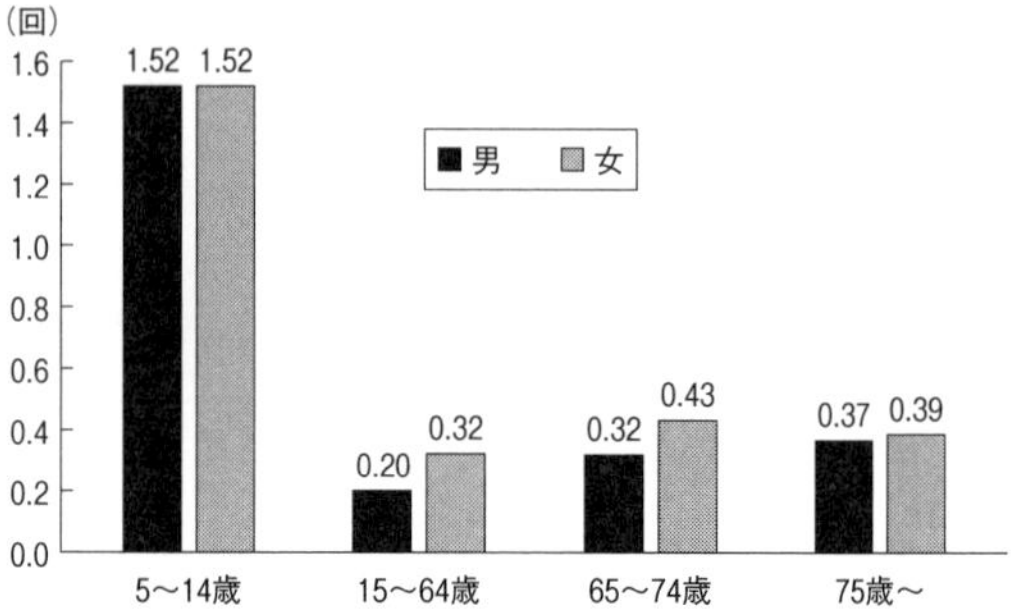

図3-6　年齢層別・性別に見た1日の徒歩トリップ回数（全国・平日）[9]

事故統計によれば、子どもや高齢者の歩行中事故は、一般の大人と比べて自宅付近で発生しやすく、半数は自宅から五〇〇メートル以内の場所で発生している[12]。その理由としては、子どもや高齢者は自宅周辺をよく歩くからだと言われている。しかし、図3-7を見てみよう。これは一回の徒歩トリップについて、目的地までの移動距離の分布を年齢層ごとに示した図だ。意外にも、子どもや高齢者も、一般の大人と同様に一キロ以上先までも歩くようだ。ただし、何度も言うように、この徒歩トリップは徒歩のみのトリップであり、会社員が勤務後に会社から駅まで歩いたり、主婦がバスで町まで買物に出かけて、いくつかの商店を歩いて回ったりする徒歩は含まれていない。そういう時の歩行者事故発生場所は自宅から遠いので、

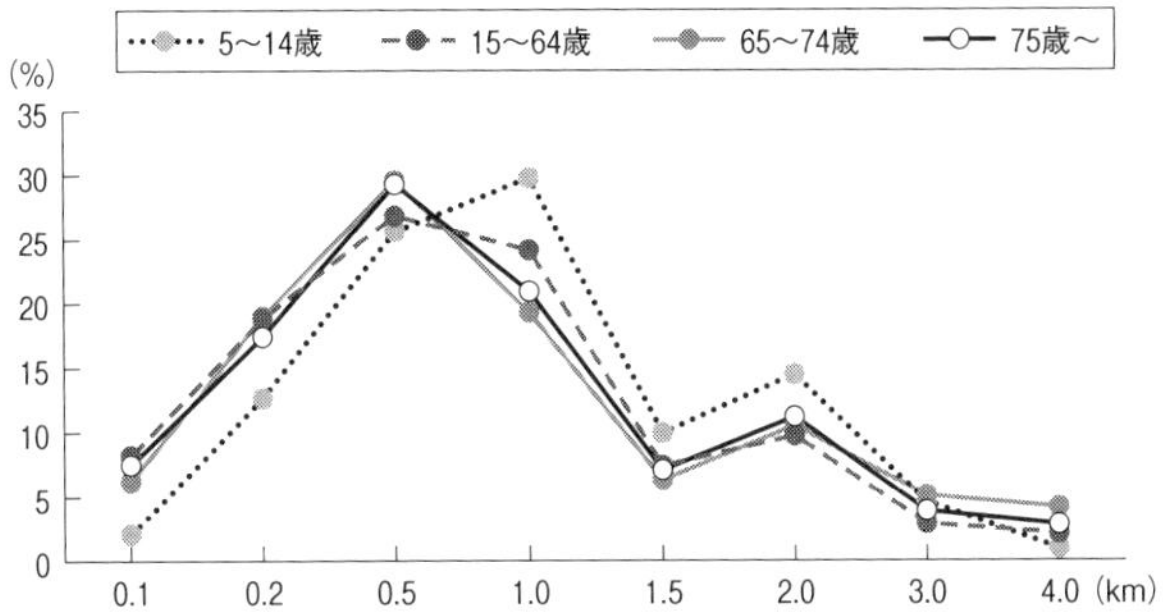

図3-7　１回の徒歩トリップにおける移動距離別の分布[9]

大人の場合は自宅から離れたところでの事故の割合が子どもより多くなる。

図3-7では、もう一つ留意する点がある。それは調査方法にある。対象となった世帯に調査票が送られると、五歳以上の家族一人ずつの個人票に、出発時刻や目的地までの距離などを記入する方式になっているが、家のすぐ近くに徒歩で歩いていった用事は記入されない可能性がある。また、子どもや高齢者は、散歩などこれといった目的もなく近所を歩くことが多いが、外出目的欄に散歩などの項目がないために、そういった徒歩トリップは記入されにくい。つまり、子どもや高齢者の家の付近での実際の徒歩トリップは、図3-7より多そうだ。

徒歩トリップに影響するその他の要因

パーソントリップ調査でほかに調べている個人特性には、免許の有無、健康状態、移動目的がある。社会特性には平日・休日や都市のタイプがある。こういった特性によって徒歩トリップの回数や全交通手段の外出率がどう異なるかを表3-2にまとめた。[7][9][13]

表 3-2　1日の徒歩トリップ回数と外出率に影響する要因（全国・平日）[7][9][13]

要因				徒歩トリップ回数	外出率（%）
個人要因	健康状態	15 ～ 64 歳	外出困難なし	—	85
			外出困難あり	—	60
		75 歳～	外出困難なし	0.47	69
			外出困難あり	0.22	40
	運転免許	15 ～ 64 歳	運転免許なし	0.35	—
			運転免許あり	0.24	—
		75 歳～	運転免許なし	0.40	—
			運転免許あり	0.33	—
		30 ～ 39 歳	運転免許なし	—	65
			運転免許あり	—	86
		70 ～ 79 歳	運転免許なし	—	63
			運転免許あり	—	79
社会要因	平日・休日		平日	0.41	81
			休日	0.25	60
	都市規模	三大都市圏	中心都市	0.50	82
			周辺都市 1	0.42	81
			周辺都市 2	0.34	82
		地方中核都市圏（40 万以上）	中心都市	0.39	82
			周辺都市	0.26	80
		地方中心都市圏		0.26	77

周辺都市 1 は東京・京阪神・中京の三大都市圏の中心からの距離が近い都市（松戸市，所沢市，奈良市，堺市など），周辺都市 2 は遠い都市（青梅市，小田原市，豊橋市，宇治市など）を言う．

表3-2で注目すべきは、運転免許のある・なしが徒歩トリップや外出率全体に与える影響だ。運転免許がない人は、運転免許を持っている人に比べて外出率は低いが、徒歩のみによるトリップは多いということだ。運転免許を持っている人は車を運転して移動することが多く、それが外出率を高めるのに対して、免許がない人は徒歩に頼る外出が多くなるのだ。

もう一つ注目する点は、都市規模による違いだ。

都市規模にかかわりなく、外出率は八〇パーセントくらいであるが、一日の徒歩トリップ回数は都市規模が大きいほど、また都市圏の中心にある都市ほど多い。つまり都会ほど多く、田舎ほど少ないのだ。これは、都会のほうが近隣に施設などが多く車を使わなくても、徒歩で用事を済ませられることが多いためだろう。

3　徒歩移動の外国との比較

パーソントリップ調査は諸外国でも実施されているが、主要国の結果が比較できるようなデータは少ない。あっても国によって都市人口の比率や都市の規模だけでなく、自然環境や文化も異なるので、一概に比較するのは難しそうだ。日本の東京と大阪と名古屋を比べてみても、東京は鉄道やバスといった公共交通の占める割合が半数近くを占める一方、大阪は自転車や徒歩の割合が高く、名古屋は自動車の分担率が高いといったように地域差がある[14]。それでも鉄道が占める割合は、日本は世界の中でも最上位を占めるだろう[15]。

徒歩トリップについての各国比較については、ＯＥＣＤ（経済協力開発機構）のレポートがあるのでそれを紹介しよう[16]。徒歩トリップの分担率は多くの国が一五〜二五パーセントであり、日本の一九・五パーセントは平均的な値である。一回の徒歩トリップの移動距離は〇・七〜一・七キロが多く、日本の一・三キロは平均か少しだけ長い。主要先進国の中でよく歩くのはドイツであり、アメリカは車の分担率が非常に高いが、一回の徒歩トリップの移動距離は日本とほとんど変わらなかった。

徒歩トリップの世界的な傾向を見ると、この三〇年間で分担率も移動距離も減少傾向にある。特に、徒歩を主な移動手段としている子どもが歩かなくなったという。これは日本でも同様だが、日本の場合は登下校のほとんどは徒歩であるのに対して、徒歩より車の送り迎えのほうが多い国もある。車保有の増加やそれに伴う都市の郊外化が原因で徒歩トリップが減少しているが、一方で徒歩トリップ増加の兆しも見られる。その一つは世界的な健康や環境への関心の高まりである。先に述べたOECDレポートの題名も「歩行者の安全、都市空間、健康」である。OECDの下部機関であるITF（国際交通フォーラム）とWHO（世界保健機構）の専門家らによって作成されたこのレポートのメッセージは以下の通りだ。[16]

① 歩行は最も基本的な移動様式であり、健康や環境にもよい。

② 都市の活力や魅力は、住民の自由で安全で快適な歩行や路上滞留（路上での商い、立ち話、遊び、待ち合わせ、休憩など）と密接に関係している。

③ しかし、歩行は国や自治体の政策の中では無視されてきた。

④ 中央政府は、歩行者や公共輸送機関に優先権を与える政策を実現するよう、都市計画、公共輸送計画、ゾーン30などの交通計画、歩行者の交通事故や転倒の防止対策、教育キャンペーンなどの施策を推進しよう。

第2節　道路横断時の歩行者行動

歩行中の事故の六割近くは、道路横断中の事故である。死亡事故になると三分の二を占める。[17] 前の節では歩行者の行動を移動という観点から解説したが、ここでは道路横断中に歩行者はどういった安全行動をしているかについて、横断時の課題に沿って見ていこう。まず、信号機のない単路や交差点での道路横断時の課題について述べ、次いで信号機のある場所での横断について考えよう。

1　信号機のない場所を横断する時の歩行者のタスク

横断時に歩行者がすることは、①横断場所を決める、②横断前に立ち止まる、③車が来ないか左右を見て確認する、④安全を確認したら歩いて横断する、である。イギリスの道路横断指針（グリーンクロスコード）では、確認する時は目のほかに耳を使って横断できるか考えることを重要と考えて、「止まって、見て、耳で聞いて、考えなさい（Stop, Look, Listen and Think）」と言っている。[18] 図3-8は、歩行者が信号機のない単路を横断する時のタスク（行動課題）をもう少し詳しく示したものである。

タスク1は横断場所を選ぶことだ。子どもは横断歩道がない場所ではどこが横断に安全な場所かわからないようだ。高齢者は、昔からよく横断していた場所を、今は危険になっても横断し続ける傾向がある。高齢者三二七人に「近くに横断歩道などがない時は、見通しのよい場所を探して横断する」という交通の教則にあるルールを守っているかどうかを質問したことがあるが、「たいてい守っている」と答えたのは四三パーセントだけであった。

タスク2は横断場所で止まることだ。なぜ止まる必要があるかというと、左右をしっかりと確認するためである。しかし、園児七二二名とその同伴保護者の横断行動を観察した研究によれば、路側で停止したのは園児の三三パーセント、大人の三六パーセントしかいなかった[19]。欧米や中国での観察調査結果でも、子どもの停止率は三〇~六〇パーセントと半数以下が多かった[20][21]。止まらない理由の一つは、路側に達する前に左右の確認を済ませているからだ。しかし、道路の向こう側にいる友達などに気を取られて止まらないこともある。最近では学生や大人でも携帯電話などに夢中で止まらない人もいる[22][23]。横断する前に止まった人の九〇パーセント近くは、その後に左右の安全確認をしていたことから[19]、車の一時停止と同様に、まず止まることが重要だ。

タスク3と7は安全確認、タスク4と5は横断可否の判断であり、後で詳しく説明する。タスク6の歩いてまっすぐ横断するについては、この後すぐに解説しよう。

タスク8は横断前に安全確認をしなかったか不十分だったために、横断の途中で車が近づいているのに気がついた場合の対処である。こうした場面が観察されやすいのは、幅員の広い道路での横断だ。

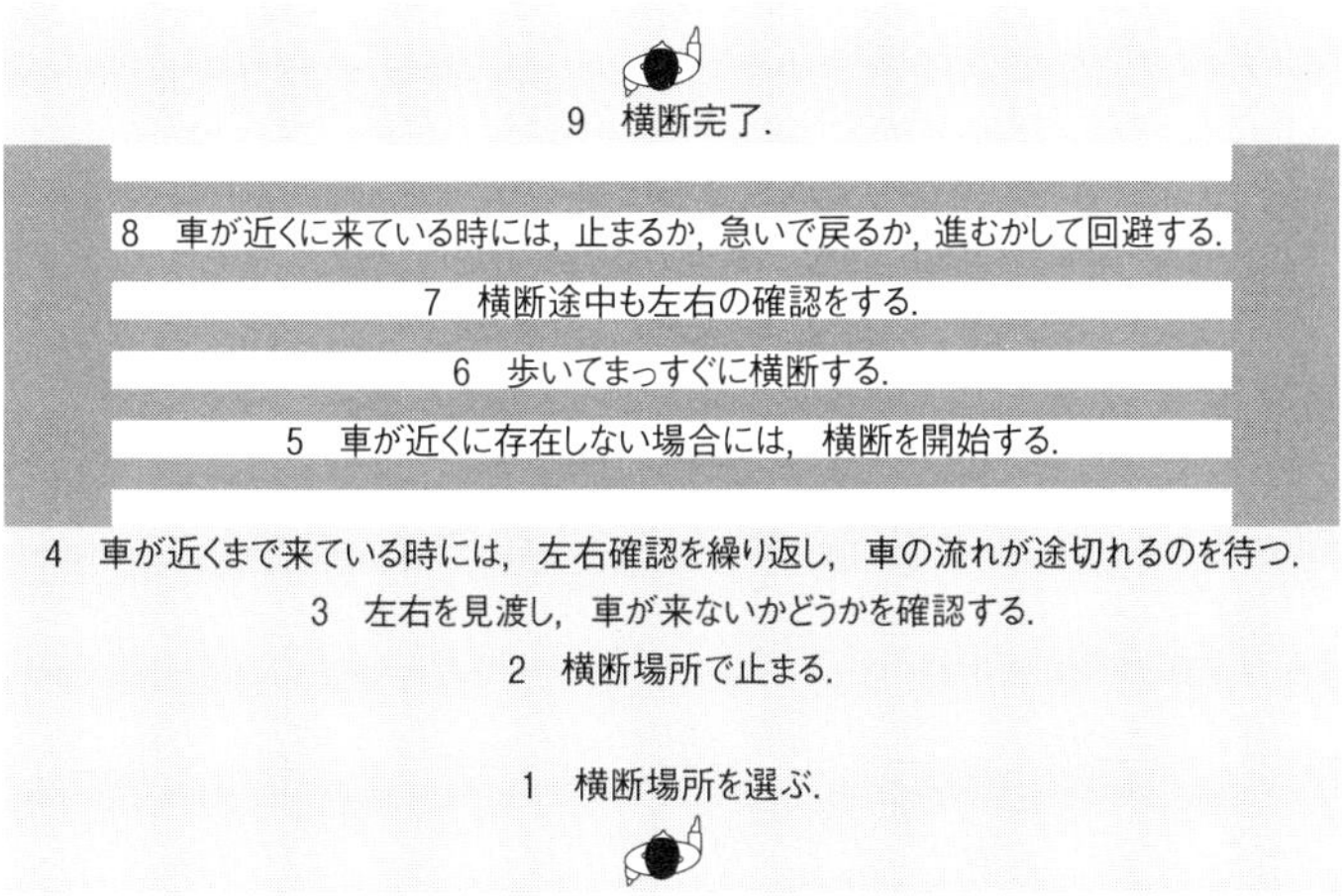
9　横断完了.
8　車が近くに来ている時には, 止まるか, 急いで戻るか, 進むかして回避する.
7　横断途中も左右の確認をする.
6　歩いてまっすぐに横断する.
5　車が近くに存在しない場合には, 横断を開始する.
4　車が近くまで来ている時には, 左右確認を繰り返し, 車の流れが途切れるのを待つ.
3　左右を見渡し, 車が来ないかどうかを確認する.
2　横断場所で止まる.
1　横断場所を選ぶ.

図 3-8　信号機のない単路横断時の歩行者のタスク

歩行者は道路上で止まるか、向こうまで走るか、引き返すかといった選択に迫られる[24]。

2　走ると危険

私たちは先を急ぐ時に、歩くのをやめて走り出す。競歩の選手のように速くは歩けないし、速く移動するには歩くより走るほうが負担が少ないからだ。どのくらいのスピードに達したら歩きから走りに変わるかというと、ふつうの歩きより二倍速い大体秒速二〜二・五メートル（一〇メートルを四〜五秒で移動）が境らしい[25][26]。歩いている時には、私たちの身体は下肢の影響で上下左右に揺れているが、それでも周りの景色ははっきり見えるし、交通場面でも信号が青だとか車が近くまで来ているといった視知覚も正常に働いている。これは身体が上下すると、頭部がその反対方向に屈したり、身体が左に移動すると頭部は右に旋回したりするといったように、頭部が視線の安定を保つように働いているからだ。また、眼球も反射によって頭部と協調して視線の安定に一役買っている。[27] しかし、走ると周りの風景は飛ぶように後ろに下がり、はっきり見えるのは前方だけとなる。周囲のモノとの相対的な移動速度が大きくなるし、網膜上の像のゆれも大きくなるからだ。[27]

また、道路横断時に走ると、横から来る車と衝突しそうになった時の回避が難しくなる。車の場合と同様に、止まるか、加速するか、左右に曲がるかのいずれかであるが、車の速度が速いと、加速したり左右に逃げたりしても回避できない。それでは止まれるかというと、歩いている時には止まれても、走っていると、車と同様にすぐには止まれない。

単路や交差点での走り横断

信号機のない単路や交差点を横断する時は、ふつうは歩いて横断するが、走って横断する人もいる。この走り横断率は、国によっても、交通状況によっても異なるが、日本の場合は大人で五パーセントくらい、子どもでは二〇~四〇パーセントくらいだ。[19][28][29] 中でも一人で歩き始める四歳から八歳くらいが、最も走り横断が多い。九歳（小学四年生）くらいになると、歩行パターンが成熟して、走らなくても速く歩けるようになるし、危険予測能力も向上して、無理に急いで横断することが少なくなる。[30] 飛び出しを中心とした事故も、小学四年生くらいから減少していく。[17] 大人の場合は、走って横断することは少ないが、交通量が多かったり、関係者が横断開始地点や横断先にいたりする時に走りやすい。[30]

信号機のない交差点での幼児を対象としたある横断行動調査では、危険な横断行動を二つのパターンに分けた。安全確認せずに走るパターン（飛び出し型）と、安全確認をして走るパターン（急ぎ型）である。

飛び出し型と急ぎ型の走り横断

飛び出し型は、交通量が少ないところ、路側で停止しない、斜め横断する、横断歩道の外を横断する、大人と同伴ではなく一人で横断するという状況で多かった。一方、急ぎ型は飛び出し型と同様に、横断歩道の外を横断する、一人で横断する状況で多かったが、飛び出し型とは逆に、交通量が多いところで多く、路側で停止する、といった特徴が見られた[19]。

安全確認せずに走りだす飛び出し型は、急ぎ型より危険性が高い。また、この型の横断は四～八歳の子どもに多い。なぜ安全確認をしないで道路を走って横断するのだろうか。その理由を知る手がかりは、前述の交通状況にある。つまり、道路の外から走ってきて、そのまま交通量が少ない道路を走り抜けるというのが飛び出し型ということから、そこが道路であることに気がついていないか、気がついていても、いつも車が来ないので今回も危険性がないと感じたから、あるいはほかのことに夢中になって危険なことを忘れてしまって、飛び出したようだ。子どもは道路やその周辺で遊ぶことが多く、それが飛び出し型の横断に結びつくのかもしれない。実際、年少の園児ほど飛び出し型の横断が遊び中に多かった[19]。

急ぎ型の走り横断は、子どもにも多いが大人も時々する。安全確認の後走るのは、急いでいる場合もあるが、道路横断を危険なものと感じて、その時間を短くしようとして走ることもある。急ぎ型は飛び出し型ほど危険ではないが、歩いて横断するのに比べるとやはり危険だ。

急ぎ型の横断行動が交通量の多いところで見られ、路側で停止することが多いことから、駐停車両などがあって見通しの悪いところを横断する時は、飛び出し型より急ぎ型が多くなるだろう。第2章第3節で、かつての日本では、歩行者横断中の事故の四割くらいが駐停車両や建物などのかげから横断した際に発生していたことを述べた。今でも、こうした見通しの悪いところからの横断は、急いでいたりすると安全確認をしたつもりでも事故にあいやすい。

3 幼児の横断と保護者の監督

道路交通法には、保護者は幼児を道路で遊ばせたり、一人歩きをさせたりしないという規定がある(第14条)。多くの保護者は子どもを心配してこのルールを守っているようだが、一人歩きをしている幼児もいるし、親から少し離れたところを歩く幼児もいる。また、子どもの年齢が上がってくると、一緒に歩いていても、手をつながなくなる[31]。しかし、親と一緒に道路を歩くことは、子どもを交通事故から守る重要な手段である。先の横断行動調査でも、大人と同伴の時のほうが、走って横断する飛び出し型や急ぎ型が、一人で横断する時より少なかった[19]。

車から降りた園児が道路の向こう側の幼稚園に行くために道路横断をする様子を、ビデオで長期にわたって撮影した研究がある。それによると、子どもを保護する方法は、親が運転席から降りる、一緒に道路まで移動する、一緒に横断する、横断中に手をつなぐなど、様々であった。二八組の親子について、横断時の親の保護のしかたと子どもの駆け足率（全部または一部でも駆け足横断した割合）との関係を調べた結果、親の保護が少ない子どもほど駆け足率が高かった[29]。

ところで、駐停車両のかげからの横断の危険性を先に述べたが、その駐停車両が保護者の車であることも多い[30]。親は運転席から降り、せめて一緒によく左右が見えるところまで子どもに付き添い、車のかげからの横断の危険性を教える必要がある。また、子どもと一緒に道路を横断する時には、親は左右を十分確認するかもしれないが、子どものほうは一人で横断する時より親に頼って安全確認をしない[19][32][33]。多くの親は、子どもと一緒に横断している時に横断方法を教えていないようだが[34]、就学後の一人歩きを考えると、就学前の実際の道路での安全教育が望まれる。

4　安全確認

車が来ないか安全を確認するためには、車が来る方向に視線を向ける必要がある。単路を横断する場合には視線を右と左に向けるし、左方向に交差点がある横断歩道では、左右からの直進車に加えて、左後方から右折してくる車と対向方向から左折してくる車が注目対象となる。

安全確認をすべき地点は、大きく分けて三つある。一つ目は横断地点に達する前の地点で、あらかじめ車の流れなどをざっと確認する。二つ目は路側の横断開始地点で、ここでの安全確認が最も重要である。三つ目は横断の途中の地点で、単路の場合は反対車線から来る直進車、交差点では直進車に加えて右折車と左折車の確認をする。コース内の交差点で車が右左折しようとしている状況での横断実験によると、横断を開始する地点や車との交錯地点に近づくにつれ、首ふり回数は増えていった。[35]

道路を横断する時には、「まず右を見て、次いで左を見て、再び右を見る」のが正しい確認順序であると言われる。実際にこの順序で五、六歳児は安全確認をしているかを観察したイギリスの研究によれば、横断地点に達する前に安全確認した幼児のほとんどは、右方向のみを見ていた。路側の横断開始地点で停止して安全確認した幼児は三分の一にすぎなかったが、その多くはまず右を見て次いで左を見るパターンであった。横断中に安全確認した幼児が見た方向は右左半々であった。[36]

安全確認は安全に横断するために最も重要であるのに、それを怠る歩行者がいるのはなぜだろうか。まず交通環境要因から見ると、交通量が少ない道路では確認しなかったり、確認回数が減ったりする。[20][28]子どもの飛び出しが多いのはこういった道路だ。個人要因でよく調べられているのは、年齢である。子ども、学生、大人、高齢者と年齢が上がるにつれて、確認回数が増加する。[28][35]子どもの場合は、先にも述べたが保護者と同伴していると、安心してか一層確認しなくなる。[19][32][33]

携帯電話で通話をしていたり、その画面を見ていたり、音楽などに夢中になっていたりする時も安全確認がおろそかになる。[20][22]こういったながら歩きの場面では画面や前方に視線が集中して、周囲に注意が及ばなくなるため、左右から来る車との衝突の危険性が増す。中でも歩行中にスマホ上で入力したり、ゲームをしたりする操作が一番危険である。次いで通話が危険で、音楽を聴くのはそれほど危険ではなかった。[37][38]

５　ギャップ・アクセプタンス

安全確認の後、どのくらいのギャップがあれば歩行者は横断を開始するかは、歩行者のギャップ・アクセプタンスの問題として、多くの研究が行われてきた。利用するギャップは、個人や道路交通の条件によって異なるが、クリティカル・ギャップ（半数の人が受け入れ、半数の人が受け入れないギャップ）で示すと、三～一〇秒と言われる。[39] 図３-９は、左の方向から車が来ている場合の横断の様子を示したものである。歩行者が横断を開始した時刻をｔ１とすると、その時の車ｂと車ａの車間時間が受け入れられたギャップ（タイムギャップ）である。車ａの進路上に歩行者が来た時（ｔ２）には、ふつうその車ａは離れた地点にいて、歩行者がいる地点（横断歩道）に達するまでには時間的余裕（安全余裕）がある。

ところで、図３-９で車ｂと車ａのギャップが長い場合は、横断を開始するかの判断には、車ａとのラグを利用することになる。[40] たとえば、時刻ｔ２に次の歩行者がｐ１から横断を開始したとすれば、車ａが横断歩道に達するまでの時間的余裕は安全余裕ではなくラグと呼ばれ、ラグが十分あると判断

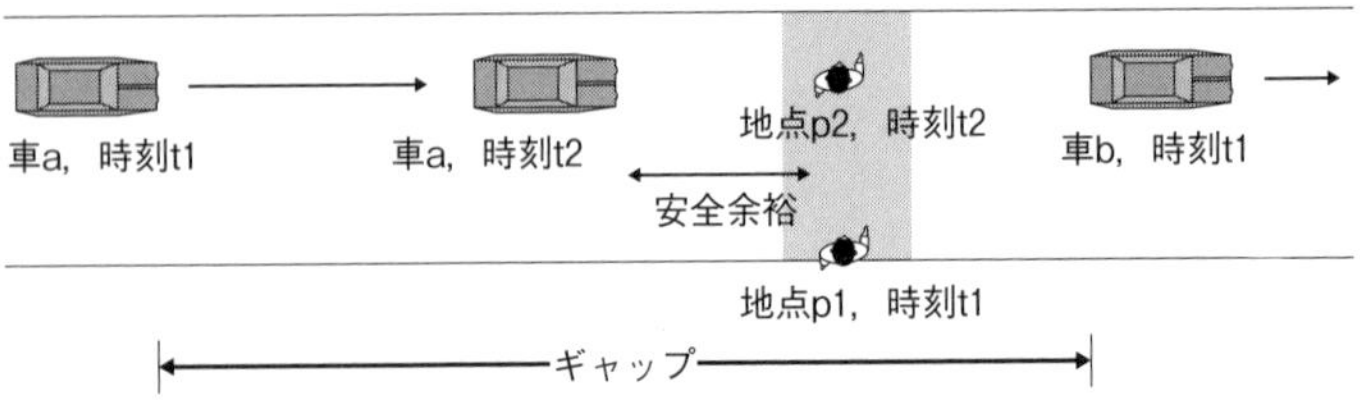

図 3-9　歩行者横断時のギャップと安全余裕

して横断したことになる。

車を認めた後、先に横断できそうかの手がかりを分けると三つある。車までの距離、車の速度、車が横断歩道（あるいはそれがない場合は歩行者の横断進路）に達するまでの時間（TTA）だ。この中で歩行者にとって識別しやすいのは車までの距離で、年齢を問わずこれを主たる手がかりとして横断するかどうかを決めている[41][42]。距離といっても何メートルといったデジタルの推定ではなく、十分遠くにいるといったアナログ的なものだ。

歩道から見る遠方の車はその正面しか見えず、視野内での車の動きの変化が小さいため、車の速度はよくわからない。そこで距離を主たる手がかりにするのだが、車の速度がその道路にふさわしくないほど高い場合には、横断の途中に予想以上に近くまでやってきて、衝突の危険性が増す。

道路横断は難しいため、多くの歩行者は余裕を持って横断している。しかし、それでも特に子どもや高齢者の中には不安全な横断行動をする人がいる[40]〜[43]。この背景には、確かに子どもの知覚判断能力の未熟や高齢者の能力低下があるが、第4章第4節で述べるように、「車の速度感覚を誤った」という判断の誤りによる事故は〇・五パーセントと非常に少ない。「安全確認なし」あるいは「安全確認不十分」が一五パーセントの歩行者に見られ、一番多かっ

表3-3　青点滅時に横断歩道に到達した人の横断歩道長・年齢層別の数と横断率[45]

横断歩道長(m)	非高齢者			高齢者		
	横断	横断断念	横断率(%)	横断	横断断念	横断率(%)
28	90	26	78	8	9	47
22	75	14	84	7	5	58
17	119	7	94	14	4	78
15	78	6	93	9	2	82
計	362	53	87	38	20	66

た。道路を横断する時には、止まって見ることが重要だ。

6　信号機のある横断歩道での横断

信号機のある横断歩道を横断する時でも、車が来ていないか安全確認することが重要であるが、信号を守って横断することも同様に重要だ。しかし、実際は赤信号になった時に横断歩道上に歩行者が残っていることが多い。それはなぜかというと、道路交通法では青の後、青点滅になったら横断を開始してはいけないルールであるが、三分の二の人はルール違反ではないと思っている[44]。そのため青点滅の時に横断する歩行者が多く、その歩行者が赤信号になっても渡りきれないからだ。

表3-3は、青点滅時に横断歩道に到達した人の横断率（横断した人の割合）を、横断歩道長・年齢層別に示したものである[45]。横断率はおおむね高く、特に横断歩道が短いほど、非高齢者ほど高かった。青点滅時の横断では、赤信号になる前に渡りきる必要があるので、歩行者の横断速度は青信号で渡る時とくらべて速くなる[45][46]。表3-3で高齢

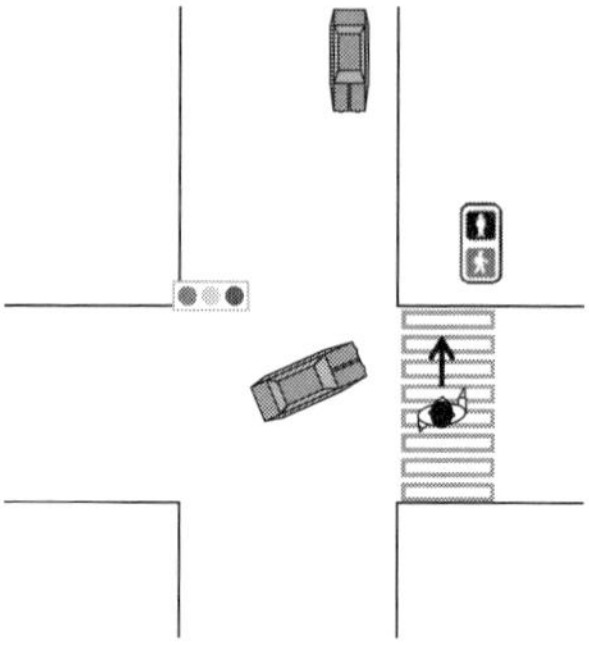

図3-10　信号交差点での横断歩行者と右折車

者の横断率が低かったのは、歩行速度の低下を自覚しているからだろう。横断速度が高齢者よりも速い非高齢者でも、青点滅時に横断を開始した人の一部は、赤信号になっても横断歩道上に取り残される[45][47]。それでもめったに事故が起きないのは、歩行者信号が赤になってから左右の側の車両用信号が青になるまでに、余裕の時間が設けられているからだ[47]。

7　信号交差点横断時の右折車両への注意

信号交差点での歩行者事故は、歩行者事故全体の四分の一を占め、単路に次いで多い。信号無視が主な原因と考える人が多いかもしれないが、信号無視による事故は、年間で七〇〇件に満たない。歩行者事故の多くは、歩行者信号が青か青点滅の時に同じく青で右折してきた車との事故で、年間七〇〇〇件以上発生している[48]。つまり、歩行者の信号無視は日常的に見る光景だが、実際の事故は少なく、注意すべきは横断中に右折してくる車の動静に注目することだ。

歩行者から見て左に交差点がある場所で横断歩道を渡る時は、左後方から右折してくる車に特に用心が必要だ（図3-10）。車が来る道路の幅員が広いほど、また昼より夜間に、この左後方から来る右折車との事故が多くなる[49]。幅員の広い道路から信号交差点を右折するドライバーは、横断歩道上の歩行者や自転車だけでなく、対向直進車が来ないか注意を向ける必要があるし、対向左折車や一緒に右折する車両の動向にも気を配らなければならないし、右折先のどの車線に入るかも決めなければならない。また、右折するためには直角に近い角度で曲がる必要がある。そのため特に右から横断してくる歩行者を見逃しやすい。夜間はヘッドライトが右後方から来る歩行者に届きにくいため、衝突の危険性は一層高い。幅員の広くない道路から右折するドライバーには、ふだんから対向直進車が少なく、また横断歩行者も少ないことに油断して、漫然と右折する人もいるだろう。

歩行者はこうした右折車にどう対応したらよいのだろうか。歩行者が優先だからと油断しないで車の動きを注視すること、横断歩道の交差点から離れた側を横断すること、走って横断しないこと、夜間に出歩く人は反射材を着けて車から見つけやすいようにすることなどが必要だ。

第３節　歩行者の交通違反

歩行者の行動で焦点となるのは、やはり事故に結びつく不安全な行動であり、こういった行動のほとんどに交通違反名がつけられている。ここでは歩行者の交通違反について、違反と事故の関係、違反に結びつく個人的、社会的、環境的要因などについて解説する。

1　不安全行動としての交通違反

歩行者の交通場面での不安全行動は、交通違反とリスクテイキングとヒューマンエラーに分けられる。この三つは互いに関連していて、三つすべてが当てはまるような危険な行動もあるが、一応区別して説明しよう。

交通違反は、信号無視や斜め横断といった、道路交通法を守らない行動である。歩行者が交通違反をする理由には様々あるが、最大の理由は、歩行者の行動基準が法律遵守より危険性の有無によるからだ。特に、運転免許を持たない子どもや高齢者は、道路交通法自体を知らないことが多く、危険がないと思えば交通違反となる行動をとりやすい。

リスクテイキングとは、少々危険が伴うことを承知で意図的に行動することである。交通場面でのリスクテイキングはそもそも交通違反であることが多いが、違反とは言えないものもある。たとえば、横断歩道を渡っている時に、左からスピードを出して車が近づいてきても自分のほうが優先であると考えて歩き続けるのは、交通違反ではないがリスクテイキング行動である。

ヒューマンエラーは、ここでは「意図通りの結果が得られなかった行動」と考えよう。(50) 歩行者の意図というのは、車と衝突して事故に遭ったり、危ない目に遭ったりしないで歩行することである。左右の安全確認が不十分なままに道路を横断したり、右からの車が通過したので左への確認をしないで横断したり、車が来ているのに気づかずゆっくり歩き続けたりするといった行動は、事故を起こすヒューマンエラーとなりやすい。

この三つの中で教育可能な不安全行動は、交通違反とリスクテイキングだ。エラーは人の常で是正するのは難しいが、交通違反とリスクテイキングをしないだけでも、歩行者事故は減るはずだ。交通ルールは歩行者の安全を確保するためにあり、それを破れば安全の保証はなくなる。リスクテイキングをすると、安全だと思っても実際は安全余裕がない行動となってしまったり、意図しないヒューマンエラーを起こしたりしやすい。たとえば、青点滅になってから横断すると、道路後半で赤になって車と遭遇したり、無理に走り抜けようとして転倒してしまったりする恐れが生じる。

2　歩行者の違反と事故

どういった交通違反がどういった事故と結びつきがあるかを調べてみよう。表3-4は、歩行中に事故に遭った時の違反を事故類型別に示した表である[51]。歩行者事故全体では、違反なしが多く、歩行者側の違反とされているものは四分の一と少ない。違反名を見ると、横断不適、飛び出し、走行車両の直前直後横断、通行区分違反、信号無視の五つが多く、違反の四分の三を占める。これは、運転者の事故時に多い違反が、安全不確認、脇見運転、動静不注視、漫然運転といった不適切な注意にかかわるものである点と比べると大きく異なる。しかし、この違いは、歩行者に安全不確認や脇見がなかったことを意味するのではない。こういった不注意があっても違反としては取り上げず、リスクテイキングやヒューマンエラーの結果としての危険行為のみを違反としているからだ。

事故類型ごとに違反を見ていこう。対面通行中では通行区分違反と飛び出し、背面通行中では通行区分違反が多い。対面通行中の通行区分違反というのは、道路の右側を通行していたものの、車道部分を歩いていたということだ。背面通行中の通行区分違反は、歩道がなかったり、十分な幅員のある路側帯がなかったりする道路で、左側を歩いていたということである。こうした道路での背面通行は、背後から車が進行して来ても気づきにくいし、車との側方余裕が狭いために事故になりやすい。

事故に遭った人数が最も多い横断歩道横断中の事故では、違反があるとすれば信号無視だ。また、横断歩道付近では、横断不適と信号無視と飛び出しが多い。横断不適というのは、横断歩道が付近にあるのにそれを利用せずに横断したり、斜めに横断したりすることである。ドライバーは横断歩道に近づくと、横断歩道やそこを横断しようとしている歩行者などに注目するので、その付近の横断歩行者には注意が向きにくくなる。そのため、事故危険性は横断歩道利用の四倍になるという(52)。斜め横断が危険なのは、道路を横断する距離や時間が長くなるだけでなく、背後から車が来ても気がつきにくいからである。

その他の場所を横断中では、横断不適と走行車両の直前直後横断と飛び出しが多い。走行車両の直前直後横断というのは、すぐ近くに車が来ているのに無理に横断したり、通り過ぎた車の直後に横断を開始して反対車線からの車の発見が遅れたりすることである。

表3-4　歩行者（第1，2当事者）の事故類型・違反別構成率（%）と死傷者数 (51)

違反	事故類型							
	通行中		横断中			その他	計	死傷者数
	対面	背面	横断歩道	横断歩道・歩道橋付近	その他			
信号無視	0	0	4	8	1	0	2	889
通行区分違反	8	18	0	0	1	1	3	1415
横断不適	1	1	0	40	23	1	7	3533
直前直後横断（駐車車両）	0	0	0	1	3	0	1	477
直前直後横断（走行車両）	0	0	0	3	13	1	3	1656
酩酊・徘徊	0	0	0	0	0	2	1	358
路上遊戯	0	0	0	0	0	1	0	202
飛び出し	2	1	1	5	13	5	5	2424
その他・不明	4	2	1	2	5	9	4	2285
違反なし	84	76	94	40	41	79	74	37517
計	100	100	100	100	100	100	100	50756
死傷者数	3017	4628	16267	1565	11404	13875	50756	

以上より、事故時には歩行者事故の類型（タイプ）ごとに特定の違反が関連していることが明らかである。ただし、こういった違反をすれば必ず事故になるということではない。それではどういった違反が最も危険で事故に遭いやすいのだろうか。

3　致死率が高い違反

どういった違反をすると事故に遭いやすいかを調べるのは容易ではない。通常時にどのような違反をどれくらいしているか、それに起因する歩行者事故は何件発生したかを調べる必要があるからだ。ある違反に起因した事故件数は表3-4に示されているが、通常

表 3-5　歩行者の事故類型・違反別の致死率（%）[51]

違反	事故類型							
	通行中		横断中			その他	計	死傷者数
	対面	背面	横断歩道	横断歩道・歩道橋付近	その他			
信号無視	0	0	11	10	11	4	11	889
通行区分違反	3	5	0	17	1	3	4	1415
横断不適	0	0	0	10	6	1	6	3533
直前直後横断（駐車車両）	0	0	0	0	2	0	2	477
直前直後横断（走行車両）	0	0	0	14	10	0	9	1656
酩酊・徘徊	15	22	50	20	26	32	30	358
路上遊戯	0	0	0	0	0	1	0	202
飛び出し	0	0	0	2	1	0	1	2424
その他・不明	3	3	4	15	5	2	3	2285
違反なし	1	1	1	2	3	1	1	37517
計	1	2	2	7	5	2	3	50756
死傷者数	3017	4628	16267	1565	11404	13875	50756	

時にどのような違反をどれくらいしているかを観察するのが難しい。日本の道路交通環境を代表するような地点を何か所か選び、そこで多数の歩行者の行動を観察する必要があるからだ。

代わりに、ここでは歩行者が事故に遭ったら死亡しやすい違反を考えてみよう。これは表3-4に示す事故類型・違反別の構成率で、歩行中に負傷した人と死亡した人に分け、死傷した人全体に占める死亡した人の割合（致死率）を出すことで明らかにできる。表3-5はその事故類型・違反別の致死率を示したものである。[51] 表3-5から、違反の中で致死率が最も高いのは酩酊・徘徊で、事故に遭った人の三〇パーセントは死亡している。酩酊・徘徊は、酒に酔ってふらついたり、寝そべったりする違反で、これで事故に遭った人は三五八人と少ないものの、いったん事故に遭うと死ぬ確率が高い。次いで信号無視と走行車両の直前直後横断の致死率が高い。信号無視は多くの歩行者が日常的に行っている違反であるが、事故に遭った人は八八九人とそれほど多くはない。しかし、いったん事故となると一〇人に一人は死亡してしまう。

逆に、意外に致死率が低い違反は路上遊戯や飛び出しである。これは生活道路で子どもがよく行う違反だ。中高年より身体が丈夫ということもあるが、生活道路では車のスピードがそれほど出ていないことも、死亡事故にならずに済む理由だろう。生活道路上での四輪車と歩行者の事故の致死率を調べた結果によれば、走行速度が時速三〇キロ以下の場合には、致死率は〇～二パーセントと低い(53)。

4　違反するのはどんな人か

違反に代表される不安全行動は、どういう人が、どういう理由で行うのだろうか。性別や年齢という個人属性の違いから考えると、日常的にも歩行中にも男性のほうが女性より違反をしやすいようだ。ただし、これは信号無視という代表的な違反にはあてはまるが、単路での横断歩道以外での横断といったほかの違反については性差がないという報告もある(54)(55)。年齢差については、一般の違反同様、若者のほうが中高年より違反をしやすい。ただし、中年とくらべると、高齢者のほうが心身機能の低下からヒューマンエラーを起こしやすいので、必ずしも高齢者の違反が少ないとは言えないようだ。

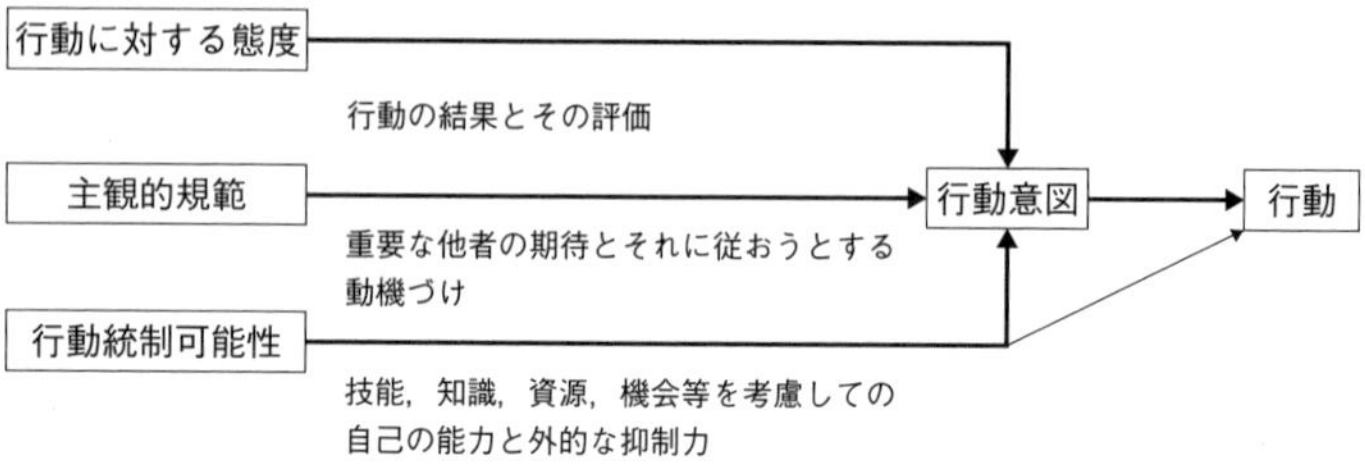

図 3-11　計画的行動理論(56)

人は自分の違反についてどう正当化しているだろうか。一般的な違反では、次のような理由でルールを守らないが、歩行者の違反も同様だろう。

① ルールを知らない、正しく理解していない。
② ルールに納得していない。
③ ほかの人もルールを守っていない。
④ ルールを守ると時間や手間がかかり、デメリットが大きい。
⑤ ルールを守らなくても危険でなく、また罰がない。

ところで、心理学では人の社会的場面での行動を説明する概念として、態度や規範や信念といった用語を使う。また、こういった概念を組み合わせて行動のモデルを作る。こうしたモデルで有名なものに、計画的行動理論（ＴＰＢ）がある(56)（図３-11）。このモデルでは、意識的にこうしようと思って行動する時の心理的説明概念として、態度と主観的規範と行動統制可能性を考える。態度というのは、かかわりを持つ対象や状況に対する行動を方向づけたり変化させたりする心の働きのことで、対象に対して、よい・悪いという認知をし、好き・嫌いという感情を持ち、それへの接近・回避をもたらす心の働きである(57)。違反に対して肯定的な態度を有する人は、違反を好意的にとらえ、それを実行しやすいのだ。態度を測定する尺度には様々なものがあるが、TPBでは、行動に伴い想定される結果（例：信号無視をすると早く横断できる）とその結果に対する評価（例：早く横断できるのは望ましい）をもとに、態度を測定している。主観的規範というのは、自分の行動に対して親しい相手が同意してくれるかどうかの認知と、その人に従おうとする気持ちの強さであり、影響力の強い親しい相手が同意してくれると思えば、行動を実行しやすい。最後の行動統制可能性というのは、行動しようと思って行動できる状況か、また行動する自信があるかという、行動の実行しやすさのことである。

TPBは日常的な違反ばかりでなく、飲酒や喫煙やダイエットといった健康面の行動や、ゴミの散らかしやリサイクルといった環境配慮面の行動などの説明に応用され、その妥当性が示されてきた。交通分野でもドライバーの違反行動だけでなく、最近では歩行者の違反行動に適用する研究も増えてきた[58)～60)]。その結果によれば、態度と主観的規範と行動制御可能性の三つは、確かに歩行者の違反行動をある程度、説明していた。つまり、違反をしやすいのは、違反を好意的に評価し、親しい相手も自分の違反を是認すると考えてそれに従おうとし、違反を容易にできる人である。

5　歩行者の規範意識

社会には、その秩序を保つために個人の行動を一定の枠組みで規制する仕組みがあり、それは社会ルールとか社会規範と呼ばれている。この社会規範については、様々な学問が取り組んでいるが、社会心理学では、これを命令的規範（人々がその場でどう行動すべきかを意味する社会規範）と記述的規範（実際にその場で人々がどう行動しているかを意味する社会規範）に分け、この二つの規範が人々の行動を決める要因と考える研究が多い[61][62]。命令的規範は、個人の行動判断において望ましいとされる行動を指向しており、明文化された法律や慣習やルールが含まれる。記述的規範は、周囲の他者が取る行動を、その状況における適切な行動の基準と認知するという意味での規範だ[61][62]。前述のＴＰＢで使われた主観的規範は、命令的規範に近い考え方と言える。

個人の規範意識は、こういった外部から与えられた社会規範が自らの信念として内面化してできあがるもので、社会心理学では個人的規範と呼ばれる[63]。したがって、命令的規範と記述的規範は、個人的規範を介して行動に影響すると言われる[64][65]。

歩行者の違反は社会規範からの逸脱であるから、違反をするかどうかに命令的規範や記述的規範、個人的規範が強く影響しているはずだ。個人的規範の影響を調べた研究によると、規範意識が低い歩行者ほど違反行動をしがちであった[54][66]。記述的規範は、数は少ないが諸外国でも日本でも研究され、たとえば北折らは、歩行者信号が赤の時に前の四人が信号無視をしているかどうか（記述的規範）が、五人目の歩行者が信号無視をするかどうかに影響することを示した[60][67]。

筆者も最近、ルールに従った一二個の歩行者行動を質問紙で示し、そうした行動を歩行者は守るべきだと思うか（命令的規範）、一般の歩行者は守っていると思うか（記述的規範）、あなたは守っているか（行動）、について調べた。その結果二つの規範意識が高い人ほど、ルールを守っていると答えた。規範意識は、女性のほうが男性より、高齢者のほうが若い人より高い傾向が見られたが、どのグループも規範意識の高い行動とそれほど高くはない行動は共通していた。たとえば、「歩行者用の信号が青の点滅になったら、横断を始めない」や「近くに横断歩道などがない時は、見通しのよい場所を探して横断する」などは、規範意識がほかの項目より低い行動であった。

また、自動車教習生に対して入所時と卒業時の歩行者規範意識の変化を調べたところ、ルールを守るべきだという命令的規範意識は卒業時に高くなった。つまり、歩行者の規範意識は、車の運転やドライバーの立場を経験することによっても高まる(68)。

6　違反の衝動的、習慣的な側面

心理学では、二つの思考モードがあることが知られている。一つは、「自動的に働くシステム」あるいは「システム1」と呼ばれる、自動的に高速で働き、努力は不要かわずかで済むものである。もう一つは、「努力を要するシステム」あるいは「システム2」と呼ばれる、頭を使わなければできない困難な知的活動に、しかるべき注意を割り当てる働きである(69)。

この二つの思考モデル理論（二重過程モデル）は、危険な場面における意思決定にも応用され、危険な行動を取るかどうかは、統制化された意識的な動機だけでなく、自動的で無意識的な動機によっても決定されると考えられている。この考え方によれば、計画的な行動意図によって行動が決定されると見なす計画的行動理論（ＴＰＢ）だけでは交通違反などのリスク行動は説明できないことになる。

そこで、「システム１」に相当する自動的で無意識的な動機を測定する説明変数が求められるようになった。その一つが行動受容（behavioral willingness）である。これは、状況に反応して、社会的に不適切な行動を、衝動的に自動的にしてしまう心の働きである。ギボンらはこの行動受容に先行する要因としてプロトタイプイメージを提唱した[70]。これはその不適切な行動をする人のイメージであり、そのイメージがそれほど悪いものでなければその行動をしがちであると考える。歩行者の交通違反などの不安全行動の心理的説明要因としてこのプロトタイプ・行動受容モデルを適用した研究はまだ少ないが、それによると、計画行動要因の中の行動統制可能性とともに、自動的反応要因のプロトタイプイメージと行動受容が歩行者違反に影響していた[71]。

自動的反応要因としての行動受容に先行する要因には、プロトタイプイメージのほかに、過去の行動がある。私たちは、ある状況下で同じような行動を繰り返していくうちに、その行動が習慣化されて、その状況や似た状況に遭遇した時に、自動的にその行動をしがちである[72]。歩行者の信号無視といった違反も、車が来ない時に何度か赤信号を無視して横断しているうちに、そこや似た信号横断歩道に来た時には、何気なく信号を無視して横断してしまうのだ[66]。つまり、過去の信号無視行動を調べると、信号無視違反をしやすいかわかるというわけだ。

7　違反の社会的要因

信号機のある横断歩道を渡る時、一人しかいない時は、信号無視をするかどうかは、その人の態度や規範意識や、車の流れなどの交通環境に左右されるだろう。しかし、ほかの人が一緒にいる時は、ほかの人が信号を守れば自分も守るし、守らないで横断を始めれば自分もその後について横断することがままある。この現象は前に述べた記述的規範に従うことであり、もっと一般的には同調と呼ばれる現象だ。

歩行者が横断歩道などでほかの人に同調して同じ行動を取りがちであることは、多くの研究が示している。日本の研究でも、信号待ち横断の状況でいつも違反をしがちな確信犯型の人や、逆にルールを守る遵守者型の人がいる一方で、一番多いのは周囲の人につられて、ちゅうちょしながらも違反をする同調型の人であることが観察されている[67]。また、信号待ち横断でも周囲の人数が多くなると同調型が増加するようだ[73]。人数が増えると同調行動が強まるとして、違反する人の割合はどう変化するだろうか。人数が多くなると同調傾向が強くなるということは、確信犯型の人や遵守型の人でも、一時的に同調型に移行していく人が増えていくことを意味する。同調型というのは周囲の人の行動に合わせて自分もそのような行動を取るタイプの人であるから、まずは何もしないで様子をうかがうだろう。つまり、赤信号の場面などでは信号を守ることになる。そのため人数が増えるとルール遵守者が増えると予想される。

多くの研究では、予想通り、集団の人数が増えるほど信号無視違反をする人の割合が少なくなるという結果であった。[74][75] この結果は、信号無視をいつもするような確信犯型の人でも、周囲の人数が多くなると、信号無視を控えがちになることを意味する。人数が多くなると、周りの様子をうかがうとともに、自分の違反行動を見る周囲の目が多くなり、信号無視にブレーキがかかるのだろう。

違反の社会的要因のもう一つのトピックスは、文化差である。日本の歩行者は欧米と比べると信号を守る人が多いようだ。東京でも欧米人の信号無視はよく目につく。これを実証した研究はあまりないが、フランスのストラスブルグ（三か所）と日本の名古屋（四か所）の信号横断歩道での信号無視率を調べた結果では、フランスでは四二パーセント、日本では二パーセントだった。[76]

この違いは、日本は集団主義で欧米は個人主義であることに由来するかもしれない。集団主義では、集団の秩序維持のために、状況によらずルールを守るべきだという規範意識が強い。また、周囲の目を気にして他者へ同調しやすい。そのため信号遵守率が高くなるのだろう。一方、欧米では個人の判断を重視し、日本より周囲の目を気にしない。そのため信号遵守率が低くなるのかもしれない。ヨーロッパ内でも、旧東欧諸国は西欧諸国などと比べると集団主義の色彩が強い。そうした国々、たとえばハンガリー、スロベニア、ポーランド、チェコはヨーロッパの一九か国の中で、信号を遵守する回答が最も多かった。[77]

8　違反を誘う道路交通環境

歩行者が違反をしても大丈夫だと思う道路交通環境は、歩行者にとっては事故に遭いそうにない「安全」に見える環境である。あるいは、違反すると「時間や手間が省ける」環境である。信号機のついた横断歩道で、青点滅や赤信号になってから横断を開始したりする違反を例にとって、その環境を考えてみよう。

一つ目は、車の交通量が少なく、横断しても事故は起きないと考えられる「安全な」道路だ。歩行者にとっては安全も重要だが、時間の節約やスムーズな移動も同様に重要だと考える。そのため安全が確保されていると考えれば、スムーズな移動を重視して違法な横断をするのだ。

二つ目は、横断歩道の長さである。長ければ横断する時間が長くなり、それだけ危険にさらされる時間が増える。しかし、狭い道路での横断ならその危険を感じる時間が少ないため、横断を敢行してしまう(78)。

三つ目は、信号制御にかかわる。歩行者は長く待たされるとイライラする。そのため待ち時間が長いほど、赤信号無視（フライング横断）が増える(75)(79)。その焦燥感を軽減するための工夫の一つが、赤信号の残り時間（＝青信号までの待ち時間）表示である(80)(81)。

青点滅になってから横断を開始するのも、早く横断歩道を渡りたいためである。この防止対策の一つは、やはり青信号の残り時間表示である。現在日本では、これを目盛りの数を減少させることで示していて、赤信号になった時の残留歩行者が減少するという効果が確認されている。青信号の残り時間の表示方法には、目盛り方式のほかに、日本では少ないがカウントダウン式がある。筆者はカナダでこの方式の信号機に出会ったが、数字の減少に目を奪われて、左右から来るかもしれない車への注意がおろそかになったような気がした。

もう一つ、単路での横断時の違反を例にとって考えてみよう。単路での横断は、付近に横断歩道があればそこを利用するのがルールであるが、目の前に店などの目的地があったり、向こうの横断歩道を渡ると遠回りになってしまったりする場合には、少々見通しが悪かったり、交通量が多かったりしても、「時間や手間が省ける」のを優先して横断しがちになる。

第4章　歩行者事故の実際

第1節　歩行者事故の推移と現状

これまでも歩行者事故についてはテーマに即して述べてきた。ここでは、歩行者事故、特に交通弱者と呼ばれる子どもや高齢者の歩行者事故の推移と現状を概観し、その背景について考える。こういった知識や理解があると、どのように道路や交通施設や車を改良したらよいか、交通安全教育ではどんな点を教えたらよいか、歩行者の交通ルールや規制をどのようなものにしたらよいかといった事故防止対策をする上で役立つだろう。

1　歩行者事故件数の推移

まず事故全体の推移を見てみよう。図4-1は交通事故（人身事故）件数の推移を、歩行者事故（人対車両）、車両相互事故、車両単独事故という事故類型ごとに示したものである(1)〜(3)。全体の事故件数のピークは二〇〇四年前後の数年間で、一〇〇万件に迫る事故があり、現在の二倍も多く発生していた。事故類型の割合で多いのは、車と車が衝突する車両相互事故で、今でも少しずつ増加している。

歩行者事故に限ると、交通事故死者数がピークを示した一九七〇年には人身事故全体の四分の一を占めていたが、その割合が次第に減少していき、二〇〇〇年には九パーセントにまで下がった。これは人口の増加を自動車台数の増加が上回り、車両相互事故が発生しやすい状況にあったからだ。その後、車両保有台数や走行距離が鈍化するに伴い、最近では歩行者事故の割合が増加傾向を示している。

人口と自動車台数や走行距離が交通事故に与えるマクロ的な影響を見てみよう。一般的に、人口が多い都道府県は交通事故死者数も多いという相関関係が見られる（相関係数〇・八五）。また、自動車走行台キロという、自動車台数と走行距離を合わせた交通量指標と交通事故死者数には、それ以上の相関関係が見られる（相関係数〇・九五）(4)。つまり、人口が増えたり、車の交通が頻繁になったりすると、事故も増えるということだ。

それでは、車両相互事故と歩行者事故は、どちらの影響を強く受けるのだろうか。車両相互事故は車と車の事故であるから、人口というより車の交通量の影響を強く受ける。一方、歩行者事故は人と車との事故であるから、車両相互事故と比べると人口の影響のほうが強い。一九七〇年から二〇〇〇年の間に、人口は一億四千万人から一億七千万人へと一・二倍に増加したが、この間の交通量（自動車走行台キロ）は三・四倍ともっと増加した[3]。歩行者事故より車両相互事故の割合のほうが増加したのは、人口を上回る車の交通量の増加によるものと言える。二〇〇〇年から現在はと言えば、この間の人口と自動車走行台キロはともにやや減少気味である。したがって、歩行者事故の割合が少し増加傾向を示しているものの、事故類型ごとの割合にそれほどの変化は見られない。

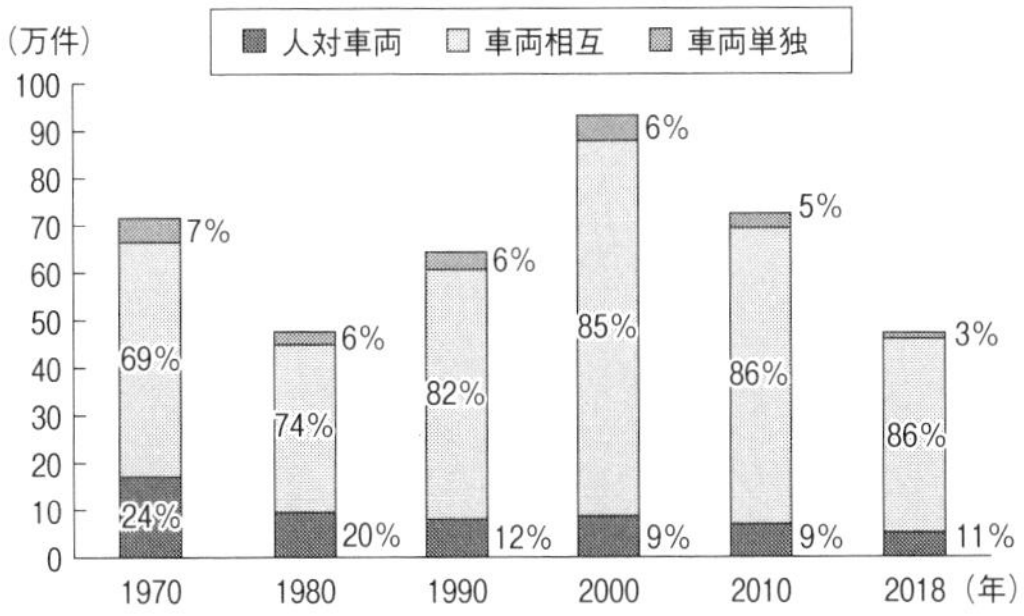

図 4-1　人対車両，車両相互，車両単独の各事故件数の年次推移（人身事故）[(1)～(3)]

2　歩行者の人身事故と死亡事故

交通事故統計を作成したり解釈したりする時に注意する点の一つは、それが人身事故について述べたものか、死亡事故について述べたものかという点である。死亡事故のほうがインパクトは強いが、人身事故のほうが一〇〇倍以上の件数があるため、統計データの信頼性が高い。たとえば一年間の死亡事故件数は最も多い都道府県でも二〇〇件程度であって（二〇一八年は愛知県の一八九件）、少ないところでは二〇件程度である（二〇一八年は鳥取県の一九件）[5]。したがって、クロス集計のような分析をすると、件数が少なくなってしまい、確実な知見を得にくい。そのため都道府県で一年間の交通事故分析をする時は、死亡事故より人身事故についての分析のほうがよい。事故件数が少ない市区町村や企業内での事故分析ではなおさらだ。一方、全国を対象とした統計の場合は、死亡事故でも三〇〇〇件を超えるので、詳しい統計分析が可能となる。

事故分析結果を利用する時にもう一つ注意したいのは、同じ項目を集計しても人身事故と死亡事故では異なった結果が得られることが多いという点である。たとえば、歩行者事故などの事故類型の年次推移を、図4-1は人身事故について、図4-2は死亡事故について示したものである。事故件数のピークを見ると、図4-1の人身事故では二〇〇〇年ころであるのに対し、死亡事故件数のピークは一九七〇年ころにあり、大きく異なっている。ここでのテーマである歩行者事故について見ると、人身事故でも死亡事故でも、歩行者事故の件数は

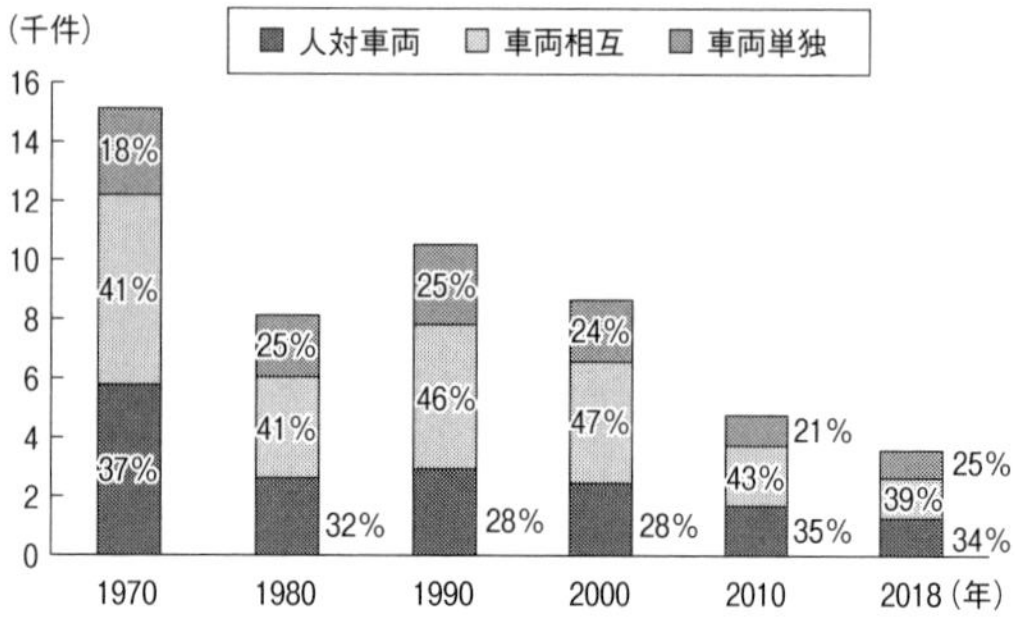

図 4-2　人対車両，車両相互，車両単独の各事故件数の年次推移（死亡事故）(1)～(3)

年々減少傾向にある点は共通している。しかし、事故類型に占める歩行者事故の割合は、両者で大きく異なる。人身事故で見ると歩行者事故の割合は現在では事故全体の三パーセントと少ないが、死亡事故で見ると三四パーセントと三分の一を占め、昔も今も大きな問題となっている。

歩行者事故の割合が人身事故では少なく、死亡事故では三分の一を占める理由は、運転者のように車体に守られていないため、事故に遭うと死亡しやすいからである。それでは、どの時代でも歩行者死亡事故の割合がそれほど変わらないのはなぜだろうか。言い方を変えると、車の交通量が三倍に増加したにもかかわらず、車両相互事故や車両単独事故の死亡事故件数やその割合もそれほど増えなかった理由はなぜかである。それは、交通量増加を上回る死亡事故防止の対策が講じられてきたからである。道路の改良、信号・照明等の交通安全施設の設置、車の衝突後被害軽減対策、救急医療などのハード対策であり、自動車教習所の運転者教育や車社会の成熟に伴うドライバーの意識の向上といったソフト面の変化である。

3　誰が歩行者事故の被害者となるか

図４-３は、二〇一八年の歩行中の死者と負傷者数を年齢ごとに示したものであり、図４-４は一九八〇年の死者数と負傷者数を同様に示したものである。[5][6] 図を見る時は、死者と負傷者では目盛りの数字の意味が異なる点に注意しよう。二〇一八年データでは負傷者は実際は一〇倍多く、一九八〇年デ

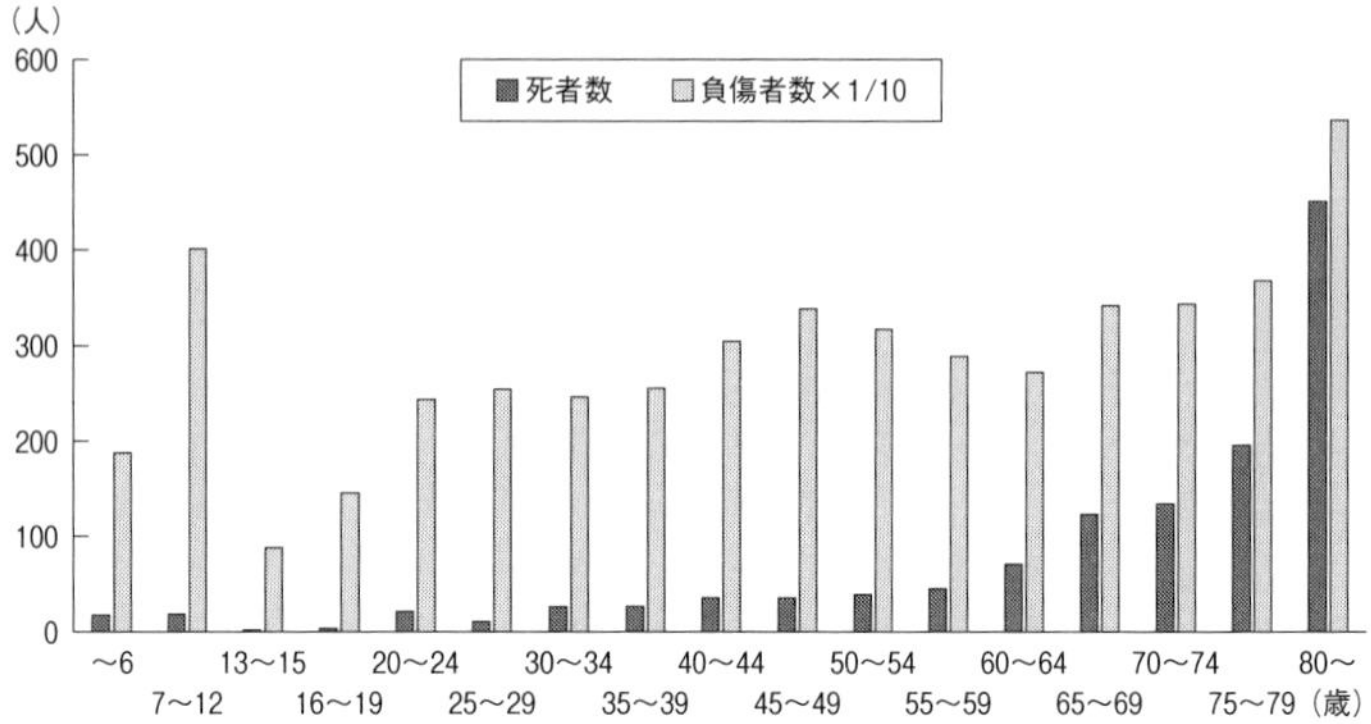

図4-3　歩行中の年齢層別死者数と負傷者数（2018年）[5]

ータでは子どもの負傷者が突出して多かったので一〇〇倍多い。

まず、二〇一八年のデータを見よう（図4-3）。死者数が多いのは、高齢者、特に後期高齢者であることが明らかである。負傷者数について見ると、多いのは小学生で、中学生や高校生になると少なくなる。成人期以降は年齢差が少なく、特に高齢者が多いというわけではない。

一九八〇年のデータを見よう（図4-4）。図4-3と比べると、高齢者の死者数が多いのは共通しているが、最大の違いは子どもの死者数の変化だ。一九八〇年には未就学児の死者が後期高齢者と同じくらい多かったが、現在では非常に少ない。負傷者でも、一九八〇年には子ども、特に未就学児の負傷者が多く、全負傷者の半数を占めていて、現在よりずっと多かった。成人を過ぎると年齢による差が少ないのは現在と同じだ。

歩行中の死傷者についてまとめてみよう。一つは、今も昔も高齢者、特に後期高齢者の死者数が多いことである。もう

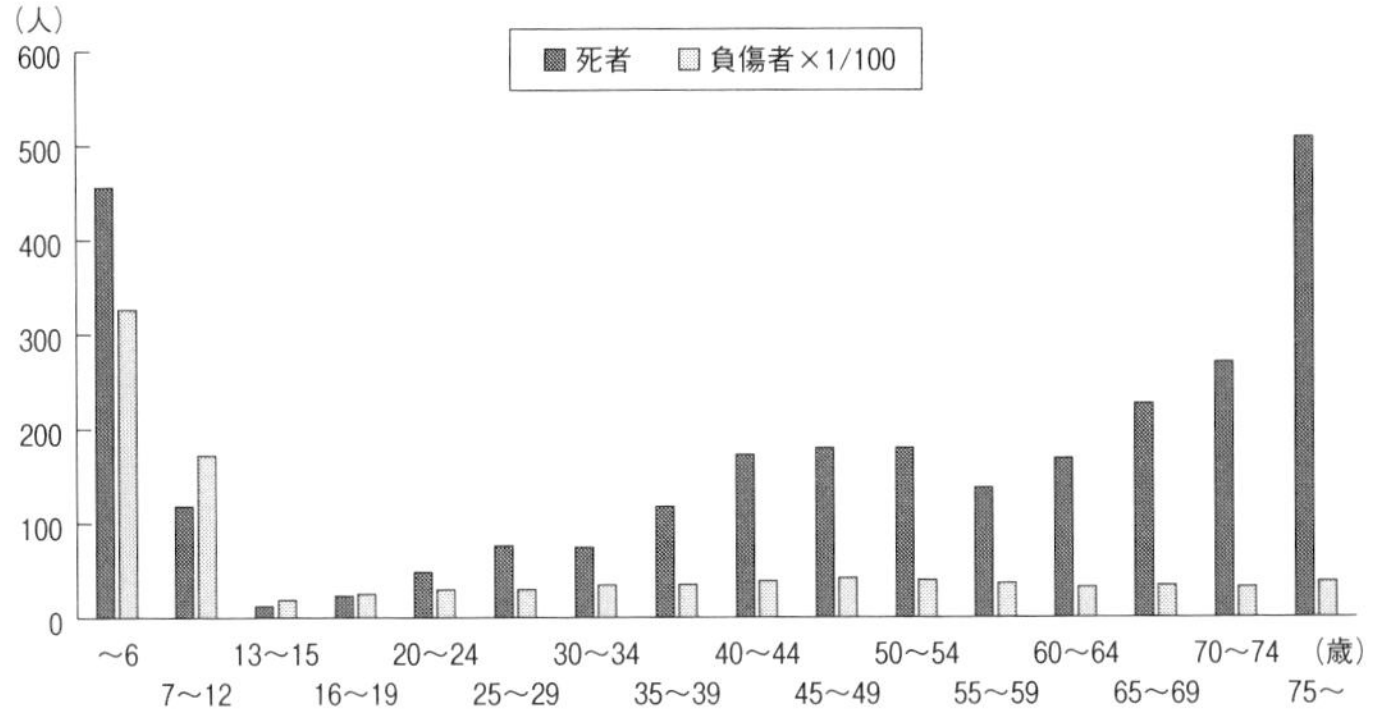

図 4-4　歩行中の年齢層別死者数と負傷者数（1980 年）[6]

一つは、昔は子どもの死者や負傷者が多かったが、現在では死者は激減し、負傷者も飛び抜けて多くはない。

4　高齢者の歩行中死者が今も昔も多い理由

高齢者の歩行中死者が今も昔も多い理由の一つは、加齢に伴い体が虚弱になって、事故にあうと死亡する確率が高くなるからである。歩行中の致死率（死傷者に占める死者の割合）を比べると、二〇代は一パーセント弱だが七〇代は四パーセント、八〇代は八パーセントとなる[5]。

別の理由として、高齢になると運転を控えるかやめるため、あるいは免許保有率が低いために、歩く人が多くなることも考えられる。しかし、負傷者はそれほど多くないこと、高齢になると逆に一日の歩数は減る[7]（図４-５）ことから、それは理由とはならない。ちなみに、歩数が減るのは、加齢に伴い歩行が困難となる人が増加するからでもある。内閣府の調査によると、「数百メートルくらい歩くことに困難」を感じ

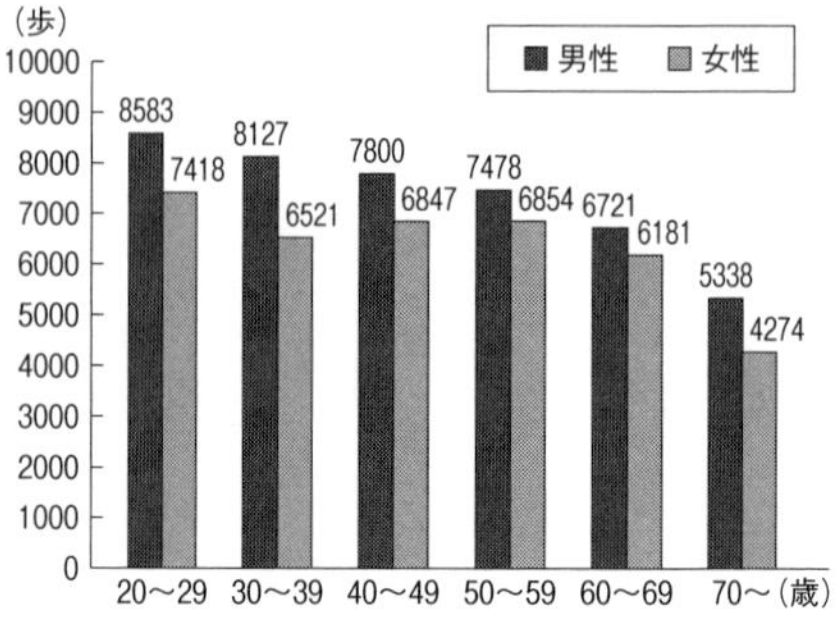

図 4-5　年齢層・男女別の 1 日の歩数 [7]

100 歩未満または 5 万歩以上の人を除いた 1 日の平均歩数を示す．対象者数は男性が 9247 人，女性が 1 万 989 人．

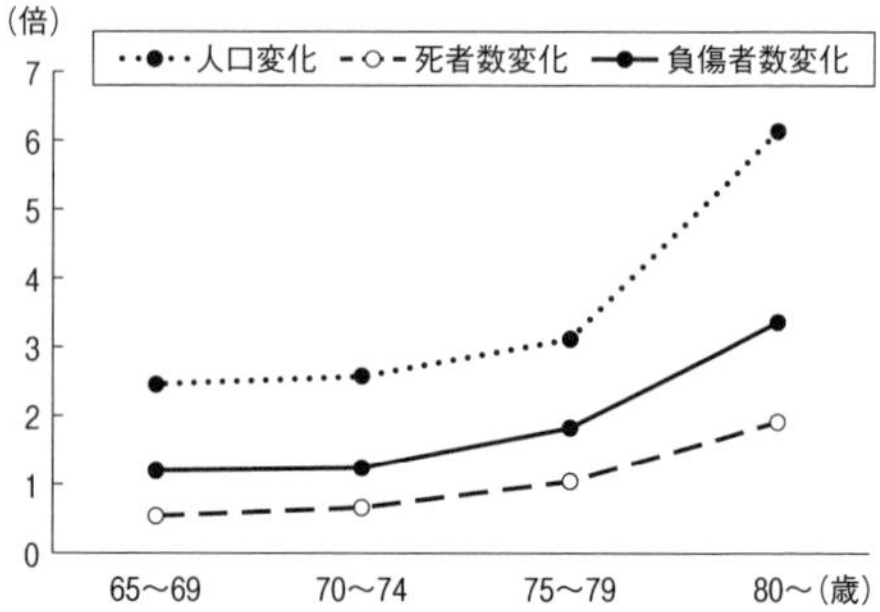

図 4-6　高齢者の 1980 年と 2015 年の人口，歩行中死者数，歩行中負傷者数の変化 [6][9][10]

る人は、六五～六九歳では六・五パーセント、七〇～七四歳で一二・八パーセント、七五～七九歳で二一・一パーセント、八〇歳以上で三六・〇パーセントに達する。[8]

歩行中の死者が昔より一層多くなった理由は、高齢者人口が急増したからだ。高齢者の歩行中死傷者数と人口を、一九八〇年と二〇一五年で比較した図4-6を見てみよう。[6][9][10]人口の変化が一番大きく、前期高齢者で二・五倍、後期高齢者では四倍以上になっている。高齢ドライバーの事故と同じように、歩行中死者の増加も人口が増えたためだ。ただし、人口変化に対して負傷者数の変化はその半分であり、死者数は三分の一である。高齢者の歩行者事故、特に死亡事故は、人口の増加に伴って確かに増えたが、人口増加の割には増えていない。

5　子どもの歩行者事故は小学一年生がピーク

前掲図4-3・図4-4を見ると、現在の子どもの歩行者事故のピークは小学生（七〜一二歳）であるが、一九八〇年には未就学児（六歳以下）であった。まず、現在の子どもの歩行者事故のピークが小学生である点について、詳しく調べてみよう。

図4-7は、子どもの年齢・男女別に見た歩行中死傷者数である。(5) 小学生の事故が多いと述べたが、実は子どもの歩行者事故は小学一年生と二年生に相当する七歳児をピークとした山の形をしている。より正確に言えば、七歳児でも七歳前半の一年生のほうが七歳後半の二年生より事故が多く、学年で言えば一年生がピークとなる。(11)

なぜ入学前までは年齢が上がるにつれて事故が増え、入学後は年齢（学年）が上がるにつれて事故が減っていくのだろうか。考えられる理由は、入学前後の一人歩きの増加と、子どもの知的・身体的発達である。

道路を歩いた時間や距離や回数（トリップ）については、全国の都市圏で数年に一度実施されるパーソントリップ調査で把握可能であるが、子どもの年齢別に調べた結果は公表されていない。それに代わるものとして、保健体育の分野で子どもの年齢別の一日の歩数のデータがあった[12][13]ので、その一例を紹介する。図4-8の歩数の学年別変化[12]は、図4-7の歩行中死傷者数の年齢別変化と同様に、小学校入学前は少ないが、入学すると増え、小学校の中学年や高学年になると減っていく。歩数は必ずしも道路歩行時のものに限らないが、園児では歩数の多くが園内のものであるのに対して、小学生では学外のものが大きいことから[13]、入学前後で道路を歩く歩数の差はもっと大きくなるだろう。

また、小学校に入学するまでは、年齢が低い子どもほど親と一緒に道路を歩き、六歳で入学すると道路での一人歩きが増えるため、園児と小学生の一人歩きの歩数の差は、図4-8に示したものより大きいはずだ。交通事故統計でも、入学後の歩行者事故は、主に登下校中や友だちの家への行き帰りでの事故の分だけ増加するというデータがある[11]。入学後は、登下校時を中心に一人で歩く機会が増えることが、歩行者事故の増加をもたらすようだ。

小学一年生が歩行者事故のピークである理由の二つ目として、子どもの知的・身体的発達を考えることもできる。このころの子どもは、ピアジェの認知的発達理論で言う具体的操作期の始まりで、具体的な対象に対して論理的な思考ができるようになる年齢である。小学校で算数や国語といった教科の学習が可能になり、交通ルールの意味も理解できるようになる。そのため、図4-8に示す歩数の減少に加えて、歩行者事故が抑止される要因となる。それが図4-7の七歳（小学一・二年生）から一二歳（小学六年生・中学一年生）にかけての歩行者事故の減少をもたらすと考えられる。

しかし、同じ知的発達が園児のころから小学一年生までは事故減少要因とならないのはなぜだろうか。知的発達以上に道路での歩行が増加するか、あるいは入学前の知的レベルでは、まだ道路横断などの課題は難しすぎるためであろう。後者についてサンデルスは、『交通のなかのこども』[14]の最後に、

「小さなこどもたちには、道路交通の要求する多くの事態に対処できるだけの生物学的能力がない。……交通環境の方を、こどもに適応させなければならない」と述べているが、同感である。未就学児に対する交通安全教育を否定しないが、一人歩きをさせたり、まして「初めてのおつかい」をさせたりするのは、現状では控えたほうがよいだろう。

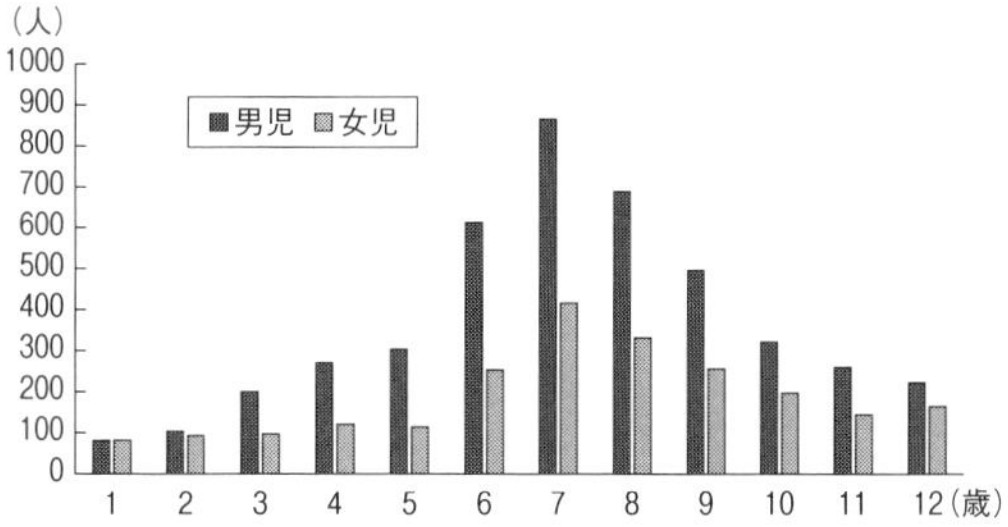

図 4-7　子どもの年齢・男女別に見た歩行中死傷者数 [5]

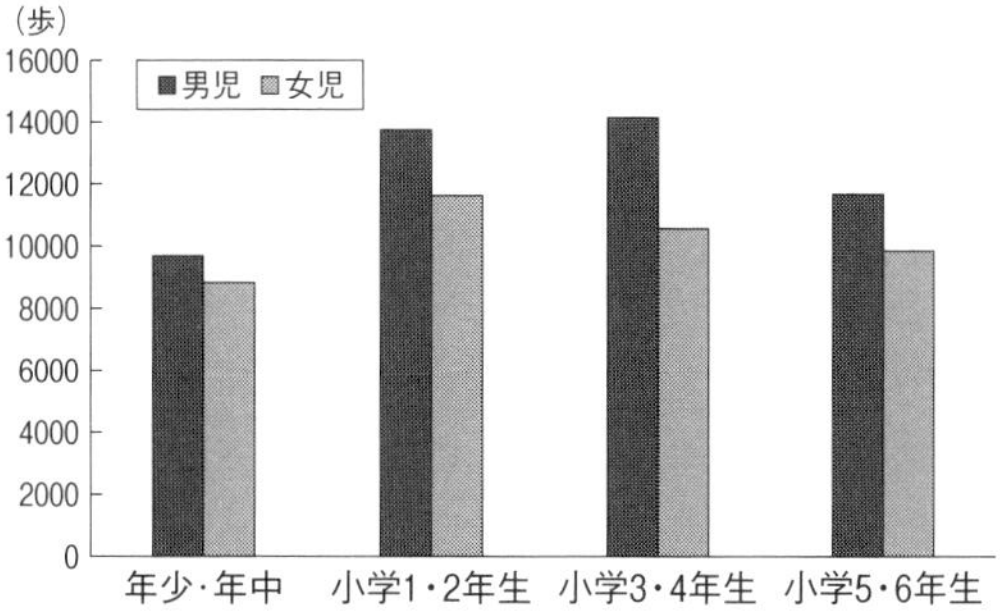

図 4-8　子どもの学年別１日の歩数 [12]

年少・年中は３～５歳に，１・２年生は６～８歳に相当する．

6　子どもの歩行者事故の昔と今

歩行者事故の年齢差について（前掲図4-3・図4-4）、子ども、特に未就学児では、現在は負傷者はそれほど多くなく、死者はかえって少ないほうである一方、一九八〇年には死者も負傷者も多く、負傷者では全体の半数を占めていたことを述べた。事故の背景には、道路環境の整備のほかに、子ども人口の半減がある[10]（図4-9）。少子化のためだ。しかし、その要因を考慮してもなお、桁違いの減少（たとえば、六歳以下の死者が一九八〇年の四五六人から二〇一八年は一八人に）を説明しきれない。子どもに対する交通安全教育の面からは母親世代の免許保有率が五〇パーセントから九〇パーセントに増えて[6][9][10]、幼児への歩行者教育が家庭でも行われるようになったのも一つの要因かもしれない[15]。

事故減少の理由としてほかに考えられるのは、子どもの外遊びの減少に起因する、歩行量（歩数）の減少である。小林ら[16]は、子どもの歩数に関する四三編の研究論文をレビューして、一九八〇年代の小学生の歩数はおおむね男子で二万歩（一万九千～二万一千歩）、女子で一万五千歩（一万四千～一万七千歩）であること、二〇〇〇年ごろは男子で一万六千歩（一万三千～一万九千歩）、女子で一万二千歩（一万～一万五千歩）と二割ほど減ったことを示している。最近の小学三、四年生は、男子で一万四千～一万五千歩であり、女子で一万～一万三千歩であるから[12][13]、引き続き歩数は横ばいか減少傾向にある。この歩数の減少傾向は、高齢者の歩数増加と対照的だ。未就学児のデータはないが、小学生以上に歩数は減少しているはずだ。

事故が急減したほかに、昔と今の子どもの歩行者事故で異なる点がある。それは歩行者事故の年齢のピークだ。前述のように、以前は小学生一年生ではなく、園児に相当する五歳がピークだった[6]。小学一年生がピークになったのは平成になってからだ。この理由としては、昔は家の近くの公園や空き地などで遊ぶ就学前の子どもが多くて、歩数が現在より多かったことが考えられるが、前に述べたようにそういったデータが見当たらない。しかし、交通統計のデータで、それを類推させるものがあったので紹介しよう。

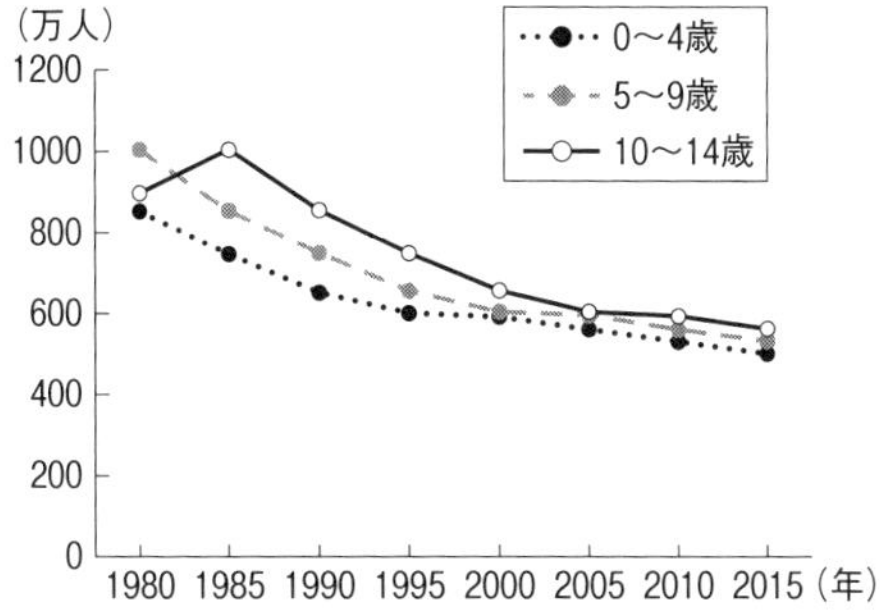

図 4-9　子どもの人口推移[10]

子ども（0 ～ 14 歳）の人口は 35 年間で半数近く減った.

図4-10は、歩行者事故に遭った園児の自宅からの距離別死傷者数を一九八五年と二〇一八年で比較したものである[1][3]。家の近くの道路で事故に遭うのは今も昔も変わらないが、その割合は昔のほうが多かったのだ。仙田[17]によれば、子どもの遊び場は一九六四年の東京オリンピックのころから急速に変化した。戦後一五年間（一九六〇年まで）は遊びの中心は道や空き地であったが、一九六〇～七〇年代の高度経済成長期に入ると車やテレビが普及して外遊びより内遊びが多くなり、一九八〇年代になると外では公園での遊びが増えていった。一九八五年時点で、すでに道や空き地での遊びは少なくなっていたのだ。それでも

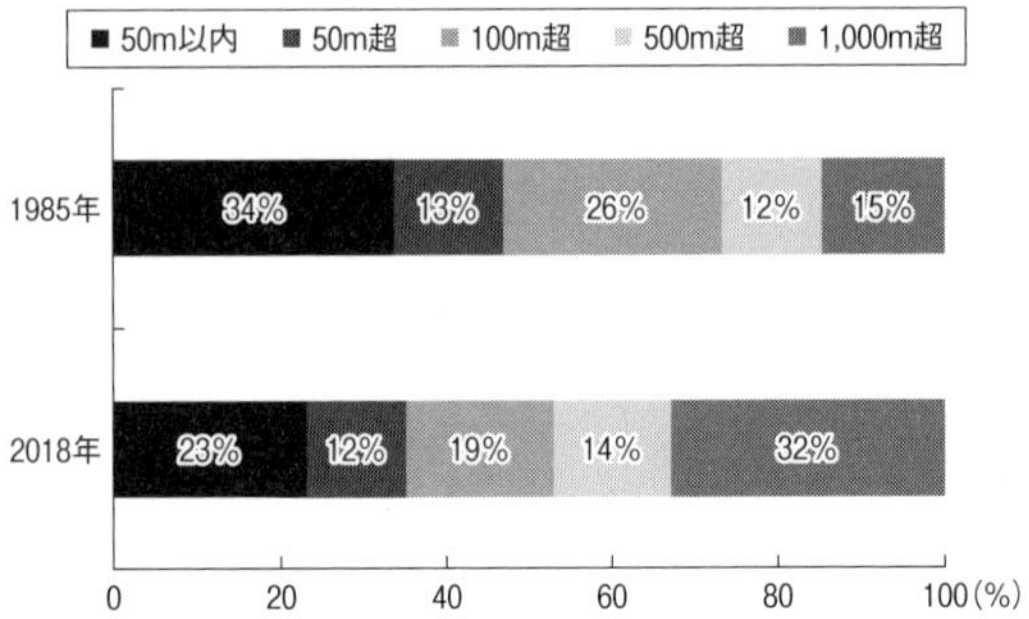

図 4-10　歩行者事故に遭った園児の自宅からの距離別死傷者数（1985 年と 2018 年）(1)(3)

一人で遠くの公園などに行けない幼児にとっては、家の近くの道路や空き地は貴重な遊び場であり、自宅近くでの歩行者事故が多かったのだろう。

第2節　いつ起きるか

前の節では、歩行者事故はどの世代にも満遍なく発生すること、ただし歩行者事故の致死率は高く、特に高齢者の歩行中死者が多いことを述べた。歩行者事故の特徴にはほかに、夜間や雨天時に発生しやすい、道路横断中の事故が多い、ドライバー側の要因としては発見の遅れが多いといった点が指摘されている(4)。ここではいつ発生するかに注目して、歩行者事故を眺めてみよう。

1　歩行者の人身事故と死亡事故の背景

人身事故はふつう、交通による移動量（交通量）によって決まる。これは一般的には危険さらされ度（exposure）と呼ばれ、歩行者の場合は道路上の移動距離や移動時間である。つまり、たくさん歩けばそれだけ事故に遭いやすくなるというわけだ。もう一つ人身事故に影響するのは、環境などの危険性である。歩行者事故が起きやすい夜間などの危険な時間帯に歩くと、移動量の割に事故が発生しやすくなる。したがって、歩行者事故統計の調査項目の中で事故が多いカテゴリーというのは、そこでの歩行者交通量が多いか、危険性が高いかのいずれか、あるいは両方に当てはまる。

死亡事故は、上記の交通量と危険性のほかに、衝突時の体への衝撃度に影響される。歩行時は運転時にくらべると、車体によって守られていないので、それだけ衝撃が大きくて死亡しやすい。また、車のスピードが高い状況下では死亡事故になりやすい。

このような人身事故と死亡事故の背景の違いにより、歩行者事故でも、人身事故統計のほうが死亡事故統計より解釈しやすい。そこでここでは、まず歩行者の人身事故統計を分析してその背景を考え、次いで死亡事故統計を分析して死亡に至る背景を考察する。

2　いつ事故にあうか

図4-11は一日の時間帯を六つに分け、その各時間帯で子ども（一五歳以下）、大人（一六～六四歳）、高齢者（六五歳以上）が、どのくらい歩行中に人身事故にあったかを示したものである[18]。この図から、子どもは昼、大人は昼と夜、高齢者は昼と夕方と夜に事故が多いことがわかる。なぜ子どもは昼に多いかというと、子どもは主として昼間に登下校や遊びなどの活動をし、道路を歩くからである。大人の事故が昼とともに夜にも多いのは、夜間の歩行活動がほかの年代より多く、またその夜間は歩行者事故の危険性が高い時間帯であるからだ。高齢者の事故は昼に多く発生するが、夕暮れ時と夜間にも多いのは、散歩や買物に出かけている時間帯であり、事故の危険性が高い時間帯でもあるからである。

歩行者の死亡事故について見ると、人身事故とくらべて、夕方や夜間の事故の割合が高い（図4-12）。世代間の差に注目すると、子どもの死亡事故は少ないものの昼に発生し、大人の歩行者はほとんど夜間に発生し、高齢者の死亡事故はすべての時間帯で一番多い。

夜間の歩行者事故

歩行者が死亡する事故が夜に多いのは、夜間は車のスピードが高いためである。図4-13は、歩行者の死亡事故と人身事故を昼と夜に分け、ドライバーが危険を認知した時の速度の分布を比較したものである。[18] 死亡事故のほうが人身事故より、また夜のほうが昼より、車の速度が高い。特に、夜間の歩行者死亡事故では、三分の二のドライバーが、危険を認知した時に時速四〇キロを超えていた。

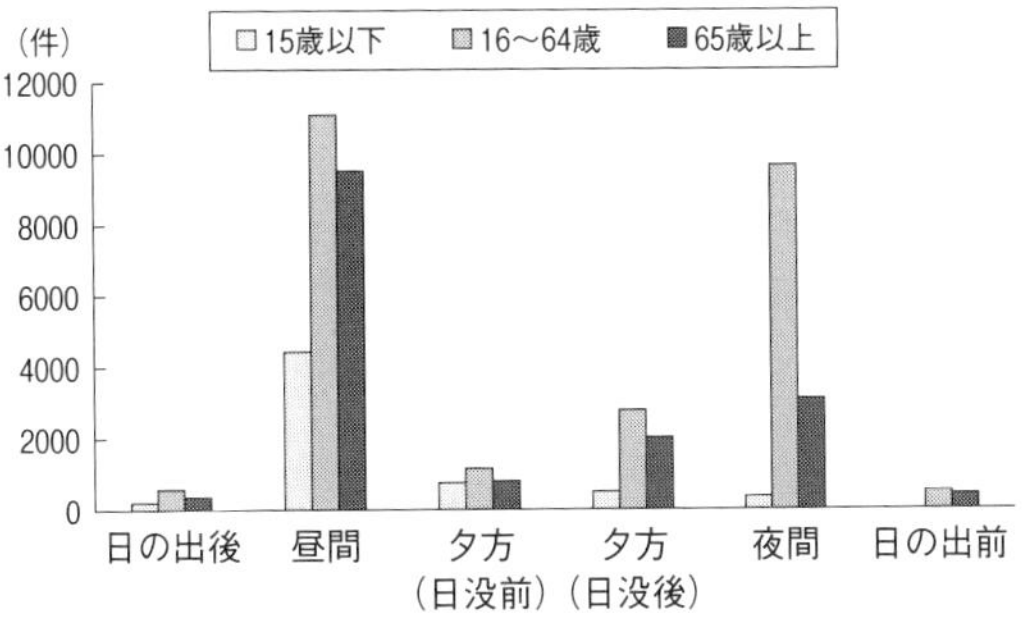

図 4-11　歩行者の年齢層別・発生時間帯別に見た人身事故件数（2018 年中）[18]

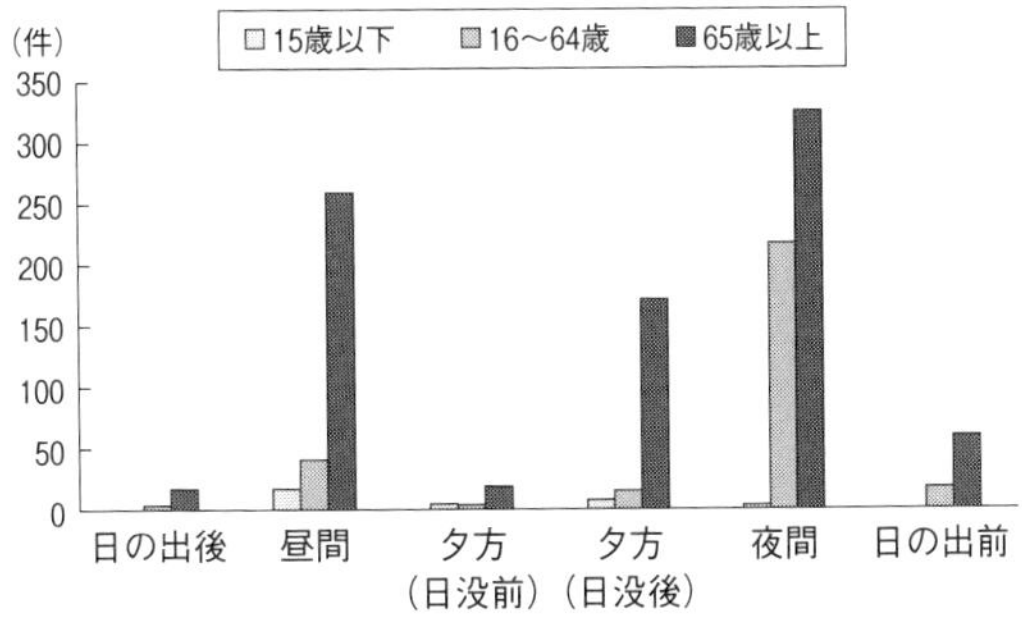

図 4-12　歩行者の年齢層別・発生時間帯別に見た死亡事故件数（2018 年中）[18]

また、夜間は暗いため、ドライバーも歩行者も相手の発見が遅れて事故回避動作が遅れるため、死亡事故になりやすい。夜間に高齢者の死亡事故が特に多いのは、夜間に歩くことが多いわけではなく、高い速度での衝突時の衝撃に耐えられない身体をしている上に、暗くて回避動作もより遅くなるためだ。

歩行者事故でもう一つ

昼と夜で異なるのは天候である。図4-14を見てみよう。人身事故でも死亡事故でも、夜のほうが昼より、雨が降っていた時の事故が多い。夜間に雨が降ると、ドライバーにとっては、道路の明るさに明暗の差が生じたり、路面が全体的に暗く見えたり、区画線が見にくくなったりして、運転しにくい。対向車のライトも雨や路面に反射してまぶしく、一層運転しにくくなる。また、車の窓に水滴がついたり曇ったりするし、ワイパー使用も前方の視認性を悪くする。そんな状況下では歩行者を発見しにくい。歩行者にとっても、足元が悪くなって路面に注意が行きがちであるし、傘を差しているために車を発見しにくくなる。雨音に車の気配もかき消されるだろう。

図4-14でもう一つ興味深いのは、昼でも夜でも、雨の日はむしろ死亡事故が少ないことだ。理由の一つは、雨の時の危険認知速度は、晴れや曇りの時とあまり変わらないからであるが、詳細は不明である。

夜間の歩行者事故を防ぐ反射材

夜間の歩行者事故を防ぐ対策として、第2章第3節で道路照明を取り上げた。ここでは反射材について解説しよう。反射材は、自動車のライトからの光を反射することで、運転者にいち早く歩行者の存在を知らせるものだ。反射材は、光がどのような方向から当たっても、光源に向かってそのまま反射する再帰反射という性質を持つ素材で、道路標識や路面標示などにも使われている。

反射材により、暗い道で歩行者らしきものを発見し、それが歩行者であると確認し、早めの対処を

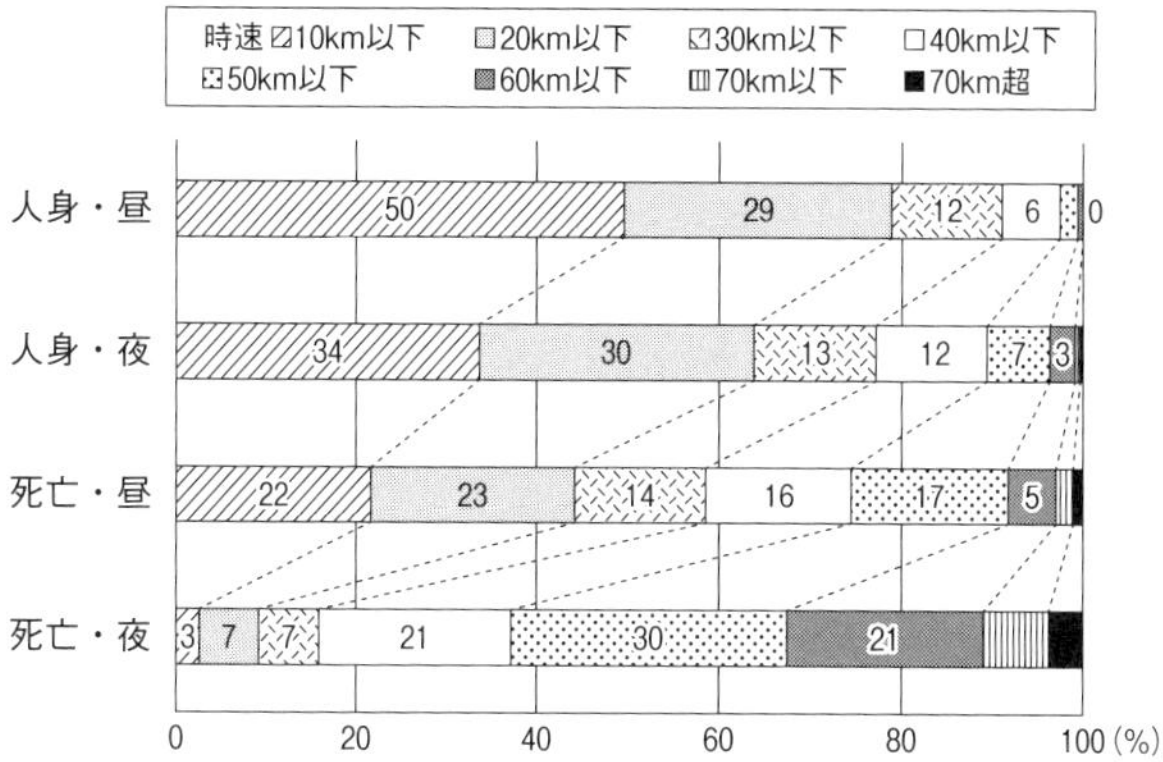

図 4-13　歩行者の死亡事故時と人身事故時の昼夜別危険認知速度 (2018 年中)(18)

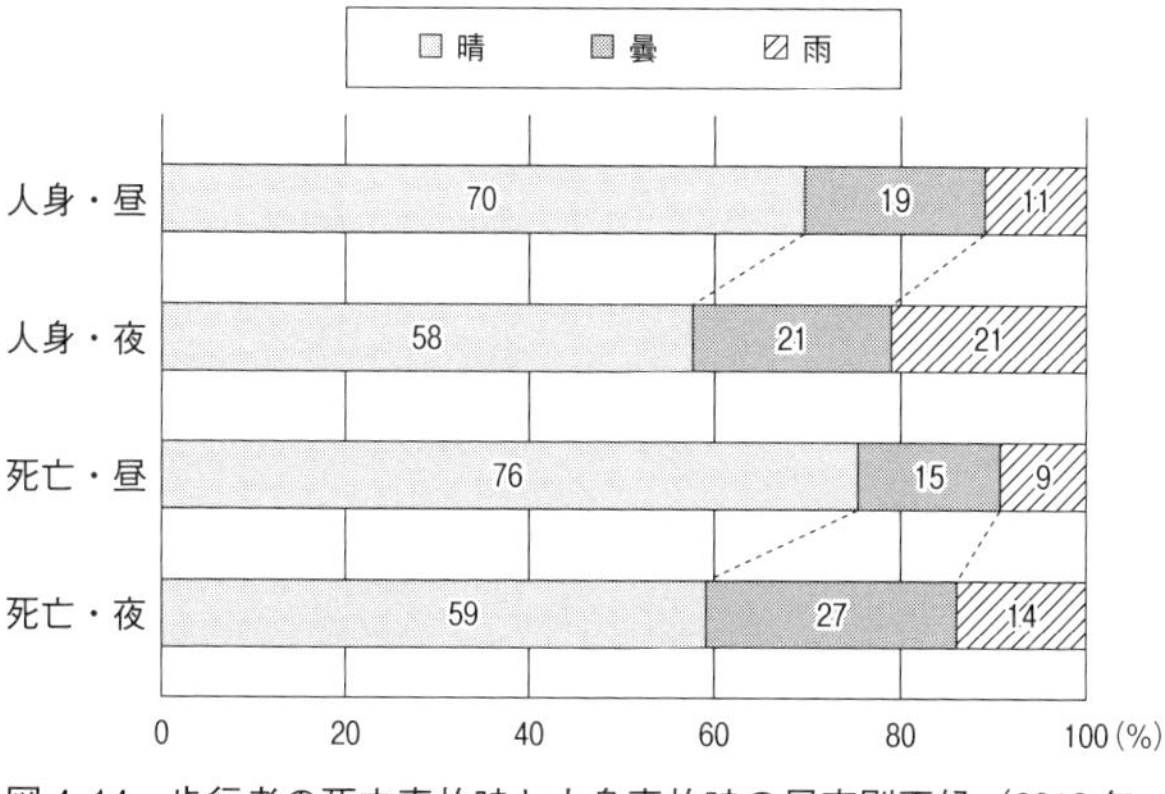

図 4-14　歩行者の死亡事故時と人身事故時の昼夜別天候 (2018 年中)(18)

行うことができる。実際にその効果を調べるために、屋外の模擬道路で走行実験が行われ、歩行者が反射材を装着した場合と装着していない場合とで、歩行者らしきものを発見したり、歩行者であると確認したりした時の距離あるいは時間が変化するかどうかが調べられた。その結果によれば、反射材の種類や大きさや明るさや走行状況の違いはあるものの、反射材を身に着けると、発見距離や確認距離が二倍以上になった[19]。図4-15は日本におけるある実験[20]の結果の一例である。

図 4-15　夜間の車から歩行者が見える距離[20]

JP マークのついた製品によるもので，面積 2.5 cm^2 かつ 117 mcd/lux 以上の反射材を身に着けると，遠くからでも見える.

反射材による発見距離の延伸効果が実験によって異なった理由の一つは、反射材の着用位置が異なっていたためである。それでは、体のどの部分に反射材を着用するのが効果的だろうか。そのヒントに、バイオロジカルモーション知覚がある。これは、暗い中で少数の光の点の動きを短時間見ただけで、それを生物の動きとして知覚するというもので、ヒトの頭部を含む主要な関節に光源を取りつけて歩かせると、その光の動きだけでヒトが歩いているとわかるという[21]。これを反射材に応用すると、反射材を身に着ける位置は、頭や手首や足首などの関節部分が効果的ということになる。実験で確かめると、足首、手首、頭に反射材を着けたほうが、胴体（ベスト）に着けるより、一・三倍遠くから歩行者を発見できた[22]。以後、多くの研究が行われ、反射材を手首、足首などのいくつかの関節部分に着用すると、発見距離が長くなることが確かめられた[23]。

それでは、反射材の事故防止効果はいったいどれくらいだろうか。これを数値で明らかにするには、歩行者事故に遭った人とふだんの歩行者の反射材着用率を調べる必要がある。交通事故統計では調査項目の中に反射材着用状況があり、歩行者事故に遭った人の反射材着用率は二〜三パーセントである[18]。問題はふだんの歩行者の反射材着用率であり、八つの道府県の約一万人を対象とした観測調査によれば、平均の着用率は五・三パーセントであった。この値を用いると、反射材を着用すると事故の危険性が六〇パーセント低下するという結果であった[24]（反射材着用者と非着用者の事故率の比が〇・四となる）。

3　事故時の歩行者の通行目的

年齢によって歩行活動（たとえば通行目的）は異なるので、事故時の通行目的も年齢で異なるはずである。図４-16は三つの年齢層について、歩行者事故件数に占める各通行目的の構成率がどう異なるかを示したものである。これより、子どもの事故は通学・通園と遊戯中に多く、大人では通勤と買物中に多く、高齢者では買物と散歩中に多いというように、世代ごとに大きく異なっていた。

図４-16の中でも特筆すべきは、子どもの通学・通園中と高齢者の買物中の事故の構成率の高さである。小学校や警察や自治体などで通学路の合同点検が実施されているのは、登下校中の子どもの犯罪被害防止もあるが、通学・通園中の事故が多いからでもある。高齢者の買物中の歩行者事故防止に

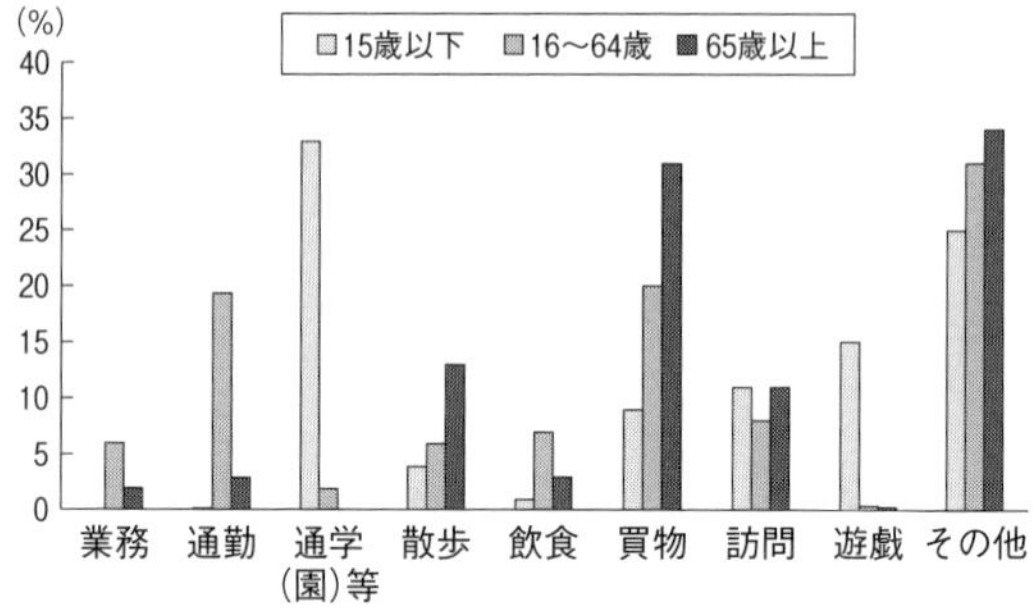

図 4-16　歩行者の年齢層・通行目的別死傷者の割合（2013 ～ 17 年）[25]

ついては、コミュニティバスや乗合タクシーを運行したり、宅配サービスや、移動販売車を導入して、買物支援をしたりしている。

4　「いつ」に着目した歩行者の事故事例

ここまでの歩行者事故の統計分析によって、歩行者事故はどういった時に起きるかを客観的に知ることができた。しかし、客観的事実だけでは具体性に欠け、事故のイメージがつかみにくい。そこでここからは、「いつ」にかかわる具体的な歩行者事故の事例を紹介しよう[26]～[28]。六つの事故事例のうち最初の二つは子どもの事故、次の二つは高齢者の事故、最後の二つは大人（一六～六四歳）の事故である。

事例1　子どもの下校中の事故

四月の午後、小学二年生の男児Ａくんは、学校からの帰り道、仲間二人と少し離れて、田んぼの中を通る道路の歩道を歩いていた。しかし、雨が降ってきて早く家に帰りたい気持ちがあってか、安全確認もなく突然、歩道の防護柵と防護柵の間から道路に飛び出した。
一方、七八歳の男性Ｂさんは、左に少しカーブしている車道幅員五・六メートルの往復二車線道路を時速四〇キロで直進していた。前方左側の歩道に小さな子どもたちがいるのを認知し、少し危ないと思い減速して走行していたところ、突然前の二人とは少し離れて歩いていた一人の子ども（Ａくん）が車道に飛び出してきたため、急ブレーキをかけたが間に合わず衝突した。

小学生の歩行者事故を通行目的別に見ると、通学中でも特に下校中の事故が多いこと[4]から、この事例を挙げた。下校時は何人かで一緒に下校することが多いので、ドライバーはその一団を発見しやすいし、「危ない」という気持ちになる。しかし、何人もいると注意が分散しやすく、その中の一人が飛び出しなどをすると、この事例のようにそれに対応できなくなる。歩行者が子どもの場合には、ドライバー側の安全運転に頼るしかない。この事例では防護柵と防護柵の間から子どもが飛び出す恐れがあることを予見して、もっと中央線寄りに減速して運転すべきであった。

事例２　子どもの送迎バス後方からの飛び出し
夕方五時を過ぎて周りが暗くなったころ、一〇歳の男児Ｃくんはスイミングクラブの送迎バスから友だち三人と降りた。しかし、Ｃくんの家は道路の反対側にあるため、友だちとの別れのあいさつもそこそこに、バスの後ろに回り、安全確認もなく急に道路に飛び出してしまった。

一方、二〇代男性のDさんはその時、歩道のある往復二車線のその道路を時速四〇キロで走っていた。信号機のない交差点の向こう側の対向車線上にマイクロバスがハザードランプを点滅して止まっているのを確認したが、用心することなくバスの横を通過しようとした時、突然バスの後ろからCくんが飛び出してきて、急ブレーキをかけたが間に合わなかった。

ドライバーのDさんは、マイクロバスの前後から歩行者が横断してくることを予見して、減速したり、道路左側に進路を取ったりすべきであった。また、Cくんは今までに何回か駐車車両のかげから飛び出していたようであるから、保護者はバスから降りたらどこを横断して家に帰るか、走って横断しないことなどを教えておくべきであった。ところで、幼児や小学生の間の歩行者事故は、男児のほうが女児より二倍くらい多い(5)。これは、外出頻度が男児のほうが多いということのほかに、注意欠如・多動症（ADHD）は男児のほうが女児の四〜五倍と多いことからもうなずける結果である(29)。

事例3　高齢者の夕方の買物帰りの横断歩道横断中の事故

夏の夕方、六八歳の女性Eさんは買物を終え、雨の中、早く帰って食事の支度をしようと急いでいた。信号機のない交差点の横断歩道を渡ろうとした時、左の方向七〇メートル先から来る乗用車を発見したが、先に横断できると思って買い物袋を提げ、サンダルばきで小走りで横断した。しかし、左方から時速六〇キロで走行してきた二二歳の男性Fさんが運転する車と、渡りきる前に接触してしまった。

Fさんは、前方に交差点があると思わずに、無車検の乗用車を時速六〇キロ以上で走行していて、しかも視力が両眼ともに〇・一であるにもかかわらず、眼鏡を使用せずに運転していた。

高齢者の歩行者事故を通行目的別に見ると、女性を中心に買物が特に多い（前掲図4-16）。この事例ではドライバーの過失がもちろん大きいが、傘を差して買物袋を提げ、サンダルばきで小走りに横断したEさんは、高齢である自分と自分の置かれた状況を考慮して、横断を控えたら事故は回避できただろう。

事例4　高齢者の早朝の散歩中の事故

夏の早朝、明るくなり始めたころ、七八歳の男性Gさんは妻とともに、日課の朝の散歩をしていて、いつも横断する横断歩道のない十字交差点（四車線道路）に差しかかった。遠方に車のライトを認知したが、余裕で横断できると考えて、ふつうの速さで二人並んで横断していった。しかし、道路の中央を過ぎた地点で、相手の車が近くまで接近してきたため、Gさんは並んで歩いていた妻を後方に押し戻したが、自分のほうが衝突してしまった。

一方、相手車の二四歳男性Hさんは、交通量が少ないのでぼんやりと時速六〇キロで運転をしていて、一〇メートル手前でGさん夫妻に気がついて急ブレーキを踏んだが、雨が降った後ということもあって間に合わなかった。

高齢者では散歩中の事故が多い（前掲図4-16）。ほかの世代より早朝や夕方の事故の割合が多いのは、この時間帯が散歩の時間帯に重なるからだ。早朝はまだうす暗いことと、交通が閑散なため車の走行速度が高いことから、車が遠方に見えた場合でも、慎重な道路横断が必要である。特に高齢になると、車の速度や距離の感覚が衰え、また歩行速度が遅くなるので注意が必要だ（第5章参照）。

事例5　夜間に飲酒して背面通行していた歩行者の事故

六月の夜の一〇時半ころ、晩酌を終えた五一歳の男性Iさんはふだんとは違うルートを散歩し、帰宅の途中だった。そこは家から七〇〇メートルほど離れた、路側帯はあるが雑草に浸食されていて車道を歩行しなければならない往復二車線の道路で、Iさんは街灯がなく暗い道の左側を歩いていた。その時、背面から走行してきた車両に気づいて振り返ったところを、Jさん運転の車にはねられ死亡してしまった。

二三歳男性のJさんは、交通閑散な下り勾配の暗い道を時速六〇キロで走行していて、Iさんの発見とふらつきへの回避動作が遅れた。

Iさんはふだん妻と一緒に散歩に出かけていたが、その日はふらっとひとりで出かけてしまった。飲酒量は血中アルコール濃度が一ミリリットルあたり一・八ミリグラムで、ふらついて歩いていた可能性が高かった。当時の酒気帯び運転の基準は〇・五ミリグラムであったから、歩行者といえどもその三倍以上の飲酒歩行をしていたことになる。しかも暗い中を背面通行で車道部分を歩いていたということから、事故の危険性は非常に高かった。夏の散歩は気持ちよいが、飲酒散歩は当人にとっては飲酒運転以上に危険である。

事例6　夜間の交差点での右折時歩行者事故

三月の夜七時半ごろ、急いでいた五六歳の女性Kさんは、初めて通る横断歩道を信号に従って小走りで横断していた。右左折の車に対しては、相手が停止してくれるものと確信していて、左後方から右折してきたLさんの運転する乗用車に衝突するまで気がつかなかった。

一方、二三歳男性のLさんは信号機が設置された六車線の十字交差点を右折する際、交差点中央付近まで進入して、対向直進車の通過待ちをした後に右折進行したが、横断歩道上を小走りで横断してきたKさんに気づく間もなく、時速三〇キロで衝突した。

大きな信号交差点では、右折車とその右側から来る横断歩行者との事故が発生しやすい(4)(30)。右折ドライバーは対向直進車の動静に注意を奪われているし、大きな交差点では衝突時の速度が比較的高くなるし、交差点の面積が広いために右折前に歩行者を発見しにくいためである。この事例では夜間でありドライバーにとって歩行者が一層見つけにくかった。また、歩行者側も小走りであり、相手車両への注意がなかったことから、事故になってしまった。

第3節　どこで起きるか

歩行者事故の発生場所を知ることは、場所にかかわる事故要因を知って、事故防止対策を立てる上で重要である。交通取締りをするにも交通規制をするにも、また信号機設置などの物理的対策をするにしても、事故発生場所やそれに似た場所が対策箇所となる。交通安全教育でも、歩行者事故にかかわる場所が、ヒヤリ・ハット地図の情報源となったり、教育訓練で取り上げられたりする。

1　交差点、特に信号交差点で多く発生する

交差点と単路の歩行者事故

歩行者事故は交差点と単路のどちらで多く発生しているだろうか。歩行者事故の多くは道路横断中に起きるので、これに答えるには歩行者がより多く横断するのは交差点か単路か、横断してより危険なのは交差点か単路かを考える必要がある。まず横断頻度については、「#」のような四本の道路が通る地区に新たに左から右に道路が一つできたとしよう。すると、交差点は四つから六つに増えるが、単路は四本から五本に増えるだけだ。これを日本全体に拡張して考えると、交差点の数と横断回数の

表4-1　歩行者事故の発生場所ごとの割合（%）の今と昔[(5)(31)]

歩行者事故発生年	交差点		交差点付近	単路	その他	計
	信号あり	信号なし				
2018	25	22	7	33	12	100（n＝48618）
1990	16	23	10	49	2	100（n＝79634）

増加のほうが、単路部分の増加とそこでの横断回数より大きいと考えられる。したがって、歩行者事故も交差点のほうが単路より多くなると予想される。二〇一八年と一九九〇年の歩行者事故の発生場所を比較した表4-1を見ると、一九九〇年は交差点での事故より単路での事故のほうが多かったが（交差点三九パーセント対単路四九パーセント）、現在では予想通り交差点での事故のほうが多くなっている（四七パーセント対三三パーセント[(5)(31)]）。

それでは、横断する時により危険なのは交差点だろうか、単路だろうか。これは交差点に信号があるかどうかで異なる。信号がなければ、交差点のほうが単路より横断するのに危険である。単路では左右から来る車を確認するだけですむが、交差点ではそれに加えて、前後から曲がってくる車も確認しないといけないからだ。しかし、交差点に信号が設置されていれば、信号のない単路横断の危険性のほうが高くなる。信号機は、交通の流れをスムーズにしたり、交通公害を減少させたりするほかに、歩行者事故を含めた交通事故を防止するのに役立つのだ。

このため、日本ではモータリゼーションの進展とともに信号機が整備されてきた。先の東京オリンピック（一九六四年）には全国で一万基に満たなかった信号機の数は、一九九〇年には一三万基に増え、現在では二一万基となっ

図4-17　残り時間表示つき信号[35]

ている[31][32]。表4-1で、交差点の中でも信号交差点の歩行者事故が増えているのは、信号交差点が歩行者にとって危険というわけではなく、その数が増えて横断する歩行者が増加したためである。

信号機の改良

車両用や歩行者用の信号機は、数が増えただけでなく、様々な改良が加えられてきた。その一つが歩車分離式信号機の導入だ。ふつう信号交差点では、歩行者用の青信号に従って道路を横断していても、歩行者が優先であるとはいえ、右折車や左折車も横断歩道を通過して、そこで歩行者事故が発生する。これを防ぐ手段の一つが、歩行者と車両の通行を時間的に分離する歩車分離式の信号制御である。この方式だと、歩行者用信号が青の時には交差点の横断部分を通行するのは歩行者だけになり、歩行者と車が衝突しなくなる。スクランブル交差点は歩車分離式信号交差点の一つの形態で、歩行者にとっては交差点内のどの部分を横断してもよいありがたい方式だ。

ただし、歩車分離式では、車両も歩行者も従来の制御方式より待ち時間が長くなってしまう。そのためこの方式は、渋谷駅前の交差点のような歩行者が多く集まる大きな交差点や、歩行者への配慮が特に要求される福祉施設周辺や学童通学路にある交差点で採用されているだけで、信号機全体に占める割合は五パーセントと少ない[33]。

残り時間表示や歩行者現示の延長といった、歩行者を配慮した改良も最近になって実施されてき

表4-2　道路幅員別の歩行者事故件数，道路延長あたり年間事故件数（2017年）[18][36]

道路幅員	歩行者事故件数			歩行者事故に占める割合（%）	道路に占める割合（%）	道路延長（km）	延長10kmあたり事故件数
	交差点	単路	計				
5.5m未満	6495	7092	13587	30.6	71.3	872324	0.2
5.5m以上	17211	13585	30796	69.4	28.7	351562	0.9

注）単路には交差点付近と踏切を含む．

ている[34][35]。残り時間表示というのは、青信号の残り時間を表示することで、青信号までの待ち時間表示とともに、経過時間表示機能つき歩行者用灯器、あるいはゆとりシグナルと呼ばれている（図4-17）。歩行者現示の延長とは、画像処理センサーで横断歩道上の歩行者を感知して、青信号の時間を延長する機能のことである。このほか、視覚障害者に考慮した、音響により信号表示の状況を知らせる音響式信号機があり、残り時間表示や歩行者現示の延長と合わせて、バリアフリー対応型信号機と呼ばれる[35]。さらに、今では半分以上の灯器にLEDが導入され、信号が見やすくなり、省エネにも貢献している[33]。

道路幅員と市街地・非市街地別の歩行者事故

歩行者事故は信号交差点で多いことや、信号交差点は主として幹線道路や補助幹線道路に設置されていることから予想されるように、歩行者事故件数が多い道路は、幅員が五・五メートル以上の幹線道路や補助幹線道路といった道路である。道路延長あたりの事故件数は、幅員が広い道路は狭い道路の四倍以上である[18][36]（表4-2）。車の交通量が多いし、歩行者が横断するのに時間がかかるためである。

表 4-3　歩行者事故等の発生場所割合（%）（地形・道路形状別，2018 年）(37)

	市街地		非市街地		計
	交差点	単路	交差点	単路	
歩行者事故	42.3	43.7	4.4	9.6	100（n＝ 50756）
車両相互事故	32.9	45.0	7.5	14.6	100（n＝408812）
車両単独事故	10.0	47.8	3.2	39.0	100（n＝ 12528）

注）単路には交差点付近やその他の道路なども含む．

交通事故統計では、事故発生場所が交差点か単路かだけでなく、市街地の道路か非市街地の道路かについても調べている。それによると、歩行者事故は車両相互事故などにくらべて、市街地の交差点でより多く発生している(37)（表4－3）。車だけでなく多くの人がそこを通行するからだ。

2　地図情報を用いた発生場所の特定

事故が起こりやすいのは市街地だが、商業用地、住宅用地、工業用地、道路、農用地、森林といった土地利用を知れば、その場所を人がどのように利用しているか、そこでどういうふうに人が移動しているかがわかりやすい。都市計画法による用途地域（都市の土地利用の大枠）の分類では、道路を除く市街地を住居地域、近隣商業地域、商業地域、準工業地域、工業地域などに分けているが、どの地域で歩行者事故は多く発生しているだろうか。

最近は、GPSや地理情報システム（GIS）の技術が進み、どんな地域で犯罪や事故が多く発生しているかを示すハザードマップが作成されるようになった。たとえば、図4－18は、東京都世田谷区を通る小田急線と

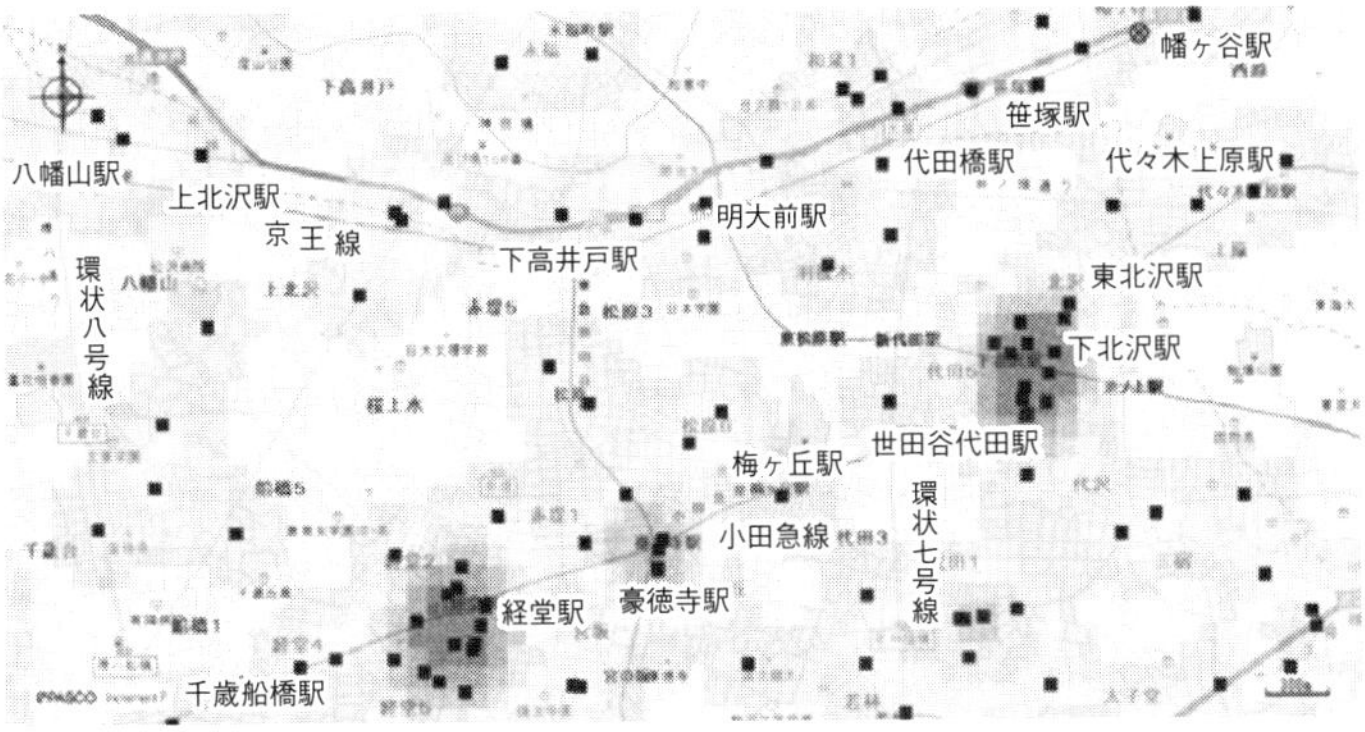

図4-18　東京都世田谷区の小田急線と京王線沿線の歩行者事故マップ[38]

京王線の沿線地域の地図に歩行者事故の発生頻度を重ね合わせたものである[38]。濃い部分が歩行者事故の発生頻度が高い地域で、■は最近発生した歩行者事故地点を示している。この地図から、小田急線の下北沢駅や経堂駅といった住宅地の中にある駅周辺の商業地域で歩行者事故が多く発生していること、地図の真中を南北（上下）に走る環状七・八号線や駅から少し離れた住宅地内の道路ではそれほど歩行者事故が発生していないことが明らかである。

しかし、こういった事故発生マップだけでは、どういった地域で歩行者事故が多く発生しているかを定量的に示すことができない。そこで最近では、県や都市全体あるいはその一部を対象として、その地域を五〇〇メートル四方のメッシュに分け、メッシュ内の歩行者事故件数に影響を与える要因を調べるという研究が出てきた。事故件数を説明する要因には、道路（歩道の整備、幹線道路か区画道路か、道路密度、信号交差点など）、自動車交通（交通量、交通規制など）、歩行者交通、人口のほかに土地利用に関するデータがよく使われる。

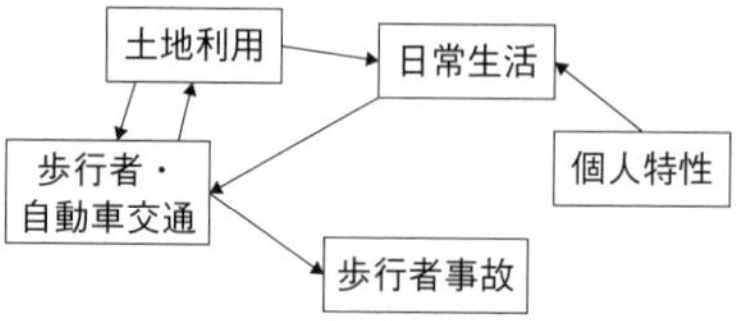

図4-19　歩行者事故に与える要因

たとえば、交通事故総合分析センターでは、栃木、東京、神奈川、滋賀、福岡、佐賀の六都県を対象に、五〇〇メートル四方の地域で発生する歩行者事故件数に影響する要因を調べた。その結果、栃木を除く五都県では、商業地域のほうがほかの地域より三倍事故が発生しやすかった。また、建物用地面積が広い地域やコンビニの数が多い地域ほど、歩行者事故が多いという結果であった[39]。

コンビニが多い地域ほど歩行者事故が多いというのは、そこに人が集まるからである。同様に、駅やバス停や病院の数やそこまでの距離も事故に影響する。筆者がかかわっていた神奈川県警の調査では、歩行者の事故に影響する要因として、時間帯や交通量とともに、駅や交差点やコンビニまでの距離がＡＩ（人口知能）を使った分析で示された[40]。歩行者事故は商業地域や近隣商業地域のほうが住宅地域より多いという研究結果[41]〜[43]は、日本とは土地利用の形態が異なる欧米でも同様だ[44][45]。

商業地域で歩行者事故が多いといった、土地利用を含めた要因が事故に与える影響を検討してみよう（図4-19）。土地利用と交通との関係について見ると、まず土地利用は沿道へのアクセス交通に強い影響を与えている。駅やコンビニがあれば、そこに多くの人が集まるが、工場用地には従業員や取引先などの関係者しか集まらない。一方、車や人の交通が沿道土地利用を変化させるという逆の影響もある。郊外の幹線道路には、飲食店や量販店や自動車販売店といった沿道型施設が出現するのだ。人々の日常生活やライフスタイルも交通（移動の頻度、移動先、移動手段）に影響する。こうした交通のありようが歩行者事故に影響するのだ。

3　生活道路での歩行者事故と対策

歩行者事故は道路幅員がやや広い道路で発生し、商業地域や近隣商業地域のほうが住宅地域より発生しやすいということがわかった。それでは幅員の狭い道路や住宅地の道路での歩行者事故対策は軽視してよいかというと、もちろんそんなことはない。こういった道路は人々が生活している場所にある生活道路だからだ。私たちはふつう朝に出かけ、夜に家路につく。休日などの買い物でも、家の前の道路を通って出かけ、その道路から家の中に戻る。昔ほどではないが、子どもは家の前の道路で遊んだり集まったりする。主婦や高齢者は道路であいさつや立ち話をするだろう。

ところが、家の前の道路はそれほど安心して歩ける場所ではない。車社会の現代では、家や近くの駐車場から車で出かける人もいるし、何より幹線道路から住宅内の狭い道路に進入してくる通過交通の車がある。特に、子どもや高齢者は家の付近で活動することが多いために、家の付近で歩行者事故に遭うことが多い。自宅から一〇〇メートル以内の事故割合は、五歳以下の幼児で三分の一、後期高齢者で四分の一を占める[37]（図4-20）。幼児のほうが小学生（六〜一二歳）よりも自宅から一キロ以上離れた場所での事故が多いのは、自力で歩く行動範囲が狭く、遠方へは親と一緒に車などで出かけることが多いからだろう。

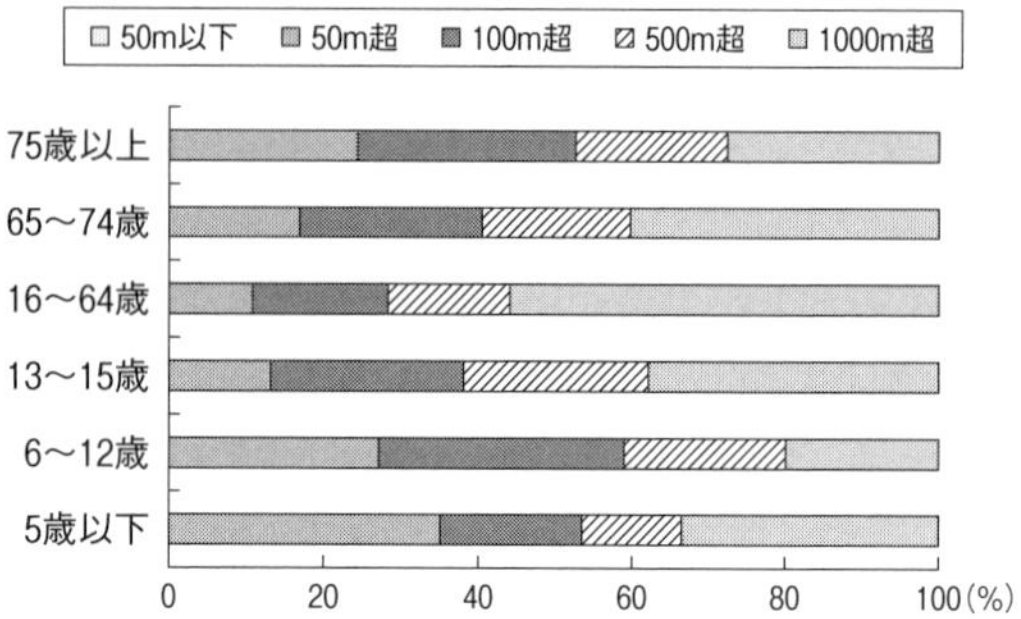

図4-20　自宅からの距離別に見た歩行者の年齢層別死傷者（2017年）の割合（%）[37]

生活道路での安全を確保するために、歩行者事故を主とした対策は、古くから日本でも行われてきた。小学校から五〇〇メートル以内にある通学路等を対象としたスクール・ゾーン（一九七二年から）、高齢者福祉施設などの高齢者の利用度の高い施設の周辺道路を対象としたシルバー・ゾーン（一九八八年）、平成に入ってからは、住宅地や商店街などの日常生活が営まれる地域で、歩行者・自転車の事故が多発している地域を対象としたコミュニティ・ゾーン（一九九六年）といった面的な生活道路対策である[46]。

二〇一一年からは、これらを改良した「ゾーン30」対策が実施されている。きっかけはその五年前に埼玉県川口市の住宅街で、保育園児らの列に脇見運転のワゴン車が突っ込み、二一人が死傷した事故であると言われている。また、欧米では一九九〇年代からゾーン30対策が実施されてその効果が示されていたことにもよる（図4-21）。ゾーン30とは、「生活道路における歩行者等の安全な通行を確保することを目的として、区域（ゾーン）を定めて最高速度三〇キロメートル毎時の速度規制を実施するとともに、その他の安全対策を必要に応じて組み合わせ、ゾーン内における速度抑制や、ゾーン内を抜け道として通行する行為の抑制等を図る生活道路対策」である[47]。

安全対策には交通規制と物理的速度抑制の二つがある。交通規制には、最高速度を時速三〇キロとする区域規制のほかに、大型車通行止め、一方通行、歩道や路側帯の設置・拡幅、歩行者道路の設定などがある。また、物理的速度抑制には、道路上に設けられたハンプや道路の狭さく、機械式で昇降するライジングボラードなどがある[48]（図4-22、図4-23）。

図4-21　ドイツのフライブルク市内のゾーン30

図4-22　ハンプ[48]

図4-23　ライジングボラード[48]

4 「どこで」に注目した歩行者事故事例

事例7　大きな信号交差点での横断歩道横断中の事故

一一月の晴れた朝七時半ごろ、通勤途上の四〇代の男性Mさんは中高層住宅地を通る往復二車線道路を走行し、信号機と横断歩道のある十字路交差点で往復六車線道路に右折するため、先頭より二番目で信号待ちをしていた。対面の信号が青に変わり、右折先の第三車線に進入して横断歩道に差しかかった時、目の前のNさんを発見し、急ブレーキをかけて停止したが衝突した。

四〇代の男性Nさんも出勤途中で、歩行者用信号が青に変わったので横断を開始し、中央付近まで進んだ時に前方五～六メートル先を左から右にかなりのスピードで横切った車があったので「危ないなー」とその車のほうに気を取られながら歩いていた。しかし、次の瞬間に体の左側に強い衝撃を受けて転倒したところを、さらに腹部をひかれてしまった。

歩行者用信号機のある交差点は、歩行者が安心して道路横断できる場所のはずである。しかし、右折する車や左折する車も同時に横断歩道上を通過するので、危険性がないわけではない。特にこの事故例のような大きな交差点では、右折車にとっては広い角度で横断歩行者の動向を見なければならないし、対向直進車や先行する右折車の動きにも気を配る必要がある。今回の事故でも、Mさんはふだんは第一車線か第二車線を選んで右折進入するが、当日はその両車線が渋滞気味であったので、前車が第一車線に入るのを確認した後、空いている第三車線を選択したという。

事例8　商業地域での高齢者の単路横断事故

五月の日曜の雨の夜、二八歳の男性Oさんは、近くの店で夕食を取った後、中央分離帯のある往復四車線の幹線道路の第一車線を時速六〇キロで走行していた。現場に差しかかった時、先の交差点が赤信号であったので、青信号で通過できるタイミングで走行しようと、信号を注視しつつエンジンブレーキを効かせながら減速走行していたが、目の前に現れたPさんを直前で発見し、急ブレーキを踏んだが間に合わなかった。

七五歳男性のPさんは、買い物を終えて待ち合わせ場所であるパチンコ店へ行こうと往復四車線の道路を横断中であった。中央分離帯の切れ目から横断する際、安全確認を行い、左の方向にOさんの車を認め、遠方にあって十分先に横断できると判断して、暗い雨の中、急いで渡ろうと駆け足で横断中であった。

単路横断の中でも、交差点付近での横断は特に危険だ。この事例のように、ドライバーは交差点の信号を気にして運転しているからだ。そのため、広い幅員の道路では横断しないように防護柵を設置しているが、商業地域では沿道施設への車の出入りを考慮して、そこに切れ目が生じている。その切れ目から今回のように歩行者が横断することがあるのだ。Pさんは、ふだんは付近の信号交差点の横断歩道を利用していたが、その時は雨が降っていて遠回りを嫌ったらしい。しかし、高齢であることや暗いことや幹線道路であることを考慮すれば、この場所での横断は避けるべきであった。

事例9　近隣商業地域内の自宅付近での子どもの飛び出し

冬の晴れた午後、ふだんトラックを運転している二八歳男性Qさんは、両側が商店になっている往復二車線道路を、私用のため乗用車で時速三五キロで走行中、緩い左カーブに差しかかった。その時、道路左側の薬局の前に駐車していた車のかげから、三歳の男児Rくんが急に道路に飛び出してきて、避けきれずに軽傷を負わせた。

Rくんは、自宅の隣の薬局店前に設置してある人形にさわって遊んだ後、道路反対側にいる母親に向かって走り出したのだった。Rくんのいた人形付近からQさんの車の見通しは、看板等が障害になっていて、さらに事故時には駐車車両があり、双方の視界は悪かった。

自宅の前から家族や友だちがいる道路反対側に飛び出していく事故は、子どもの歩行者事故の典型例だ。この事例もそうであり、加えて駐車車両のかげからの飛び出しでもあった。近隣商業地域では、荷物の配送のための駐停車両があるので、子ども等の飛び出しには特に用心する必要がある。次に挙げる事例ほどではないが、走行速度を時速三〇キロ以下に下げて通過するべきであった。

事例10　住宅地内の自宅付近での高齢者の単路横断事故

一一月の晴れた朝九時ごろ、四五歳女性のSさんは、買物をするために住宅地内の幅員五メートルの往復一車線道路を時速四〇キロで走行していた。現場付近では、生垣を剪定作業中の職人を左三〇メートル先に認め、職人を注視しながら、減速して進路を道路右側寄りにとった。しかし、衝突地点の一二メートル手前に来た時に前方を見ると、道路を左から右へ横断中のTさんを発見し、急ブレーキを踏んだが間に合わず衝突してしまった。
八七歳女性のTさんは、自宅前の道路を横断する前に右方から来るTさんの車を認知したが、危険ではないと考えて、高さ一・八メートルの生垣の切れ目から横断した。

この事故は生垣の切れ目からの高齢者の横断で、防ぎようがなかったと言えるかもしれないが、それでも速度を半分の時速二〇キロ程度で走行していれば防げただろう。この住宅地域ではまだゾーン30は実施されていなかったが、ゾーン30の意味は時速三〇キロ以下の速度で走行しなければならないということだ。そうすれば、たとえ歩行者と衝突しても死亡事故になる確率が低いからだ。時速三〇キロは秒速で八メートルほどであるから、反応時間が一・五秒であっても一二メートルの空走の後ブレーキがかけられる。時速二〇キロなら六メートルの空走でブレーキがかけられ、その後すぐに車を止められる。

Tさんは、白内障による視力低下により、対象物の識別はできるが、車両との距離感や速度感に対する判断ができず、外出する際は介助者が同伴するようにしていた。しかし、この時はちょっと目を離したすきに外に出てしまい、三か月前にも今回同様の事故にあっていた。高齢者が増えた今、こういった歩行者事故が増加するだろう。

第4節　なぜ起きるか

これまでに歩行環境、歩行者の行動、事故が起きる時間帯や場所を取り上げて、歩行者事故の原因を間接的に述べてきた。ここではより直接的に、事故直前の歩行者の人的要因と違反という観点から歩行者事故の原因を説明する。また、歩行者事故は人対車の事故であるから、ドライバー側の人的要因と違反についても取り上げる。

1　事故原因の考え方

歩行者事故は、①人や車の交通があって、②その状況に何らかの事故危険性がある時に発生する。幹線道路や信号交差点や商業地域で歩行者事故が多いのは、主としてそういった場所では歩行者と車の交通量が多く、その交通が交わる場面が多いからだ（①に相当）。また、夜間や雨の日、子ども・高齢者の歩行時に歩行者事故が多いのは、そういった状況が事故を起こしやすい条件を持っているからだ（②に相当）。

ふつう事故原因という時には、①ではなく②を問題とする。また、事故危険性が高い状況を、人、車、道路環境に分けて考える。交通事故は、ドライバーや歩行者という人が起こし、その背景に車の欠陥や危険な道路環境があると考えるのだ。日本の交通事故統計でもこの考え方は、戦後間もない一九五一年にすでに見られる。ちなみに、当時の歩行者事故原因の上位三つは、踏切不注意、酩酊徘徊、車道通行であった(32)。

車社会の先頭を走るアメリカでも、事故原因を人、車、道路環境に分けて、それが事故前、事故中、事故後にどう事故に影響を与えていたかという考え方（ハドン・マトリックス）が一九六八年に出され、今でもその枠組みで事故原因を見ている(49)(50)。現在の先進国の中で最も詳しく事故原因を交通事故統計で調べているイギリスでも、この枠組みを用いている(51)(52)。

ところで交通事故に関する三分類の考え方は、工場災害や鉄道事故などほかの事故分野でも基本だと思うが、こういった分野は交通事故より関与する人が多く、また事故の背景に労働環境やシステムの不良といった社会的、経済的、工学的な要因が潜んでいる。これらの事故要因間の関係も複雑である。そのためこういった分野では、もっと別の事故原因調査の枠組みが提唱されている(53)。

2　歩行者の事故原因

日本の交通事故統計の調査項目には事故の人的要因があり、事故に遭った歩行者についてどんな要因があったかが調査されている。二〇一三〜一七年の歩行中死傷者について、その人的要因の割合を年齢層ごとに見てみよう(54)（表4‐4）。まず全年齢について見ると、三分の二の歩行者には人的要因がなかった。歩行者事故を詳細に分析すると、事故の過失は歩行者側にあるという事故も多いが、警察の事故統計では歩行者に事故原因はないと見なす傾向がある。弱者保護の観点から歩行者事故の責任はドライバーにあるというスタンスは理解できるが、事故原因の究明はそれとは別個に考えたい。

さて、表4‐4から歩行者に多い人的要因を見ると、要因の半数は発見の遅れ、特に「安全確認なし」と「安全確認不十分」であった。これは道路横断中の事故に特に当てはまる(3)（図4‐24）。図4‐24は事故時の歩行者の行動で、事故の半数以上は道路横断中に発生している。横断中の事故は横断歩道横断中とそれ以外を横断中に分かれ、人身事故では横断歩道横断中が多く（横断中の五六パーセント）、死亡事故ではそれ以外を横断中が多い（同六九パーセント）。横断歩道横断中の事故の場合にはほとんど事故の責任は車側にあるため、歩行者に人的要因はない。表4‐4で歩行者の人的要因なしが六八・五パーセントを占めているのはそのためだ。一方、横断歩道以外を横断中の事故の三分の二には人的要因があり、そのほとんどが「安全確認なし」「安全確認不十分」「相手が譲る、停止すると思った」であった。

年齢ごとに見てみよう。まず子どもの事故では、人的要因があった事故の割合が半数を超える。しかも、「安全確認なし」が二二パーセント（子どもの人的要因の三九パーセント）とほかの年齢層より非常に多い。これは子どもの「飛び出し」事故に相当する。「保護者等の不注意」は、六歳未満の幼児が事故の当事者で、何らかの歩行者要因があった場合に記入される項目であり、六歳以上の子ど

表 4-4　歩行中死傷者（2013 ～ 17 年）の人的要因ごとの割合（%）(54)

歩行者の人的要因	子ども（15 歳以下）	若・中年（16 ～ 64 歳）	高齢者（65 歳以上）	計（全年齢）
あり	56.6	25.6	29.6	31.5
保護者等の不注意	8.6	0	0	1.3
発見の遅れ				
前方不注意（遊びに夢中）	7.9	0.1	0	1.2
その他前方不注意	1.7	2.4	1.8	2.0
安全確認なし	22.0	5.4	6.6	8.3
安全確認不十分	9.7	5.6	8.8	7.2
小計	41.3	13.5	17.2	18.7
判断の誤り				
相手の速度感覚を誤った	0.5	0.3	0.8	0.5
相手がルールを守る	0.4	1.0	0.7	0.8
相手が譲ってくれる	2.5	5.9	5.7	5.4
その他	2.8	2.7	2.7	2.7
小計	6.2	9.9	9.9	9.4
健康不良（飲酒など）	0	1.4	0.5	0.9
なし	43.4	74.4	70.4	68.5
調査不能	0.4	0.7	1.9	1.1
歩行中死傷者数（5 年間）	40858	143837	89611	274306

もや大人では記入されない。内訳で多いのは、「手をつないでいない」や「一人で外出させた」であった。

若者・中年では、その他前方不注意が二・四パーセントと比較的多いが、その内訳で多いのは「考え事」「脇見」「仕事に熱中」「雑談」「傘などで視界不良」であった。スマホを操作したり音楽を聴いたりしながらの「ながら歩き」は〇・一パーセントと意外に少なかった。「飲酒」による「健康状態不良」はほかの年齢層より多いものの一・四パーセントにとどまった。

高齢者で若者・中年より多い事

故要因は、「安全確認不十分」と「速度感覚の誤り」であった。安全確認が不十分というのは、道路を横断しようとする時に、手前の右方向から来る車の安全を確認したが、反対車線の左方向から来る車を見逃すといった例が該当する。判断の誤りの中の「速度感覚の誤り」は高齢者らしい速度を見積もる能力の低下によるものであるが、それより「相手が譲ってくれる」といった誤った判断のほうがずっと多い。

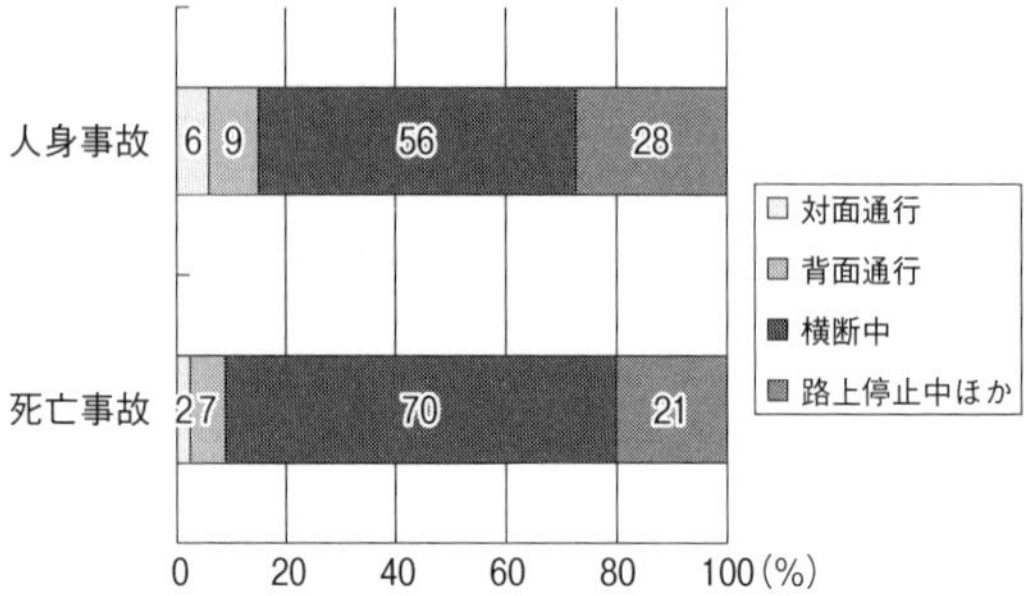

図 4-24　歩行者事故のタイプ（2018 年）[3]

全国データ，死傷事故 4 万 8618 件，死亡事故 1186 件．

歩行者の側の事故要因には、人的要因のほかに、道路・交通環境要因がある。ただし、事故要因として計上される割合は一・七パーセントと非常に少ない。代表的な項目は、「建物等による見通し不良」「駐停車両が視界に影響」「渋滞車両が視界に影響」といった視覚的障害であった。第2章で平成以前は、こういった視覚を遮るような場所からの事故が横断中の歩行者事故の半数以上を占めていたことを述べた。現在はそういった事故が少なくなったこともあるが、従来からそういった環境的要因は事故要因としては計上されない傾向にある。

3　イギリスの歩行者の事故原因

先進国の中でも事故原因を交通事故統計で詳しく調べているイギリスの歩行者事故の人的要因を見てみよう[55]（表4-5）。イギリスでは、歩行者事故の三分の二は歩行者側にも人的要因があったとしている。その内訳を見ると、日本でも一番多い安全確認なし・不十分に相当する不適切な注視が一番多く、その割合は四九パーセントとほぼ日本と同じであった。車の進路や速度の判断誤りも三位と、日本と同様に多かった。

異なるのは、不注意、無謀、急ぎが一六パーセントと多いことだ。これは歩行者に不適切な心理状態があって不安全な歩行行動を取ったということである。現在の日本の事故統計ではこういった分類がなく、発見の遅れの中の前方不注意が、遊びや考えごとなどによって生じていたかが調べられている。ただし、日本でも一九八〇～九四年には、急いでいたり、イライラしていたり、面倒だったりといった理由で違反行為をしたかという項目があった。筆者が警察庁交通局に出向していた時の資料を見ると、一九九一年の歩行者要因の三分の一がこれに該当していた。四位の駐停車両のかげからの横断は、日本では先に述べたように交通環境的要因の調査項目であるが、イギリスでは人的要因として多く取り上げられている。

飲酒の影響が八パーセントと上位に入っているのも、日本と大きく異なる。日本の事故統計では、

表 4-5　イギリスと対応する日本の歩行者要因（2017 年中）(54)(55)

イギリスの歩行者の事故要因	（%）	対応する日本の歩行者の事故要因	（%）
不適切な注視	49	安全確認なし，不十分	49.3
不注意，無謀，急ぎ	16	なし又は前方不注意	
車の進路や速度の判断誤り	14	速度感覚誤り，相手が譲る	6.7
駐停車両のかげからの横断	12	視覚障害（交通環境的要因）	0.9*
飲酒の影響	8	健康状態不良	2.9
車道での危険行為（遊びなど）	5	前方不注意の遊びに夢中	3.8
横断歩道での不安全行為	4	なし	
夜間に暗い衣服を着用	4	なし	
心身の障害や病気	3	なし又は健康状態不良	0.9 以下
薬物の影響（不法か医薬かを問わず）	1	なし又は健康状態不良	0.9 以下
計	116		

イギリスの 2017 年の歩行中死傷者は 23805 人で，歩行者に人的要因のあった歩行者事故件数は 15568 件であった．15568 件の一部に要因が複数あったため，合計は 100% を超える．表中の数字（%）は歩行者要因のあった人を 100% としたものであるが，0.9* は歩行者要因のなかった人も含めた死傷者全体に占める割合である．

人の要因が、主として相手を発見したか、発見したとしたらその後の判断は適切であったかという論理で調べられているので④、イギリスで要因として調べられている横断歩道での不安全行為とか、夜間に暗い衣服を着用といった要因項目は日本にはない。ただし、日本では横断歩道での不安全行為は、信号無視や走行車両の直前・直後の横断といった交通違反で調べられている。一方、イギリスやアメリカでは、事故統計の調査項目に事故時の交通違反がなく、データがない。今後、日本の歩行者の人的要因に関する分類を変えるとしたら、現行の「相手を発見したか」、発見後に「判断の誤りがあったか」という認知的な情報処理エラーに対応した分類は残しつつも、エラーの背景にある意識水準や感情、病気、体調、衣服、現場の通行頻度といった項目を別個に加えるとよいかもしれない。

表4-6　歩行者の年齢層別に見た事故時の交通違反の割合（%）と人数（第1当事者と第2当事者の合計，2017年中）[56]

違反名	子ども（15歳以下）	若・中年（16～64歳）	高齢者（65歳以上）	計
信号無視	2	2	2	2
通行区分（左側通行・車道通行）	1	4	2	3
横断歩道外横断・斜め横断	6	5	10	7
直前直後横断（駐停車両）	3	1	1	1
直前直後横断（走行車両）	4	2	4	3
酩酊・徘徊	0	1	1	1
路上遊戯	2	0	0	0
飛び出し	25	2	1	5
その他の違反	5	5	4	4
違反なし	50	79	75	74
計（%）	100	100	100	100
人数	7038	26713	17054	50805

4　事故要因としての交通違反

事故時の歩行者の交通違反[56]（表4-6）は、歩行者の不安全な行動という観点から一つの事故要因と言える。道路横断中の事故が半数以上を占めていることを反映して、横断歩道外横断（横断歩道が付近にあるのにそこを横断しない）と飛び出しの違反が最も多い。次いで多いのは、駐停車両や走行車両の直前直後横断であった。直後横断が危険なのは、その車のかげに隠れて歩行者もドライバーも互いを発見しにくくなるからである。

事故時の歩行者の交通違反を年齢層ごとに見ると、子どもでは違反者が半数を占め、中でも飛び出しが多かった。直前直後横断が多いのは、小さいために互いに相手を発見しにくく、事故につながりやすいためである。若者や中年は、違反者の

表 4-7　歩行者事故の運転者要因の割合（%）（第 1 当事者, 2017 年）[57]

発見の遅れ		
前方不注意		
内在的（漫然）	考えごと，ボンヤリなど	7
外在的（脇見）	景色や他のものを見ているなど	14
安全不確認		65
判断の誤り		
動静不注視	相手が譲る・危険でない	8
予測不適	運転感覚の誤りなど	3
交通環境	道路環境，交通規制の誤認識	1
操作上の誤り		
操作不適	ペダル踏み間違い・踏み遅れなど	2
計		100
ドライバーの人数		44957

割合が少ない。ほかの年齢層より多いのは道路の左側通行や車道通行であった。酒に酔っての酩酊や徘徊は一パーセントに過ぎないが、死亡事故に限ると、この年代の歩行中死者の五人に一人は酒に酔っての事故であった[56]。高齢者は若者・中年と比べると、横断歩道外横断と斜め横断が多い。また、高齢者の歩行者事故は、表4-6に示す死者と負傷者を合わせた全事故では若者・中年より少ないが、身体が弱いためにダメージが大きく死者は多くなる[56]。中でも横断歩道外横断、斜め横断、走行車両の直前直後横断では、六倍も死者が多くなる。高齢者には特に横断歩道でのゆとりある横断が望まれる。

5　ドライバーの事故要因と違反

ドライバーの事故要因を見てみよう[57]（表4-7）。歩行者事故では、九割はドライバーに責任があるとされているが、そのドライバー（第一当事者）を対象とした結果だ。歩行者でも発見の遅れが最も多い事故要因であったが、ドライバーの場合も同様であった。道路の左右から横断したり、車道を歩いていたりする歩行者を確認できなかったか、確認が不十分で発見が遅れて事故となっている。

また、歩行者をいったんは発見しながら、歩行者が譲るだろう、このまま進んでも危険でないだろうと誤った判断をした事故もあった。この自己中心的な判断は歩行者にもあり、両者がともにこういった勝手な判断をすると事故が発生するようだ。

次にドライバーの違反を見てみよう[58]（表4-8）。運転者要因でも一番多かった安全不確認が違反でも一番多い。二番目に多い歩行者妨害というのは、歩行者の側方をすれすれに通行する安全間隔不保持の違反や横断歩行者妨害（横断歩行者等がいないことが明らかな場合を除いて、横断歩道の手前で止まれる速度で進行しなければならないこと、横断したり横断しようとしたりする歩行者がいる時は、横断歩道の直前で一時停止し、かつ歩行者の通行を妨げないことを怠った違反）である（道交法第38条）。横断歩道のない交差点やその直近を歩行者が横断する場合にも、ドライバーは横断歩行者の通行を妨げてはならない。これに違反し

表4-8　ドライバーの違反（第1当事者，2017年）[58]

違反	人数	(%)
安全運転義務違反		
脇見	4324	9
安全不確認	18365	39
漫然	2198	5
動静不注視	3025	6
安全速度	481	1
操作不適	736	2
その他	1005	2
歩行者妨害	12175	26
信号無視	729	2
交差点安全進行	2855	6
その他	1576	3
計	47469	100

た場合も、歩行者妨害だ。信号無視は、歩行者の違反と同じく二パーセントで意外に少ない。

6 「なぜ」に着目した歩行者事故事例

事例11　祖父を追いかけ車から出て道路へ飛び出し

七月の昼前、五四歳女性のUさんは友人宅付近の駐車場に駐車しようとして、国道を右折して左右に駐車場がある幅員四・五メートルの道路を、駐車スペースを探しながら時速一五キロで走行していた。その時、左側の駐車場の車の間から四歳のVくんが飛び出してきて、急ブレーキをかけたが間に合わず衝突した。

四歳男児のVくんは、駐車場に頭から駐車した乗用車の左後席に乗車していた。前の助手席の祖父が車を降りて反対側の商店へ買物に行ったのを見て、祖父の後をついて行こうとドアを一人で開け、駐車車両の間から駆け足で道路を横断しようとしたところ、右から進行してきたUさんの車と衝突した。

Uさんは速度を落として運転していたが、駐車車両のかげから飛び出してきた子どもに衝突してしまった。駐車スペースを探すことに注意を奪われ、飛び出しに対応できなかったようだ。しかし、この事故の最大の責任は、駐車した車の運転席にいた母親にある。後席の子どもが車内からドアを開けることを防ぐチャイルドロックを活用していれば、子どもが勝手に車から出ることはなかっただろう。

事例12　狭い道路の中央を歩いていた歩行者の背面に右折直後の車が衝突

一二月の晩、四八歳男性Wさんは、友人宅の訪問からの帰り道、幅員七メートルの道路から三・五メートルの道路へ右折した。家まであと一〇〇メートルの地点で、道路照明もなく暗い場所であったが前照灯は下向きであった。右折を完了し直進状態になった直後、道路中央付近を同じ方向に歩行中のXさんが「ふあっ」と現れ、急制動したが間に合わず衝突した。

五七歳男性のXさんは仕事を終え帰宅中で、家の近所の狭い道路の中央付近を歩いていた。後方から自動車のライトが接近してくるのを感じたが、相手も気づいているから大丈夫と思い、そのまま歩き続けて、後方からライトに照らされた直後に衝突された。Xさんは上下紺の背広を着て、黒い靴を履いていた。

Wさんによれば、夜にそこを人が歩いていることは滅多になく、歩行者がいることを予測していなかったという。しかし、道路照明がなく暗い環境では、ライトを上向きにしてもっと速度を落として運転すべきであった。Xさんも夜間の暗い中、道の中央を歩いていたのが事故につながった。ライトが接近してきた時点で、すぐに右側に回避すれば防げたかもしれない。

事例13　雨の夜間の信号交差点での横断歩道横断中の歩行者と右折車の事故

六月の夜、四五歳女性のYさんは、子どもに頼まれ、雨が降る中を買い物をして自宅に戻る途中、毎日通行している国道の交差点を、対向車より先に右折が可能と判断して、青信号に従って右折を開始した。ハンドルを右に切り始めたころに、前照灯の光に反射するように左前方の店舗前に、娘が乗っている自転車と同じシルバーの自転車が無造作に置かれているのが目に入った。その直後、それに気を取られたまま横断歩道を横切ろうとしたため、横断歩道を右から左に横断してきた歩行者Zさんの発見が遅れて衝突した。
二三歳の男性Zさんは、アルバイトの帰りに、道路照明が設置されていない暗い雨の中を、上下とも黒系統の色の服を着用して、ヘッドホンで音楽を聴きながら、青信号に従って長さ一一メートルの横断歩道をゆっくりと歩いていた。アルバイトの疲労感と、今まで危ない思いもしていないことからくる油断からか、気がついた時には衝突されていた。

事例7にもあったように、大きな信号交差点での信号に従った横断は、決して安全とは言えない。特に今回のように、夜間の降雨時は危険だ。また、歩行者要因の中の前方不注意の下位項目にある「イヤホン等で音楽を聴いていた」は先に示したように統計上は件数が少ない。しかし、若者に多く見られる、スマホを見ながらあるいはイヤホンやヘッドホンで音楽を聴きながらの、今回のような「ながら歩き」は確かに危険である。

事例14　歩行困難高齢者の単路横断中の事故

木曜の朝七時すぎ、二四歳男性のαさんは、毎日通勤で利用している往復二車線道路を、いつもと同じ時速五〇キロで走行していた。付近には先行車や対向車はなく、視線は一〇〇メートル先にある信号交差点のほうに向けていた。仕事のことなどを考えながら、また眠気を感じながら運転していたところ、右前方二〇メートル先のセンターライン付近を、右から左方向に、腰を曲げてゆっくりと歩いているβさんを初めて発見し、反射的にハンドルを右に切りながら急ブレーキを踏んだが、間に合わず衝突し、βさんを自車のボンネット上に跳ね上げてしまった。
八三歳女性のβさんは、事故当時の記憶がないとのことで詳細は不明であるが、事故現場はβさん宅の近くであり、事故前、βさんは自宅から反対側の人家を訪問して、その帰りの道路横断中のことだった。

訪問先の住人によると、「いつもならβさんが道路を横断するまではつき添って見送るのだが、朝の忙しい時間帯だったのでつき添えなかった。βさんは腰が曲がり、杖を使用し、歩行速度はゆっくりで、やや認知症気味」とのことであった。一方、αさんも睡眠時無呼吸症候群気味で、いつも事故現場を通過するころには眠気を感じていたという。健康不良が歩行者やドライバーの事故の人的要因になったりする例は統計上では少ないが、高齢化が進んでいる現在、認知症だけでなくほかの病気や体調にも関心を払いたい。

第5章

交通弱者としての子どもと高齢者

歩行者事故の被害者となりやすいのは、子どもと高齢者である。子どもは心身の能力が未発達で、歩行者としての知識・経験も少ないために、一方、高齢者は老化、すなわち心身能力の低下と病気の影響のために、事故にあいやすい。そこで、本章では子どもと高齢者を分けて、各世代に特有な問題を見ていこう。

第1節　交通にかかわる子どもの能力発達

1　視力と視野

視　力

視力の発達は胎児期から始まり、生まれた時の視力は〇・一未満であるが、半年後には〇・二に達し、三歳になると一・〇程度の視力を獲得するに至る。[1]また、八歳くらいで大人と同じくらい見えるようになるが、視力が正常に発達するには五歳くらいまでが最も重要な時期だという。

日本では三歳児健診で視力を検査し、小学校に入学すると健康診断で視力検査をする。また、文部科学省では、毎年、発育および健康の状態を明らかにすることを目的に、学校保健統計調査を実施していて、この検査項目に裸眼視力がある。その結果（二〇一六・一七年の平均）を示すと、五～六歳の幼稚園児の四分の三が裸眼で一・〇以上の視力を示している（図5-1）。一方、視力の発達が終了した小中学生では、その割合が低下して、目の悪い子どもの割合が増えてくる。しかも、視力が〇・三未満の小中学生の半数以上は矯正をしていない。[2]視力が未発達の子どもより視力が劣るのだ。

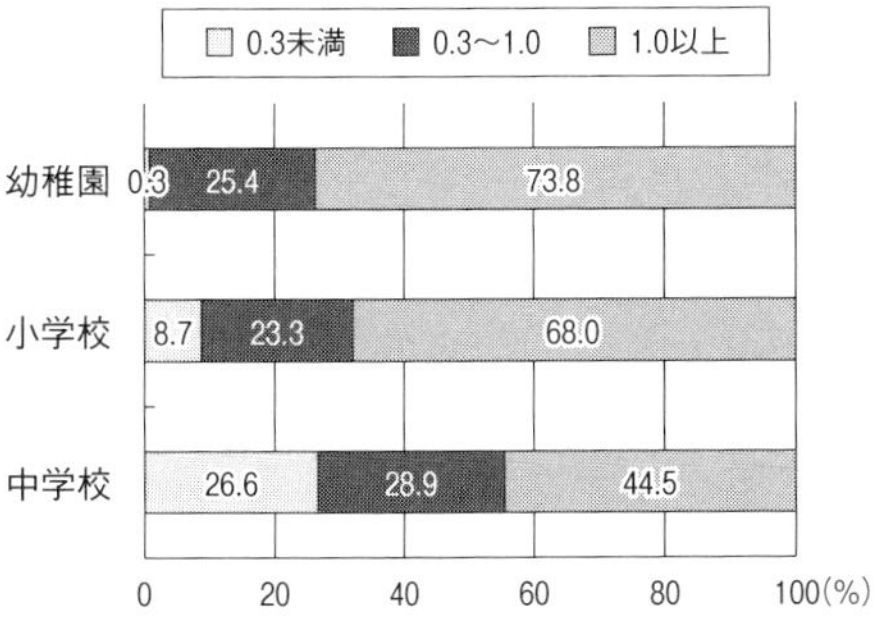

図5-1　子どもの学校種別裸眼視力[2]

視　野

視野は目（眼球）を動かさないで見ることのできる範囲のことをいう。正常な大人では、上が六〇度、下が七〇度、左右の外側が一〇〇度まで見える。[3] 視野が狭いと車などの発見が遅れるので、歩行者の交通安全でも視野は重要な能力の一つである。子どもの視野は狭いとよく言われ、後述するサンデルス[4]も『交通のなかのこども』で、六歳児は大人より周辺視野が狭い（目の端でものの動きをとらえる能力が低い）と述べている。しかし、子どもの視野の発達に関しては、まだ不明な点が多く、何歳ごろに視野が大人のレベルに達するかについては諸説ある。[5] その理由は、子どもの視野検査への適応能力に関係する。視野検査には、一定の明るさの指標を動かして測定する動的視野検査法と、一定の場所で明るさを変えて測定する静的視野検査法がある。どちらも中央の指標を見続けながら、周辺に現れる刺激が見えたらそれに応答するという、大人向きの方法だ。子どもは、中央の指標を見続けるのが困難であったり、測定のやり方を理解する能力に欠けていたり、刺激が見えた時に的確に「見えた」と言語やサインで示せないことから、正確に視野が測定されにくい。[6][7]

それでも、動的視野検査法によれば、五歳から一〇歳あるいは一五歳くらいまでは視野の範囲が広がるという研究結果が比較的多い。[7]〜[9] また、動的視野より中心に近い範囲を調べる静的視野検査法によれば、六歳か九歳くらいまでに発達を完了する。[7][10]

交通場面での視野を考えると、子どもにとっては視野の狭さより、目の高さ（身長）が低いため、視野が限られることのほうが問題である。また、身長が低いと相手の車からも見えにくい。駐停車両の前後から横断しようとする時は、なるべくその車から離れたところから横断すること、車より内側に出て頭を動かして左右から車が来ていないか確認することが重要だ。

2　認知能力

ピアジェの認知発達理論

幼児は一歳くらいになるとワンワンといった単語をしゃべり始め、三歳になると大人と簡単な話ができるようになる。また、三歳になれば一、二、三と数が数えられるようになる。このように子どもの知的能力は幼児から小学生になるまでに急速に発達していく。

スイスの心理学者ピアジェは、自分の子どもたちを観察したり、質問を投げかけたりすることによって、子どもの思考や推理の能力は、成熟するにつれ、質的に異なる段階を経て発達すると考えた[11][12]（表5-1）。

入学前の子どもはまだ一定のルール（操作）を理解していないことから、前操作期の段階にある。

表 5-1　ピアジェの認知発達の段階 (11)(12)

段階	時期	特徴
感覚運動期	誕生〜２歳	行動を通して外界を理解する．ヒモやガラガラなどのものを動かすことで環境とふれ合い，自らの行動とその結果について発見していく．
前操作期	２〜７歳	思考は知覚に依存しているが，次第に言葉を使ってものを表象するようになる．思考は自己中心的で，他者の視点を取ることが困難である．しかし，対象を一つの特徴によって分類することはできる．
具体的操作期	７〜11 歳	ものや出来事を論理的に思考することが可能となる．数や量や重さの保存（同一性）の概念が達成される．長さや大きさなどの次元（特徴）を同時に考慮したり，一つの次元に注目して並べ変えたりすることができる．
形式的操作期	11 歳以上	抽象的な命題を論理的に思考し，仮説を立てて，検証することが可能となる．仮説的な問題や将来の問題や観念的な問題にも対処できる．

操作というのは、情報を区分したり、結合したりすることを論理的に行う、内面化された活動（思考）のことを意味する。この時期の子どもは、操作ではなく視覚的印象に左右された判断をしやすい。たとえば、二つの同じコップに同じ量のジュースを入れて見せれば、ジュースの量は同じだとわかる。しかし、細いコップにそのジュースを移して、それを最初のコップのジュースと比べると、細いコップのジュースのほうが長く見えて、量が多いと考えやすい。

もう一つの特徴は自己中心性である。自分以外の視点があることがわからないために、周りの人も自分と同じように外界を見ていると確信する心の働きである。これを示した有名な実験にピアジェの「三つの山問題」がある。図5-2のように模型の山を作って、近くに子どもを立たせて模型の山を見せた後、別のところからこの山を見るとどう見えるかを写真の中から選択させると、八歳以下の子どものほとんどは自分の位置から見える景色の写真を選ぶ。これを駐停車両の近くから横断しようとする子どもになぞらえると、走ってくる車から駐停車両や自分がどう見えているかがわかっていないということになる。

図 5-2　ピアジェの三つの山問題 (12)

具体的操作期はおおむね小学生の時期に相当する。目に見える具体的な事物に基づき論理的に物事を推理したり、言葉で説明したりすることが可能となる時期だ。入学すると幼稚園や保育園とは異なって国語や算数などの勉強が始まるが、それを受け入れる知的能力が備わってくる時期である。

前操作期にできなかったジュースの量の問題もこのころにはできるようになる。この問題は、目の前に示されたもののある側面（たとえば量）は、見えなどの知覚上の変化があっても変わらないという理解（これを保存という）が成立しているかどうかを調べる問題であった。小学生になると、ある状況において、二つあるいは三つ以上の要因を同時に考慮する能力（これを脱中心化という）が発達して、保存の課題ができるようになる。(12) たとえばジュースの量の問題は、コップの中のジュースの高さとコップの細さという二つの要因を考慮することで解決可能となる。

記　憶

ピアジェ以後、認知心理学による情報処理アプローチの研究が盛んになってきた。子どもの記憶の発達についての研究もその一つである。記憶は情報処理や言語やほかの認知活動を規定する働きを持ち、感覚記憶、作業記憶（ワーキング・メモリー）、長期記憶の三種類がある。感覚記憶は、眼や耳といった感覚器官に入る感覚情報の正確な表象を保持する記憶である。しかし、その持続時間はきわめて短い。第1章第3節で述べたように、視界に入った視覚情報のほんの一部のみが注意の対象になるため、それ以外の情報は次の処理段階の対象とならない。対象となる注意を向けられる情報が、作業記憶となる。作業記憶は、ある情報を心の中に短い時間保持し、それを処理する記憶である。この情報が長期記憶の中の情報と参照されて、思考などの認知活動がそこの「作業場」で展開されていく[11]。

感覚記憶は五歳までにほぼ成人と同じレベルに達するという[13]。一方、作業記憶は小学生高学年になるまで発達が続く。作業記憶は容量が非常に小さく、成人でも平均すると七項目くらいしか覚えられない。この項目数は、ある数字や文字や単語を一度見て、その後それを何個覚えていられたか（再生できたか）の数である。たとえば、電話番号などは数字が多いので、一度見てそれを復唱するのは結構難しい。こういった再生項目数は幼児で三、一〇歳で四だという[13][14]。ただし、作業記憶の中でも、人や動物や日用品を絵で見せて、後でその絵があったかを思い出してもらう課題（再認）では、五歳児でも大人と同じ正答率であった[15][16]。

作業記憶は二〇秒程度しか持続しないため、その中の情報が長期にわたって記憶を貯蔵する長期記憶に転送されるためには、意識的に頭の中で反復（リハーサル）する必要がある。このリハーサルをするのは、五歳では一割のみで、多くの子がするようになるのは一〇歳ごろからである[13][17]。子どもにとってリハーサルが難しいのは、視覚的に呈示された情報を、言語に置き換えて記憶する能力が未熟なためだ[13]。

リハーサル以外にも、情報を効率的に覚えたり（記銘）、思い出したり（想起）するために用いられる方法には、体制化（動物や植物といった同じカテゴリーのものをまとめて覚える）や精緻化（39をサンキューといったように情報に意味を持たせる）がある。三、四歳の子どもは、こういった方法（記憶方略）を考えつかないし、方法を教えても効果がない。五歳になると方法は思いつかないが、教えればその方法で効果を上げられるという[18][19]。

以上の認知能力の発達に関する結果は、小学校入学時はまだ発達途上で、交通ルールや交通標識の意味を入学前の子どもに教えることがいかに難しいかを示している。

3 社会性（道徳判断）

社会の中で対人関係を形成し、維持していくのに必要な様々な力を社会性という。知的能力が発達し、友だちとの交流が進んでいく幼児・児童期にはこの社会性も発達していく。ここでは交通ルールを守ったり、他者の立場を考えながら協調的に行動したりすることが要求される交通場面に関連する道徳判断について解説しよう。

ピアジェは、子どもとのおはじき遊びの中で、子どもがどれだけルールを理解しているか、ルールに従うことがどれほど重要と考えているかに興味を持ち、道徳的発達段階を提唱した。第一段階は前道徳的段階（〇～五歳）で、この段階の子どもはルールやその他の道徳的側面について理解できない。第二段階は他律的道徳性段階（五～一〇歳）で、ルールは守るべきものであり、破ると罰を受けなければならないと考える。また、行動の善悪は行為者の動機ではなく行動の結果によって判断する。善意で行って被害が生じた場合のほうが、悪意で行ってそれほど被害が生じなかった場合より悪いと考えるのだ。最終段階は自律的道徳性段階（一〇歳以降）で、人々が様々な道徳的水準にあること、規則は時に破られること、破っても必ず罰を受けるわけではないこと、罰は犯罪に見合うべきものであること、善悪は行為者の動機に大きく依存すること、といった判断に達する[12]。

ピアジェと同様に、子どもの認知構造に焦点を当てて道徳判断を理解しようとし、その考え方を発展させたのはコールバーグである（表5-2）。コールバーグは、道徳的葛藤に陥るような話を示して、その葛藤にどう対処し、どういった判断をするかを見ることによって、発達段階を判定した。この課題は年少者には難しいため、日本の一〇歳以上の生徒・学生にこの理論が当てはまるか追試した研究によると、小学五年生と中学二年生では段階3の生徒が最も多く、高校二年生になって段階3と4の生徒が同じくらいになった[20]。段階1は幼児のころに相当し、親や先生からほめられることが善で叱られることが悪であると見なす。段階2は小学校の低学年に相当し、自らの欲求が実際に満たされ、ま

表 5-2　コールバーグの道徳性の発達段階 (12)(20)

水準	段階	道徳判断の特徴
前慣習的水準	段階 1　罰と服従への志向	権威に服従し，罰せられることをしない.
	段階 2　道具的志向	自分の欲求を満たすよう，また他者から報酬を受けるよう行動する.
慣習的水準	段階 3　よい子への志向	他者から認められるよい行動をする.
	段階 4　社会秩序への志向	権威による法や規則に従い（社会秩序），また自分の責任を果たす.
脱慣習的水準	段階 5　社会契約志向	道徳的な善と法的な善を区別する. 社会的利益を考え，規則は時に破られる.
	段階 6　普遍的倫理への志向	すべての他者を考慮して，個人の良心によって倫理的に行動する.

た他者と問題が生じないような行動を正しいと考える。しかし、歩行者としてどんな行動が正しいかはまだ判断できないだろう。

4　歩行能力

赤ちゃんは背骨や体幹がしっかりしてきて、ずりばいやお座りができるようになったら、四つばいの姿勢で移動するハイハイを始める。ハイハイを始めるのは、平均的な目安として生後八か月ごろからだと言われる。生後一〇か月ごろになると、伝い歩きが始まり、最初の一歩を踏み出す一人歩きは、個人差が大きいが一歳前後だ。

よちよち歩きの乳児型歩行も一歳半くらいになると図5-3に示すような幼児型歩行に変化していく。二歳児の歩く姿（幼児型歩行）を成人型歩行と比べてみると、遊脚期が短く、両脚支持期が長いこと、歩幅が

図 5-3　2歳（幼児型歩行），3歳（移行期），7歳（成人型歩行）の歩く姿[21]

短く、歩隔が長いこと、前傾姿勢であること、股関節や膝関節の曲げが大きいこと、足底全面着地のすり足歩行をすること、腕の位置や重心が高いことがわかる[21][22]。

三歳くらいになると成人型歩行に移行し始め、五、六歳で成人型歩行とほぼ同じになる。就学前に歩行スタイルが大人とほぼ同等になる理由は、このころになると、歩行中枢がある脊髄や脳などの中枢神経系、運動を司る運動神経、感覚情報を脳に送る感覚神経、脊髄と骨格筋を結ぶ脊髄神経、および体幹や足の筋や骨が、歩行を可能とするほどに成長するからである[23]（第1章参照）。

歩行能力面では、歩行速度が高くなることが挙げられる。身長、特に脚の長さが伸び、筋力もついてくるので歩幅が増加して、歩行速度は高校生くらいまでは増加を続ける。特に速くなるのは一歳から三歳までで、それ以降は緩やかに速くなる[22][24]。

私たちはバランスを崩さないように、視線を前方に向けて状況を予見しながら歩く（これをフィードフォワード制御という）が、それでも何かの加減でバランスを崩しそうになることがある。そんな時は視覚や体性感覚や重力や加速度を検知する前庭感覚の情報を使って、崩れを元に戻そうとする（これをフィードバック制御という）[25]。こうした能力は動的平衡性と呼ばれ、平均台歩行テストや枠内歩行テストで評価されている。枠内歩行テストは、床の上に横幅一〇センチ、長さ二メートルほどの枠を用意し、その枠からはみ出さないように、可能な限り速く歩き、端に達したら元に戻り、その所要時間を測定する。平均台テストはこれを高さ三〇センチメートルほどの平均台の上で行う。課題を難しくするために、両テストとも、途中にティッシュ箱のような障害物を置くこともある。幼児を対象としたこうした動的平衡性のテスト結果によれば、年齢差は課題がやさしいほど小さくなるものの、四歳、五歳、六歳児の間に差が見られ、年長になるにつれて所要時間が短縮（速度が増加）した。性差はないという結果のほうが多い[26][27]。

フィードフォワード制御の一つに、方向転換する時に、まず視線を方向転換先に移動させ、次いで頭部の向きを変えて、その後に体を回転させるという行動がある[25]。こうした動作は大人になれば誰でもしているが、幼児には難しく、八歳半になっても大人のようにはできないという[22][28]。

最後に、走行について考えよう。子どもは二歳ころになると走ることができるようになり、五歳になると腕の振りが見られ、スピードが増し、六、七歳までにはフォームが大人に近くなる[23]。ただし、歩行スピードは歩行と同様に、高校生になるころまで速くなる。

しかし、交通場面での走行について考える時に重要なのは、その能力的発達より、子どもはどういった時に、なぜ走るかである。そのヒントとして、園庭での遊び場面を観察し、幼児が走る要因を四つに分けて考察した研究がある[29]。それによると、子どもが走る要因には、ほしいものや好きな友だちなどに向かっての走り（目的移動）、遊び場所を探すための走り（場所探索）、ごっこ遊びの中での走り（イメージ的走り）、友だちや先生などから促されての走り（反応的走り）がある。そして、仲間との相互作用が年齢とともに変化していくのに対応して、その理由も変化していく。また、走る背景に、走りを促す楽しさや急ぎといった心情があるという。

園庭ではなく、道路を歩いていたり、道路付近で遊んでいたりする場合にも、同様の理由で子どもは走るだろう。子どもの飛び出し事故の背景には、こういった子どもの事情があるのだ。

第2節　交通場面での子どもの能力発達

能力が未熟な子どもは、実際の交通場面で安全に歩けるのだろうか。ここでは子どもの交通用語や交通ルールの知識と理解、道路横断場所の選択能力、交通状況を把握してその危険性を読む力を取り上げて、そうした交通場面での能力が年齢によってどう発達していくかを解説する。

1　歩行スキルの獲得

子どもが一人で道路を歩いても事故にあわないためには、安全で適切な歩行スキルが必要である。スキルというのは行動の中に示される能力のことであり、歩行スキルを獲得するには、図5-4に示すように、いくつかの知識・経験・能力を身につけることが前提となる。

交通ルールや用語の知識を知り、それを理解するのが初めの一歩である。これは親と一緒に道路を

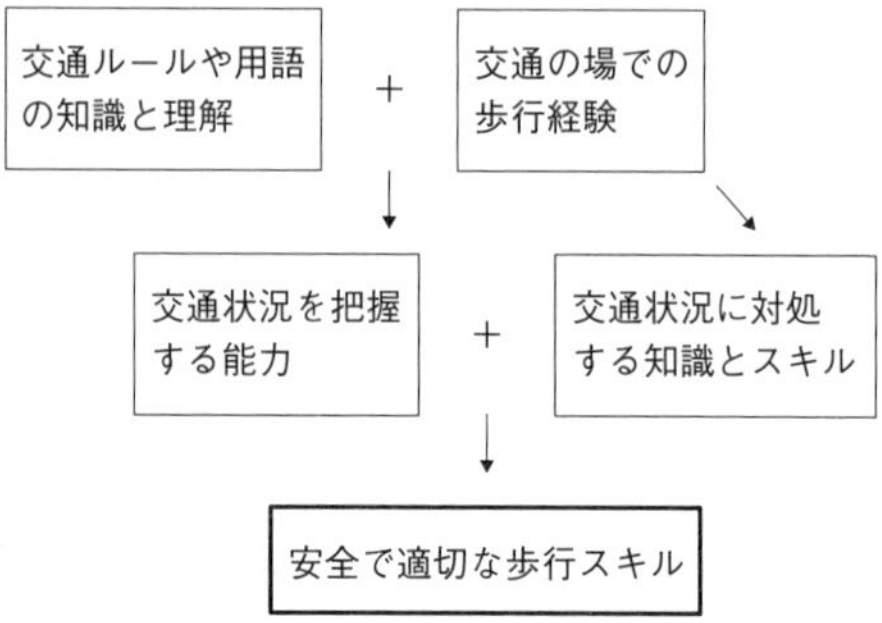

図5-4　安全な歩行スキル獲得に必要な知識・経験・能力

歩くことで身についたり、保育園・幼稚園や小学校での教育や訓練で学習したりするものである。交通状況を把握する能力は、車の運転で言えば危険予測能力である。これは実際に道路を歩く経験の中から身につくものであるが、一般的な能力の発達や教育・訓練でも向上する。交通状況は場所や日時で様々に異なる。こういった様々な交通状況でどう行動して対処するかの能力は、特に経験の積み重ねによる。交通状況を正しく把握し、交通状況に応じた安全で適切な対処ができるようになった時に、安全で適切な歩行スキルが身についたと言えるだろう。

2　交通標識・用語・ルールの知識と理解

この種の研究は、先進諸国が交通事故多発期を迎えていた一九六〇～七〇年代に欧州で実施されていた。中でも、子どもの交通安全研究の第一人者であるスウェーデンのスティナ・サンデルスは、『交通のなかのこども』(4)が一九七七年に翻訳されたことから、日本でも有名である。こうした研究を受けて、筆者がかつて所属していた科学警察研究所でも、一九七〇～八〇年代に子どもの歩行行動に関する研究が斎藤良子らを中心に行われていた。この二人の研究結果を中心に、子どもの交通ルールや用語などの知識と理解が年齢によってどう発達・変化していくかを見ていこう。

交通標識の理解

交通標識は、道路上で標識という簡単なシンボルを用いて、交通を規制したり、進行の指示や案内をしたり、警戒を促したりするものである。ドライバーを対象にした標識がほとんどであるが、歩行者用の標識もいくつかある。また、ドライバー用の標識であっても歩行者にとって安全上有用な標識もある。歩行は子どもの重要な移動手段であるから、こういった標識を理解することは、子どもの交通安全のために必要である。しかし、標識の理解は、免許を取ろうとする教習生も手を焼くほどで、園児や小学低学年の児童にはかなり難しい。

サンデルスは、七〇〇人を超える四～一〇歳の子どもを対象にして、交通標識の理解度の調査を行った[4][30]。このうち四～七歳の子ども三二〇人に対して、五五個の標識をテストした調査では、半数以上が正しく答えた標識は「横断歩道」と「学童横断歩道」のたった二つで、標識全体の正答率は一八パーセントしかなかった。四歳児は実際のところほとんどの標識を全く理解できていなかったが、五～六歳になると正答率は高くなっていった。六～一〇歳の小学生三〇〇人を対象とした調査では、標識の正答率は六一パーセントに達した。ここでも年長児ほど、また男児のほうが女児より正答率が高かった。

誤った回答の内容を標識ごとに調べたところ、たとえば男の人の歩く姿が示された横断歩道の標識

図 5-5　歩行者横断禁止標識と歩行者専用標識

に対して、「ここは大人だけが渡ってよいところ」といったように、標識の中の一つの図柄だけに注目して、子どもは横断できないと誤る子どもがいた。サンデルスは、子どもにとって理解しやすい標識は、「単純で実物そっくりの人間、またはそれとわかりやすい事物の絵であり、これはおとなの場合も同様である[4]」と述べている。

日本では、道路模型上に設置された五つの標識を用いて、四～六歳児の標識理解を調べた斎藤[31][32]らの研究がある。対象者は四～六歳の一六七人で、正答率はサンデルスの結果より低く、横断歩道が四パーセント、歩行者横断禁止が六パーセント、歩行者専用が二パーセント、一方通行が一五パーセント、車両進入禁止が七パーセントであった。正答率はどの年齢でも低く、明確な年齢差は見られなかった。性差については、サンデルスの結果と同様に、男児のほうが女児よりも正答率が高かった。

誤答の中で注目すべきは、歩行者横断禁止標識（図5-5左）に対する危険な誤解である。禁止や否定を意味する赤の斜め線の意味がわからず、また標識内の横断禁止という字が読めないために、「よく見て渡ろう」や「この歩道を通らなくてはならない」といったように、逆の意味に解釈した子どもが一九パーセントいたのだ。また、サンデルスの例にもあったように、標識の中の大人と子どもの図柄に注目して、歩行者専用標識（図5-5右）の意味を「子どもが大人と歩くところ」と回答した子どもが二九パーセントもいた。

交通用語の理解

子どもへの交通安全教育は、紙芝居や絵本や動画を使ったものでも、模型や寸劇によるものでも、すべて言葉を使って行われる。道路を歩いている時に、親が子どもに意図的に交通ルールを教える場合にも、言葉を介して教育が行われる。したがって、使用される言葉が子どもに理解されるものでないと、教育の意図や内容は子どもに伝わらない。

こうした問題意識のもとに、サンデルスは交通標識の理解の研究と並行して、幼稚園や小学校で交通用語の理解度を調査した[(4)(30)]。調査員は子どもを一人ずつ小部屋に呼んで、「ここに言葉がいくつかあります。その一つを私が言ったら、その言葉の意味を言ってみてください。言葉を全部知らなくてもかまいませんから、とにかくやってみましょう」と説明して、一回目の調査では五～八歳の八〇人、二回目の調査では六、八、一〇歳の三〇〇人の子どもに対して面接調査を行った。

一回目の調査では、警察官が幼稚園などに来て話した用語や子ども向けテキストの中から選んだ八六語の交通用語のうち、五歳児は三一語、六歳児は四三語、七歳児は四五語、八歳児は六〇語を正しく理解していた。また、男児のほうが女児より正答率が高かった。これは交通標識の理解度と同様な結果であった。

二回目の調査では、年齢や男女の違いのほかに、家庭での自動車や子ども用自転車の保有の有無や地域による差を調べた。その結果正答率への影響は、年齢差が一番大きく、次いで性差と車・自転車の保有有無、最も影響が少ないのが地域差であった。年齢差では、六歳と八歳の差が大きく、八歳と一〇歳の差は少なかった。性差では、男児のほうが女児より正答率が高かった。車・自転車の保有については、ほとんどの家庭が自動車を保有し、四分の三の子どもが子ども用自転車を保有していた。六歳児と八歳児では、車・自転車を保有している家庭の子どもの成績のほうがよかったが、一〇歳児になると、保有による影響は見られなくなった。地域差については、郊外と都市といっても隣接する地域であったせいか、影響は少なかった。

具体的に用語理解の年齢差を見てみよう（表5-3）。就学前の子どもたちは、基本的な交通用語をあまり理解しておらず、八歳（小学二年生くらい）になってようやく半数以上の子どもが理解するようになった。

表5-3　子どもの年齢別の交通用語理解率（スウェーデン）(4)

年齢	道路を横断する	交差点	歩行者	道をよける
6 歳	3%	30%	9%	42%
8 歳	50%	70〜75%	57%	72%
10 歳	75%	不明	93%	91%

この調査からサンデルスは、交通安全教育では単純な言葉を使い、しかも言われた言葉の意味を子どもたちが本当に理解しているかどうかを常に確かめ、さらに用語を別のわかりやすい言葉で言い換えることが重要だという。

日本では斎藤らが二つの実験研究を行っている。一回目は、写実的な交通場面の絵を用いて質問したり（例：歩道はどれですか。指でさしてください）、現実の交通場面で質問したりして（例：信号機はどこにありますか）、三四人の五〜八歳の子どもを対象として、「それはこの交通場面の中のどこにあるか」という意味での用語の理解を調べた(33)。用いた用語は、車道（車の通るところ）、歩道（人の通るところ）、横断歩道、交差点または四つ角、歩道橋、信号機の六個であった。

表5-4　子どもの年齢別に見た交通施設の場所同定正解者数（絵の中）[33]

年齢	横断歩道	交差点	信号機	歩道橋	歩道	車道
5歳（4人）	3	0	4	5	1	3
6歳（10人）	9	4	10	9	2	6
7歳（10人）	—	9	10	10	9	9
8歳（10人）	—	9	10	10	8	8
平均正答率	86%	67%	100%	97%	61%	76%

絵についての質問の結果を見ると（表5-4）、全般的に子どもたちは基本的な交通施設を知っていて、それがどこにあるかは理解していた。年齢差を見ると、七歳になるとほとんどの子どもが、交差点や歩道がどこにあるのか交通場面上で特定できた。ただし、車道と歩道の用語は子どもには難しく、車の通るところや人の通るところと言い換えする必要があった。絵と実際の交通場面上での理解力を比べると、車道と歩道では、実際の交通場面での同定のほうが難しかった。

斎藤らの二回目の実験は、標識の理解と同じ幼児（四～六歳児）を対象に実施したもので、道路模型上にある路側帯、歩道、横断歩道、信号機が理解できているかを調べた[31][32]。この実験では、たとえば模型上の路側帯を指し、それが何のためにあるかについて質問する方法で理解力を調べた。一回目は横断歩道などの場所や形態・構造の理解を問うものであったのに対し、この実験はその意味や機能を問うものであった。

正答率の平均は、路側帯九二パーセント、歩道九三パーセント、横断歩道七五パーセント、信号機九六パーセントと高かった。年齢差は正答率が高いこともあってか見られなかった。この実験ではほかに、自分の手と道路の右左を質問しているが、その両方を正解した割合は、四歳児と五歳児が二〇パーセントで、六歳児でも三七パーセントと少なかった。歩道や横断歩道の場所や意味を頭では理解していても、就学前の幼児にとっては「歩道のない道では右側を歩きましょう」と指導しても、どちらが右側かわからないのだ。

交通ルールの理解

ここでもサンデルスと斎藤らの結果を概観しよう。[4][30]~[33] サンデルスは、おもちゃの自動車、厚紙で作った歩道や非市街地道路、布地の男児と女児の人形などを用いた道路模型を作成し、子どもたちに自分が人形になったつもりで道路模型の上を歩く様子を想像させた。四、五歳の子どもは模型の交通場面を理解できなかったことから、対象は六~九歳児、各年齢二〇人ずつ、計八〇人とした。質問の多くは行動(~の時には、あなた(人形)はどうしますか?)と理由(なぜ、~のようにしたのですか?)の組み合わせであった。交通ルールを質問した結果の例を表5-5に示す。これより六歳児では半数以下しか基本的な交通ルール通りの行動ができず、またその半数(四分の一以下)しかルールの意味を正しく理解できていなかった。年齢の半数以上がルール通りの行動とその意味を正しく理解できるようになるのは九歳であった。

六歳児のみを対象として、実際の道路上で交通ルールを調べたサンデルスの別の研究[4]によると、近くに横断歩道があっても横断しようとそこまで行くのは半数くらいで、その横断歩道上を斜めでなくまっすぐ横断するのは、そのまた半数以下であった。また、右—左—右と安全確認する子どもも全体の四分の一にすぎなかった。

斎藤らは、道路模型上で行った標識と交通用語の研究の中で、交通ルールの知識と理解についても調べている[31][32]。たとえば、駐車している車の付近からの道路横断の知識と理解については、「○○ちゃんは、これから道の向かい側にあるお友だちの家に遊びに行きます。○○ちゃんは、どこで渡って、どこを見ながらお友だちの家へ行きますか？　○○ちゃんがやる通りお人形さんでやって見せて」のように質問した（図5-6）。また、子どもが答えたら、その理由も尋ねた。こうした課題は四～六歳児には難しく、七つの質問のうち五つは、半数以下の子どもしか正しい行動を人形で示すことができなかった。理由について正しく答えられた子どもはさらに少なく、右側通行二パーセント、路側帯内通行四〇パーセント、駐車車両のある場所での横断一〇パーセント、横断歩道一か所での横断二五パーセント、横断歩道二か所での横断二二パーセント、信号機一か所での横断一七パーセント、信号機二か所での横断八パーセントであった。このルール理解度は、先に述べた安全施設の機能の理解度の、路側帯九二パーセント、横断歩道七五パーセント、信号機九六パーセントとくらべ、はるかに

表5-5　子どもの年齢別に見た交通ルールの正答数（スウェーデン）[4]

交通ルール	6歳	7歳	8歳	9歳
左右確認				
ルール通りの行動	11	19	17	20
その理由	5	6	7	12
右側通行				
ルール通りの行動	6	12	5	17
その理由	3	12	18	14
駐車車両付近からの横断				
ルール通りの行動	9	10	14	16
その理由	5	7	9	12

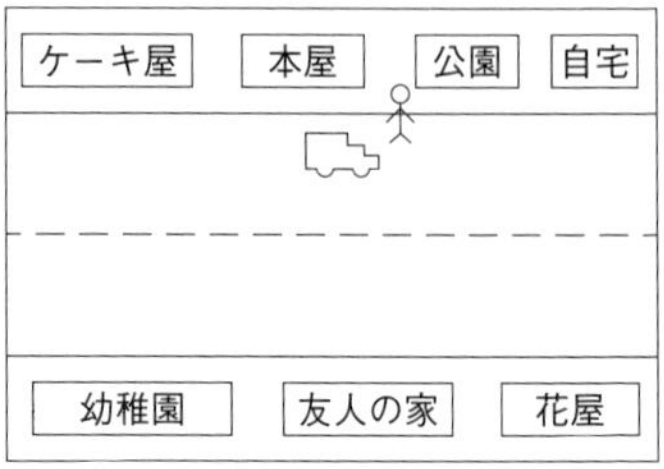

図 5-6　駐車車両のある場所での横断[31]

低かった。

四～六歳の園児の交通理解と行動についてまとめるとこう言えるだろう。すなわち、道路の安全施設が何のためにあるかは多くの園児が理解しているものの、それを交通ルールに従って正しく利用できる子どもは半数以下で、交通ルールに従う理由を理解して行動しているのは、そのまた半数以下しかいない。

3　ハザード知覚

横断時のハザード知覚

ハザード知覚というのは、道路交通の状況を読んで次にやってくる出来事を予測することであり、交通環境における状況認識（ＳＡ）である。交通状況を読むというのは、事故と結びつきそうな道路上の危険な事象を把握し、評価することで、それがあって初めて適切な対処が可能となる[34]。子どもの歩行者事故が多い理由として、以前からこのハザード知覚の不適切さが指摘されてきた。ハザード知覚は危険予測とも呼ばれ、運転に必要な能力である一方、歩行者にも不可欠なのだ。

幼児や小学生の歩行者事故で多いのは、日本でも欧米でも横断歩道以外の場所を横断中の事故である[35]。そのため、従来から道路横断にかかわるハザード知覚が研究対象となってきた。イギリスの子ど

もの交通安全教育で有名なトムソンらによれば[36]、道路を安全に横断するためには、

① 横断しようとする場所が安全か危険か評価する。
② 危険となりうる車がいないか確かめる。
③ 交通環境の中の様々な情報を集めて、状況を全体として理解する。

の三つのハザード知覚が必要だという。

①の安全な道路横断場所を見つける知覚判断は、横断に際して最初に求められる課題であり、②と③を含んだ課題でもある。②は、車を見つけること、見つけたらその車の速度や動きや距離から、車にひかれないように横断できるかを判断することである。③は、横断しようとする場所に信号や横断歩道があるか、左右からどういった車が来ているか、道路の見通しは悪くないかなど、様々な情報を総合する知覚判断で、これによって横断の可否やタイミングが決められる。①のハザード知覚について、次に詳しく見てみよう。

安全な横断場所の判断

安全な横断場所の判断に関する研究は、一九八〇年代にイギリスで始まり、現在でも方法（歩行者用シミュレータなどの利用）や目的（事実探求よりも教育）が変わってきたものの、研究が続けられている。ここでは初期の古典的な研究を紹介しよう[37]。これは五～一一歳児を対象として、①ある路側の場所が横断するのに安全であるか危険であるかを正しく判断できるか、②道路交通環境の何を手が

かりとしてその判断を行うか、③判断能力に年齢と性別がどう影響するか、④おもちゃ模型、写真、実際の道路という実験状況を変えると結果も異なるか、を調べた研究であった。

①の判断能力については、専門家が安全と評価した場所では、五歳児でも一一歳児でも年齢差なくほぼ正しく安全と判断した。しかし、危険と評価される場所を安全と誤って判断したり、その理由を正しく言えなかったりする子どもは、五歳と七歳に多く、一一歳でもまだ大人のレベルに達していなかった。②の判断手がかりについては、七歳以下と九歳以上で大きな違いが見られた。五歳児と七歳児は、安全か危険かの判断は、もっぱら横断想定場所から車が見えるかどうかによった。車が見える場合に危険と判断して横断しないのは安全上それほど問題がないが、車が見えないからといって安全と判断するのは問題である。九歳になると、カーブや植栽などで見通しが悪いと危険であるといった判断ができるようになった。③の年齢差については、②で述べたように七歳までの子どもは、一人で信号や横断歩道のないところを横断する能力がないことが明らかになった。男女差は見られなかった。④の実験状況による差は見られなかったことから、トムソンらは子どもが興味を持ち、手軽に使用できるおもちゃ模型を使った交通安全教育や研究を勧めている。

ところでトムソンらがこうした研究を始めた理由の一つに、イギリスのグリーンクロスコードという横断方法の指針では、安全な横断場所を探しましょうとあるが、どこが安全な場所であるか示されていないということがあった。現在の日本でも、交通の方法に関する教則には、「安全に横断できる施設がない時は、道路がよく見渡せる場所を探しましょう」とある。道路がよく見渡せる場所とはどんなところか、駐車車両がいたらどうするのかといった、教則を具体的に理解させる教育や訓練に、この種の研究結果が生かせるだろう。

ハザード知覚テスト

ドライバーに対するハザード知覚テストに呼応して、歩行者に対するハザード知覚テストも作成されている。ビデオを用いて、場面中にハザードを見つけたらキーを押すテストでは、大学生、七～一〇歳児、高齢者の順に成績がよかった[38]。大画面上に横断場面の動画を呈示した同様のテストでは、子どもたちは安全だと思ったらボタンを押し、次いで映像上に現れた理由を選択した。一二歳以下の子どもは、大人や大学生にくらべると、駐車車両などがあって潜在的に危険な場所であっても横断しようとしたり、横断歩道のある場所であればすぐにでも横断しようとしたりする傾向が見られた[39]。

図5-7　ハザード知覚テストで使われた写真 [40]

練習用の写真で，図中の数字は選択肢の数字．

歩行者用のハザード知覚テストは日本でも作成されている。蓮花[40]は、二八三人の小学一～六年生を対象に、小学生が歩行者として写っている生活道路の交差点などの写真一六枚を呈示して、各写真場面で最も危険だと思う対象を三～四個の選択肢の中から選んでもらうという実験を行った（図5-7）。その結果、ハザード知覚能力を一〇〇点満点に換算したハザード知覚総合得点で見ると、三年生までは得点の伸びが大きく、三年生から六年生までは得点が増加したものの伸びは小さかった。つまり、二年生まではハザード知覚能力が不十分であり、三年生（九歳）になって基本的なハザード知覚能力が備わるという結果であった。写真の中のハザードを道路や車の死角、車の動き、車の合図に分けてハザード知覚得点の年齢差を見ると、特に合図の状況下でのハザード知覚得点が低学年の児童で低かった。低学年の子どもは合図に基づいた車の動きへの予測ができておらず、そういった動いていない車をハザードとして特定できないようであった。

4 交通場面での能力発達のまとめ

子どもの交通場面での能力は低い。特に、入学前の園児は標識の意味がわからず、歩道・車道・右側通行といった基本的な交通用語の意味や場所は知っているが、その知識を道路上で実践できるほど理解はしていない。

交通ルールといったもっと応用的な知識やハザード知覚の能力については、小学一年生（七歳）でも不足していて、小学三年生（九歳）になってようやく大人に近い理解や能力に達した。歩行者事故のピークが小学一年生にある理由の一つは、そのころまで基本的な交通能力が欠如している点にある。

性差に関しては、標識や交通用語の知識は男児のほうが女児より優れていた。しかし、交通ルールやハザード知覚ではその差はわずかであった。男児の交通能力が高いのは、男児のほうが車に興味を持っているし、道路上での歩行経験が豊かなためと考えられるが、一方で、男児の歩行者事故は女児より多い。これは、交通状況を理解する能力よりも、リスクテイキング傾向などの動機や感情面のほうが安全に影響するためかもしれないし、道路を歩く時間が男児のほうが長いためかもしれない。

第３節　交通事故につながる高齢者の老いと病気

人口当たりの歩行中の負傷者数を見ると、高齢者は子どもと並んで多く、死者数では最も多い。運転免許保有者の割合が高齢者では半数であることから、交通安全に関する知識が少ないことが一つの理由だろう。しかし、主たる理由は老化と病気である。ここでは高齢者の老いと病気について考えてみよう。

１　フレイル（虚弱）と老年症候群

フレイル

高齢者は、老い（生理的老化）と病気（病的老化）の影響を受けている。もちろん、高齢者といっても個人差が大きいので、高齢者の中にはこういった影響が少ない健康的な高齢者もいれば、フレイル（虚弱）と呼ばれる身体機能が複数低下している状態の高齢者もいる。フレイルにはいくつかの定義があるが、フリードらの定義がわかりやすい[41]。これは、体重減少（一年間で五パーセント以上減少）、疲労感の増加、身体活動量の低下、握力低下（男性：二六キログラム未満、女性：一七キログラム未満）、歩行速度の低下（毎秒一・〇メートル未満）の五項目を評価するもので、三個以上に該当すればフレイル、一つか二つの場合はプレフレイルと判定される[41][42]。

日本の六五歳以上の高齢者五〇〇〇人を対象とした調査によれば、フレイルの有症率は高齢者全体では一一・五パーセントであった。フレイルは加齢に伴い増え、六五〜六九歳では五・六パーセント、七〇〜七四歳では七・二パーセント、七五〜七九歳では一六パーセント、八〇歳以上では三四・九パーセントだった[42]。二〇二〇年度から七五歳以上を対象とするフレイル検診が全国で始まったので、もっと詳しい結果が出るはずだ。

老年症候群

フレイルは、高齢者を健康度にしたがって健康、フレイル、要介護に分けた場合の、一つの状態であった。このフレイルを背景として、高齢期には老年症候群と呼ばれる病気や心身症状が多発する。老年症候群は、難聴や夜間頻尿といった加齢による機能低下に伴う症状と、病気による症状があり、両者は重複している[43]。

このように老年症候群では、複数の症状を合わせ持っているのが特徴である。老年症候群には、①

若年者と同じくらいの頻度で起きる急性疾患に付随する症候、②六五〜七五歳の前期高齢者から徐々に増加する慢性疾患に付随する症候、および③七五歳以上の後期高齢者に急増する介護が必要となるような症候、の三つがあり、その数は加齢によって急増する[43]（図5-8）。

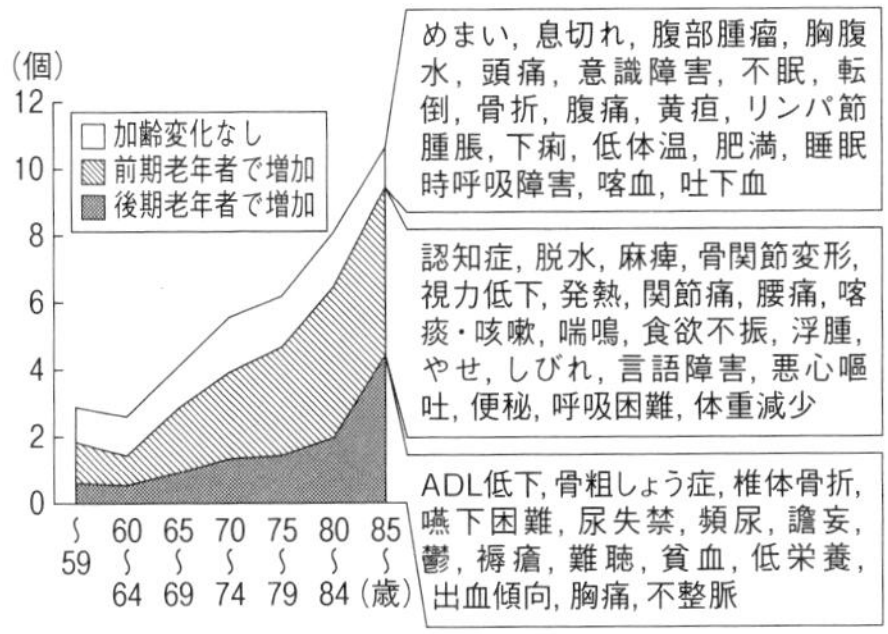

図5-8　加齢に伴う３つの老年症候群の増加[43]

2　視機能（視力）

高齢になると、視力、暗順応、視野、奥行知覚といった様々な視機能が低下して、歩行者の安全に悪い影響を及ぼす。たとえば、視力の低下は信号や標識や車の見落としにつながるし、暗いところでも短時間でものが見えるようになる暗順応能力が低下していくと、夜間の歩行者事故や転倒の原因となる。また、視野の欠損は道路横断時に左右から来る車の発見を難しくし、対象への距離を推定する能力である奥行知覚の低下は、横断時の判断の誤りを招きやすい。この中でも視力は、ほかの視機能との関係が深く、また身近である。ここでは視力を取り上げて、その加齢による変化と病気・障害を説明しよう。

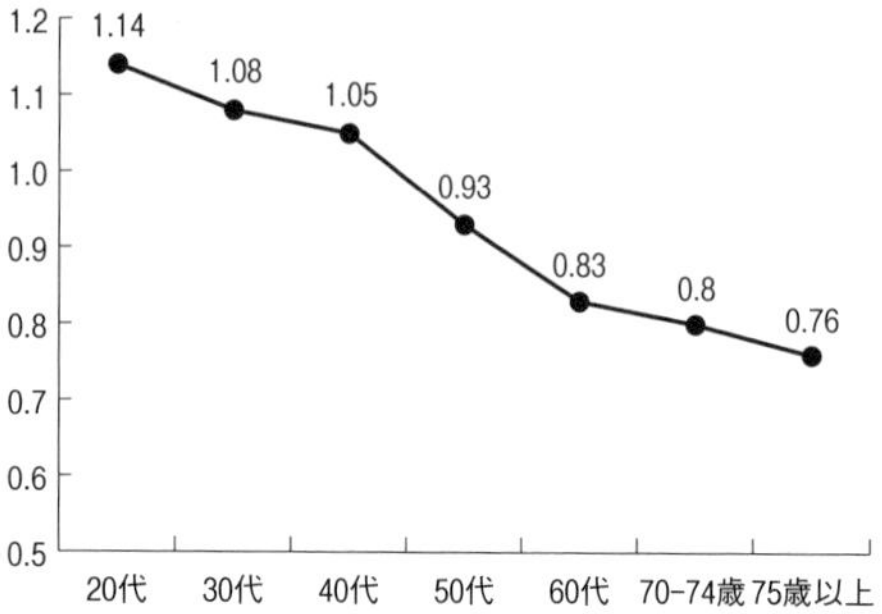

図 5-9　ドライバーの静止視力の年齢変化（文献 46, 47 より作成）

加齢に伴う視力の低下

視力の障害は高齢者に限らず起こる。子どもの能力発達のところで述べたように、小学生の三分の一、中学生の半数は裸眼視力が一・〇未満だし[2]、また四〇代になると、水晶体（レンズ）の屈折力を状況に応じて変化させる役割を持つ筋肉が衰えて、近くのものが見えづらくなる「老眼」になる人が増えてくる。また、高齢になると、網膜に焦点が合っても網膜や神経系が老化してものが見えにくくなる[44]。低視力の分類には様々あるが、よく見えるほうの眼の矯正視力が〇・一あるいはそれ以下を失明、〇・一を超え〇・五未満をロービジョン（弱視）という[45]。両者を合わせた低視力者は、加齢に伴って増加していく。

図5-9に加齢に伴う視力の低下を示した[46][47]。この図を見る上で注意すべき点がいくつかある。一つ目は、この結果は視力を矯正した上での変化である点だ。つまり、加齢が進むと視力を矯正しても視力が低下するということだ。

二つ目は、平均値を示した図であるという点だ。問題となるのは低い視力の人の割合であるが、平均値が下がれば当然その割合も多くなる。

三つ目は、視力検査は条件のよい環境下で行われるという点である。ランドルト環のCのような図

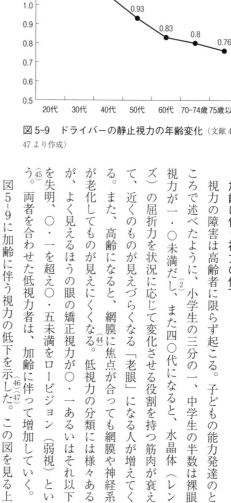

は、図が黒で背景の地は白であり、その対比が明瞭で見やすい。しかし、対比（コントラスト）が弱くなると高齢者には見えにくくなる（図5-10）。また、検査ではCは明るい背景（高い輝度）や照明の下で観察されるため見やすい。

四つ目は、ドライバーの視力であるという点である。ドライバーは免許更新時に視力検査を受けるため、視力はその基準の〇・七以上はあるはずだ。一方、免許を持たない人の視力はそれより低いだろう。筆者らが高齢者を対象として実施した調査では、免許保有者で矯正視力〇・五未満の人は二パーセント以下であったが、免許を持たない高齢者では二五パーセントいた。

夜間の視力低下

夜間に周囲が見えにくいのは、辺りが薄暗く、ものが光の反射を受けないためである。歩行者の存在を知らせるためにＬＥＤや反射材の着用が奨励されているのは、夜間はドライバーから歩行者が見えにくいためである。

図5-10　低コントラスト（25%）視力指標

夜間の見えにくさを目の構造から考えてみよう[44]。中心窩と呼ばれる網膜の中心部に位置する錐体細胞は、色覚（色を感じる能力）とものをはっきり見る能力を分担し、その能力を発揮するには多くの光を必要とするため、昼間に活躍する。中心窩の周辺に分布する桿体細胞は、夜間に活躍し、暗いところや周辺視でものを見る機能を持っている（第2章参照）。この二つの細胞の働きは加齢とともに低下するが、桿体細胞のほうが数が減ったり機能が低下したりしやすいため、高齢者は夜間になると特にものが見えにくくなる。

高齢期の眼の病気

歩行に支障をきたす眼の病気を二つ紹介しよう[48]。その一つは白内障である。私たちが見ているものの像は、角膜、水晶体を通った光が網膜面で結像したものである。白内障は、この水晶体が様々な原因で濁る病気である。水晶体が濁り始めると、水晶体で光が散乱するため、霞んだりものが二重に見えたりまぶしく見えたりなどの症状が出現し、進行すれば視力が低下し、眼鏡でも矯正できなくなる。眼の病気の中では最もポピュラーで、早い人では四〇代から、八〇代では大部分の人で白内障が発見される。ただし、白内障手術は年々進歩しており、安全な手術となり、以前にも増して早期の視力回復が可能となった。

緑内障は、眼圧（眼球の形状を保つために生じる圧力）の上昇により、視神経が圧迫されることによって生じる病気である。その一般的症状は、見えない場所（暗点）が出現する、あるいは見える範囲（視野）が狭くなることである。しかし、日常生活では両眼で見ているし、病気の進行が緩やかなので、初期は視野障害があってもまったく自覚がないことが多い。緑内障は、厚生労働省研究班の調査[49]によると、日本における失明原因の第一位を占めており、日本緑内障学会で行った大規模な調査（多治見スタディ）によると、緑内障有病率は七〇代では一〇・五パーセントに達する[50]。

3　認知機能

認知機能とは、外界からの情報を目や耳などの感覚器から受け取り、それを脳で処理・加工し、何らかの判断をして、行動を遂行する心の働きをいう。心理学では、特に注意、記憶、学習、知能といった「脳で処理・加工し、何らかの判断をする」部分を認知ということが多い。高齢者は老いによってこの認知機能も低下する。特に、オーケストラの指揮者に例えられ、様々な認知の統括をする部位である前頭葉は、加齢の影響を最も受けやすい[51]。

認知機能の種類によって老化の進行は異なる。一般的に、努力を要するような課題を処理するのに必要な認知機能は加齢の影響が強く低下しやすい、簡単で、比較的自動的に処理できるような課題ではあまり低下しない[52]。また、一般常識や専門知識は高齢になっても衰えることがなく、日常生活での知恵や生活管理能力は、病気にでもならない限り健在である[53]。

注意機能の低下

注意は認知機能の中でも初期に活躍する機能で、これが損なわれると信号や車などを発見できないし、発見が遅れてその後の判断や行動が間に合わなくなってしまう。第1章で述べたように、注意には選択的注意、持続的注意、分割的注意の三つがある。高齢になったり、認知機能が低下したりすると、中でも選択的注意と分割的注意が損なわれやすい[51]。

選択的注意は、環境の中の目指す刺激に焦点を当てる機能である。道路横断で言えば、左右から来る車を見つけ出し、その動向に注目することである。この時に、ボーッとしていたり、過ぎ去った車や近くの歩行者などに注意がそれていたりすると、左右から来る車を発見できなくなってしまう。

分割的注意は、二つ以上の重要な刺激に対して、交互に注意を配分する機能である。注意対象は時間経過に伴って変化するので、より重要なほかの対象に注意を転換する機能も、分割的注意には要求される。この機能を測定する方法として、聴覚刺激や視覚刺激への反応を求めるといった課題を追加すると歩行能力が低下するかを調べる、二重課題がよく実施される。高齢者と若年者をくらべると、二重課題時の歩行速度の低下は高齢者のほうが大きい[54]。つまり、高齢者のほうが歩行以外の反応課題に処理資源が多く使われ、それが歩行のようなやさしい課題の遂行能力をも損なってしまうのだ。

実行機能の低下

実行機能とは、目標を設定し、それを遂行するために計画を立て、その計画を効率的に実行する能力である。この機能は複合的な高次脳機能であって、注意や記憶や言語といった個別の機能ではない。この機能は、日常生活を送っていく上で欠かせないが、加齢の影響を受けやすい前頭葉の中の前頭前野が関与しているため、高齢になると損なわれやすい[52]。

実行機能（遂行機能）を測定する検査に、ストループ課題や、トレイル・メイキングテストBという運転適性検査のような課題がある。ストループ課題というのは、図5-11に示すように、単語（白）の意味と一致しない色（黒）で書かれた文字を文字の意味ではなく色（黒）で読み上げていく課題である。[51] 図5-11右の文字は黒であるが、白と答えるのだ。トレイル・メイキングテストBは、1〜13までの数字と「あ」〜「し」の文字がランダムに配置されている一枚の紙に対して、「1→あ→2→い……」のように数字と文字を順番に線で結ぶ課題である。[52]

図5-11　ストループ課題[51]

軽度認知障害（MCI）と認知症

軽度認知障害（MCI）は、記憶などの認知機能が実際に低下し、本人や家族から認知機能の低下の訴えがあるものの、全般的認知機能や日常生活機能に大きな問題がないといった状態を指す。[52] これは「歳のせい」として片付けられる老年症候群（前掲図5-8）の一つでもある。しかし、MCIは認知症予備軍とされ、約半数は五年以内にアルツハイマー型認知症に移行する。[52]

MCIの有症率は、認知症とほぼ同じく高齢者の一〇〜二〇パーセントと言われる。[52] MCIの高齢者の多くは認知症に移行するものの、認知症と異なってMCIは症状が回復することもあるらしい。その改善に向けて、栄養介入、運動介入、および学習介入が実施されている。[52] 栄養介入というのは、ビタミンB類、ビタミンD、オメガ3脂肪酸、抗酸化物質（ビタミンCとE）を含んだ食事をさせることである。運動介入は、運動機能の低下も認知機能の低下もともに脳の器質変化という共通の病態生理の影響を受けているので、運動機能を向上させることによって認知機能も高まるはずだという考え方に基づいている。学習介入は、認知機能が衰えてきたのなら、それを鍛えることで改善しようという試みだ。

認知症は、「後天的な脳障害により一度獲得した知的機能が、自立した日常生活が困難になるほどに持続的に衰退した状態」を指す[55]。知的機能の衰退というのは、記憶や言語や見当識（時間、場所、人物がわかる）や実行機能といった認知機能が低下することで、様々な認知症に共通した症状（中核症状）である。一方、周囲の人とのかかわりの中で起きてくる症状を、行動・心理症状（BPSD）という[55]。暴言や暴力、興奮、抑うつ、不眠、昼夜逆転、幻覚、妄想、せん妄、徘徊、もの取られ妄想、失禁などがBPSDで、その人の置かれている環境や、人間関係、性格などが絡み合って起きてくるため、人によって表れ方が異なる。

認知症はその原因によって大きく三つに分かれる。アミロイドβたんぱくが脳の神経細胞に絡まって脳神経細胞を減少・萎縮させるアルツハイマー型認知症、脳梗塞や脳出血などの脳血管障害により脳神経が障害されて生じる脳血管性認知症、神経細胞内にレビー小体と呼ばれるたんぱく質が生じるレビー小体型認知症の三つである[55][56]。半数はアルツハイマー型であり、初期にはもの忘れ、人格の変化、もの取られ幻想が生じ、中期には日時や場所がわからなくなったり、日常生活が乱れたり、徘徊したりし、後期には失語・失禁が生じたり、歩行困難になったり、寝たきりになったりする[56]。認知症の有病率は、七五歳未満では一〇パーセントに満たないが、後期高齢者になると急増し、八五歳になると四〇パーセントを超え、九五歳以上では八〇パーセント以上となる(52)。

4　運動機能（歩行能力）

高齢になると運動機能も低下する。中でも歩行能力は、老いが顕在化したフレイル（虚弱）の五つの指標の一つになっていたように、高齢期に低下して、日常生活に与える影響が大きい。

歩行に必要な運動能力の低下

歩行に特に必要な運動能力は、体幹や下肢の筋力（筋機能）、立っている時のバランス能力（神経機能）、および全身持久力（心肺機能）である(57)。体力測定の中で、高齢になると特に低下する項目に、脚筋力・垂直跳び、開眼（閉眼）片足立ち、二〇メートルシャトルラン・六分間歩行などがある。これらはそれぞれ上記三つの機能を代表する測定項目である(57)。

「老化は足から」と言われるように、上半身にくらべて下半身の筋量の低下が大きい。下半身を中心として筋力が低下するのは、老化によって筋繊維の数が減少したり、筋繊維に萎縮が生じたりして、筋量が減少するためである。

バランス能力が低下するのは、身体に動揺が起こっても十分な感覚情報が大脳や小脳の中枢に送られなかったり、中枢での感覚情報の処理が不十分で遅くなったりして、バランス補正が不十分になったり、中枢からの運動司令に下肢などが機能低下によって答えられなかったりするからだ[58]。

ところで、立位姿勢でバランスが崩れた時の対処（姿勢戦略）には、足関節による調節、股関節による調節、片足踏み出しの三つがある[58][59]。一般的に、足関節調整は小さなゆっくりとした動揺の時に使われ、股関節調整はそれより大きく速い動揺の時に使われる。動揺が非常に大きいあるいは速い時には、片足踏み出しが使われる。体操選手が着地でバランスを崩した場合に、一歩足を前に出して止まるのがその例だ。ただし、高齢者の場合は、動揺が小さい場合でも足関節調整が難しいため、股関節調整を用いやすい[58][59]。また、高齢者は、皮膚や筋・関節からの体性感覚よりも、視覚に依存した姿勢調節をしやすい。そのため、視環境の急激な変化に対して、バランスを崩しやすい[59]。

全身持久力は長く歩くのに欠かせない。高齢になると二〇分も歩くと足が上がらなくなってくるというが、これは歩行の継続によって、筋肉が疲労を起こすためである[58]。また、高齢になると呼吸循環器機能の低下で息が上がって、長い間の運動が継続できにくくなる[58]。

歩行能力の低下

加齢に伴って、歩き方（歩容）や歩行能力はどう変化していくだろうか。まず、高齢者の歩き方を見てみよう。図5-12は、やや極端ではあるが、高齢者の歩き方を若年者とくらべた図である[60]。高齢者は腰が曲がっているため、視線は下のほうに向いている。腕の振りは小さく、股関節の動きも小さ

図5-12　若年者（左）と高齢者（右）の歩容[60]

い。足は上がらず、すり足歩行になっている。若年者でも凍った路面を歩く時はこういった歩き方をする。高齢者はふだんも歩行速度より安定性を重視して歩いているのだ。しかし、つま先を上げないすり足歩行は、ちょっとした高さの障害物にも当たりやすく、つまずく原因となる。また、高齢者は障害物をまたぐ時や荷物を持っている時は、体の動揺が大きくなってバランスを崩しやすい[58]。これも転倒の原因となる。歩道はバリアフリーであることが必要だ。

こうした高齢者独特の歩き方から、高齢になると歩幅とピッチ（時間当たりの歩数）が減り、歩行速度が低下する[61]（図5-13）。こうした歩行能力の低下は、加齢によって下肢の筋力と骨盤の回旋力が低下するためである[58]。

歩行にかかわる障害と病気

病気やけがによって、歩行が困難あるいは不可能になる状態が、歩行障害だ。その原因には、下肢の筋力の低下、膝や腰の痛み、骨量の減少、足の関節リウマチ、脳血管障害後遺症が考えられている[55]。

筋量と筋力の低下が進行的にかつ全身に生じていく症候群は、サルコペニアと呼ばれる。筋力低下については先に述べたが、特に生殖ホルモンの低下や低栄養が大きく影響している[55]。膝や股関節の痛みは、膝関節症と股関節症によるものだ。関節症は、

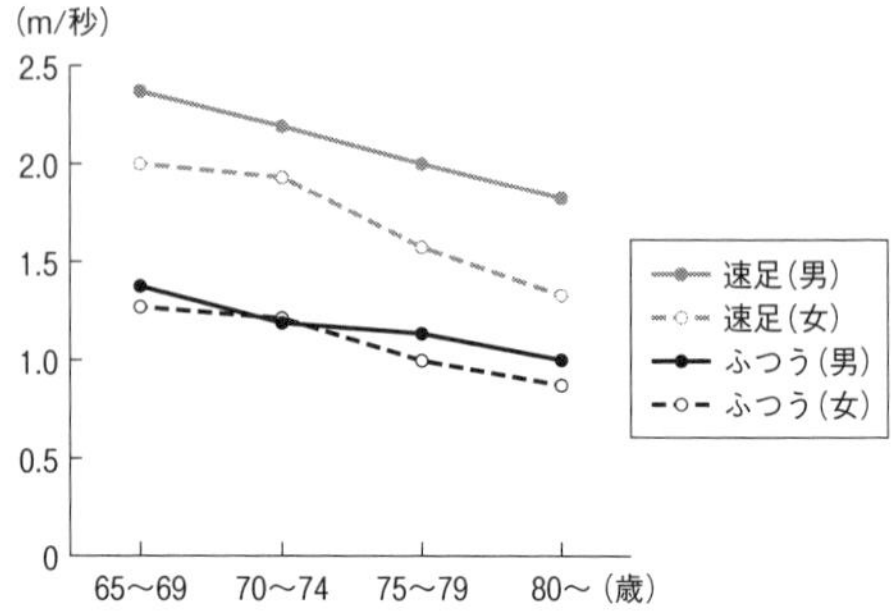

図5-13　高齢者の加齢に伴う歩行速度の低下（5m歩行）[61]

関節内の軟骨や半月板といったやわらかい組織が磨耗したり断裂したりして、関節が変形することによって生じる。[55] 特に、膝関節症は二五〇〇万人の患者数がいると言われるほどポピュラーな病気だ。ところで、O脚の人は靴の外側がすり減るという。O脚の人ほど関節症にかかりやすいので注意が必要だ。腰椎椎間板ヘルニアや腰部脊柱管狭窄症などによる腰痛もまた、歩行を妨げる。[55] これは女性に多い関節症とは逆に、男性に多い。骨量の減少は骨粗しょう症を招く。特に、女性は閉経後に骨量が急激に減少するため、七〇歳では三分の一、八〇歳では二分の一が骨粗しょう症だという。[62] 関節リウマチは、中年期に多く発症する病気であるが、足や膝の関節に腫れや痛みが生じて、歩行が困難になる。[55] 以上のような運動器の障害が進むと、要介護になったり、そのリスクが高くなったりする。こういった状態は、最近になってロコモティブシンドローム（運動器症候群）と呼ばれている。

脳血管障害後遺症（脳卒中による歩行障害）では、脳血管の閉塞や出血によって片麻痺が生じると、麻痺したほうの下肢を伸展させ外側に半円を描くようにして歩く（草刈り歩行）[63] し、パーキンソン病ではすり足で小刻みな歩行になる。[55]

第4節　高齢者の歩行行動

高齢者の加齢による心身機能の低下や病気は、歩行時の速度や道路横断といった歩行行動に大きく影響し、事故の原因となる。一方で、高齢者はこうした危険性を、安全を志向した慎重な行動によって補償しようと努める。しかし、能力の低下は、適応的な行動によっても補い切れないことのほうが多そうだ。

1　歩行速度の低下

横断時の歩行速度

高齢者の歩行速度の低下は、道路横断などの交通場面で問題となる。歩行速度の低下が交通事故の原因や違反として計上されることはほとんどないが、事故の背景要因となるのだ。

まず、道路横断時の年齢層別の歩行速度を観察した結果を見てみよう。日本でも海外でも、すべての研究で、若者や中年より高齢者の歩行速度のほうが遅いと報告されている。たとえば、歩行者用信号のある横断歩道での歩行速度を高齢者と非高齢者で比較すると、高齢者のほうが二割ほど遅い（表

表5-6　信号機つき横断歩道での高齢者と非高齢者の歩行速度[(64)〜(69)]

研究	高齢者		非高齢者	
	秒速	データ数	秒速	データ数
溝端（1990）	1.19 m	353 人	1.43 m	445 人
矢野（2001）	1.10 m	161 人	1.37 m	1337 人
矢野（2005）	1.12 m	373 人	1.38 m	952 人
森　（2017）	1.17 m	1124 人	1.36 m	3872 人
Knoblauch（1996）	1.25 m	3665 人	1.51 m	ほぼ同数
Gate *et al*（2006）	1.18 m	95 人	1.38 m	289 人

5-6）。一〇メートルの道路を横断する場合を考えると、非高齢者が横断し終わった時に、高齢者はもう二メートル歩かないと渡り終えることができない。性差も報告されていて、年齢を問わず男性のほうが歩く速度が少しだけ速い。

高齢者にとっての横断時の歩行速度は、それ以外のところを歩く場合にくらべると、それでも若干速いらしい[(70)(71)]。つまり、横断するために少しだけ速く歩いても、非高齢者より遅くなってしまうのだ。

歩行速度が遅いことの危険性

横断時の歩行速度が遅いとなぜ危険かというと、簡単に言えば車道上にいる時間が長くなるからである。特に、信号のない場所を横断する時は、車道上に長くいればいるほど車と衝突する危険性が増す。斜め横断が違反となっているのは、背中方向から来る車が見えないことに加え、直角に横断するより道路横断に時間がかかるためである。歩行者用信号のある横断歩道でも、歩みが遅いと赤信号になるまでに道路を渡りきれなくなる。

日本の歩行者用信号は、青信号になってすぐに横断を開始して秒速一メートルで歩けば、青点滅になる前に道路を横断できるようになっている[72][73]。また、青点滅になっても、通常の設定速度（毎秒一メートル）よりも速い速度（毎秒一・五メートル）で歩けば、横断後半の歩行者は赤信号になる前に横断を完了できるようになっている[72][73]。

しかし、青信号の後半や青点滅になってから横断を開始する人が多く、また青点滅になったからといって引き返す人はあまりいない[74][75]。そのため高齢者でなくても、赤信号になっても道路を渡りきれない人（残存者）が出てくる。図5-14は残存者の割合を横断開始時のタイミングごとに示した図である[76]。高齢者は歩行速度が遅いために、横断歩道上（車道上）に取り残されてしまう割合が高い。ただし、これではあまりに危険であることから、多くの信号交差点では、歩行者用青点滅が終了してから数秒間（一〜五秒）は、車両側の信号を赤にして、実質的に残存した歩行者がこの時間内に渡り切れるようにしている[77]。

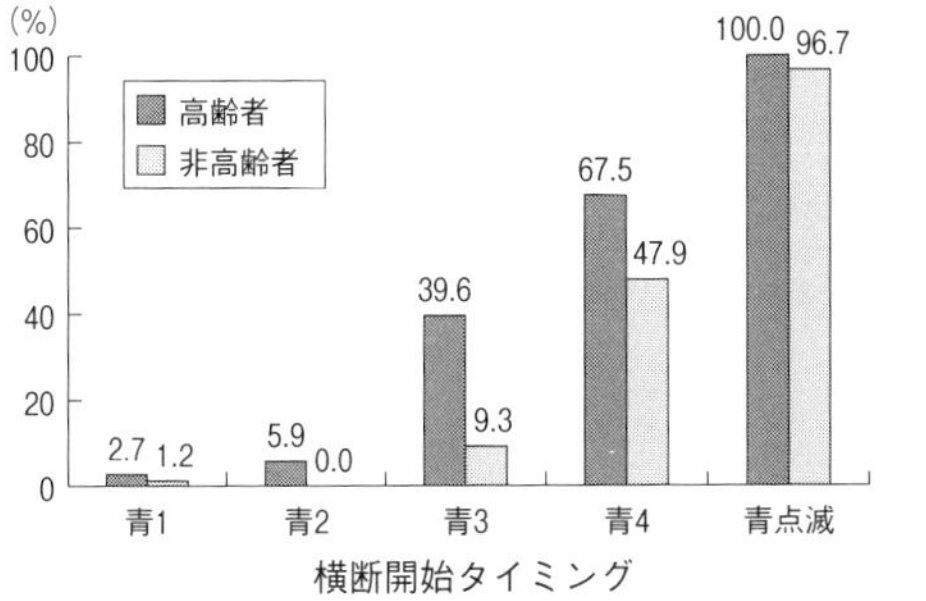

図5-14　横断開始タイミング別の歩道上残存者率[76]
青1が青信号の始まりで青4が終わりを示す.

ところで海外では、日本と異なる信号現示方式が取られている国が多い。青信号の間に渡り始めれば、赤信号までに横断が完了できるというしくみである[73]。そのためか、日本にくらべ青信号の設定時間が短く、すぐに点滅が始まり、日本からの旅行者はとまどう。さらに、設定歩行速度が毎秒一・二メートルと日本より速い国がほとんどなので、急いで渡らなければならない[73]。この基準は現地の高齢者にとっても厳しく、問題となっている。

歩行速度が遅いことへの対処も時に危険を招く

歩行速度が遅いことを自覚した高齢者は、横断の際はそれを補うためにふだんより速く歩こうとするだろう。しかし、転倒を誘発したり、横断中の周囲への注意力を減らしてしまったりする恐れが新たに生じる。歩行者用信号のない単路での横断では、早く横断しようとして左右の確認がおろそかなままに横断を開始する恐れもある。ところで、車と車の間隙をギャップ（車間時間あるいは車頭時間）という。このギャップが長いと安心して道路を渡れるが、短いギャップでは危険だ。シミュレータ実験によると、高齢者は長いギャップを選択する一方で、前方の横断歩道を車が通過する前にフライングする形で横断を開始しやすい[64][78]。

こうした高齢者の行動は、歩行速度の低下を補い、安全に横断しようという気持ちの表れである。しかし、それにもかかわらず、歩行の速度が遅くて車の速度が速い場合には、安全余裕（歩行者が横断歩道を渡り終えてから、車の先頭が歩行者の横断ラインに達するまでの時間）が高齢者では特に短くなってしまう[78]。

路上観察でも、車を減速させたり、停止させたりする割り込み横断は、高齢者のほうが非高齢者より多いことが観察されている[79][80]。これは高齢者の認知ミスとも言えるが、安全のために早く横断しようとする気持ちが認知ミスを招いたとも言えよう。そうかといって、横断に慎重になりすぎると、安全に横断できるギャップを見過ごしてしまう。こうして横断するのに時間がかかってしまう例が高齢者に見られる[78][81]。

2 視知覚や認知機能の低下による危険な横断行動

高齢者の危険な道路横断

交通事故分析によれば、歩行者事故の三分の一は横断歩道を横断中に起きるが、高齢者の場合には横断歩道以外の場所を横断中の事故も多い。そのような場所での高齢者の歩行者死亡事故の特徴は、三分の二以上が道路の後半部分（遠方側、横断完了側）で発生していること、四分の三以上が夕方や夜間に発生していることである[82]。こうした道路遠方側での事故の典型は、右側からの車をやり過ごした後に横断を開始して、反対車線まで出た時に、左側から来た車を発見するのが遅れて衝突するという事故だ。

こうした事故分析から、先に述べた歩行速度の低下に加えて、高齢歩行者は左側から来る遠方車線の車への注意が不足しているのではないか、夕方や夜間という、車と周囲のコントラストが低い状態で高速で移動する車を見つけ出す視機能が低下しているのではないか、歩行中には車よりも転倒を恐れて地面を見ているのではないかといった問題が浮かび上がってくる。

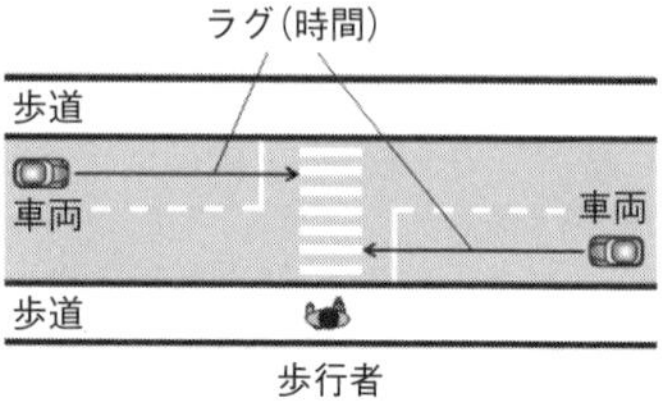

図 5-15　横断する時のラグ[76]

図 5-16　歩行者用ドライビングシミュレータ[83]

道路横断の行動観察によれば、車が横断歩道に達するまでの時間（ラグ、場合によってはギャップと同じ、図5-15）が長いと歩行者は横断を決定しやすいが、この判断の目安となるラグは、非高齢者も高齢者も変わらなかった[64][79][80]。つまり、車までの距離と速度という横断決定の目安が、高齢者と非高齢者で同じであった。しかし、高齢者の歩行速度が遅いことを考慮すると、高齢者のほうが長いラグを利用するべきである。さらに、高齢者は本来の歩行速度が遅いのみならず、ラグが短い時（車が近くに来ているか、遠くでも速度が速い時）にも歩行速度をそれほど上げない。そのため、車を減速させたり停止させたりする割合は、高齢者のほうが多くなる[79][80]。

日本は、歩行中の死者の割合が三分の一を占め、先進国の中で最も多く、また高齢化によって高齢歩行者の死者が多いことから、高齢歩行者の事故分析や路上観測（観察）が比較的よく実施されている。最近では様々な歩行者用シミュレータが開発されて、それを用いた実験も行われるようになってきた。しかし、高齢歩行者のシミュレータ実験は、まだ海外のほうが盛んである。

左右から車の来る二車線道路を模擬した海外のシミュレータ実験（図5-16）によれば、高齢者のほうが横断中の歩行速度が遅く、安全余裕が少ない[83][84]。また、高齢者は非高齢者とは逆に、手前車線のほうを見る回数や時間のほうが遠方車線にくらべて多く、手前車線のギャップを重視して横断を決定しやすい[83]。シミュレータ上の事故は、非高齢者でも遠方車線で発生しやすいが、高齢者の場合は車両の速度が高くなると一層発生しやすくなる。日本の研究でも、遠方車線では高齢者のほうが短い距離やラグで横断可能と判断していること、したがって高齢者のほうが遠方車線での事故が多く、とりわけ車の速度が高い時に多くなることなどが示されている[85]。

心身機能と横断行動との関係

高齢者には非高齢者に見られない危険な横断行動が、事故分析でも行動観察でもシミュレータ実験でも確認された。これが高齢者の老い、つまり歩行能力や視知覚機能の低下によることは間違いないが、もっと直接的に、こうした心身機能が低下している人ほど危険な横断行動を取るのかを知ることも重要だ。

一車線道路を横断させるシミュレータを用いて、若年者と高齢者の誤った横断決定（不安全な横断と安全横断の見逃し）が、五つの心身機能で説明することができるかを調べた研究がある[86]。それによれば、誤った決定に最も影響する心身機能は、ＵＦＯＶと呼ばれる検査で測定される視覚処理速度と視覚的注意能力であった。これは適切な視覚情報に注意を集中し、タイミングよく正確な決定をする能力であり、こうした能力が低いと誤った横断をしてしまうのだ。二番目に影響が大きいのは、到着時間推定であった。これは横から来る車が途中で消えた後に、自分の前を通過するタイミングを推定する課題で、運転適性検査でいう速度見越し検査に似たものだ。三番目は歩行速度で、四番目は抑制能力であった。抑制能力は、位置情報を無視して矢印に注目するという空間ストループ課題で測定された。横断時には、安全に関係ないものを無視したり、関係ない行動を抑止したりする能力も影響するということだ。ところで、年齢はそれ単独では誤った決定と最も関係が深かったが、以上の五つの能力と年齢との関係も深いために、五つの能力を考慮した後では、その影響は小さかった。

その後も同様な実験が行われ、上記と同じような心身機能低下のほかに、注意切り替え能力と視力が横断行動に影響していることが示された(84)(87)。

3　歩行時の危険性の自覚と対処

老いに伴う危険性の自覚

高齢歩行者は、老いに伴う歩行時の危険性を自覚しているだろうか。高齢ドライバーの場合は、視機能や判断力が運転に直接反映されて、その結果がフィードバックされることが多いためか、大なり小なり、自分の運転の危険性が老いによって増加したことを自覚し、さらにそれを補償するような運転をしている(88)。高齢歩行者の場合は、老いに伴ってつまずいたり、転倒しやすくなったりして危険であるという自覚はあるようだが、歩行者事故にあいやすくなっているという自覚はあるだろうか。

なぜ危険性の自覚が必要かといえば、多くの場合、自覚することによって安全を目指した対処行動を取ることができるからである。たとえば歩行速度が遅くなったと自覚すれば、車が通過する前に横断を完了できるように、長いラグを利用したり、意識的に歩く速度を上げたりして安全余裕を長く取れるからだ。

ただし、自覚といっても、何となく視力が低下したとか歩行速度が遅くなったという一般的な老いの自覚だけでは不十分である。それが道路横断などの交通場面の行動にどういう支障を生じるのか、それを回避するためにはどういった適応的な歩行行動が必要かまで意識するほどの自覚が必要である。

自覚に基づく対処

老いによって心身機能が低下したことを自覚した時、どういった対処行動を私たちは取るだろうか。高齢ドライバーの対処については、バルテスの「補償を伴う、選択と最適化の理論（ＳＯＣ）」が説明モデルとしてよく用いられている(88)(89)。ＳＯＣ理論によれば、老いによって今までのやり方では目標のうちのいくつかが達成できなくなった時に、私たちは達成しようとする目標を減らして重要な目標に活動を絞ったり（選択Ｓ）、その目標を達成するために最適な手段や環境を整えたり（最適化Ｏ）、今までとは別のやり方を工夫して行動する（補償Ｃ）。この理論を運転に適用した結果によれば、安全運転が可能な状況を選択してそこでのみ運転する（運転制限という運転状況の選択Ｓ）、安全運転できるように自分や車や交通環境を調整する（運転前の準備という最適化Ｏ）、運転中は安全を志向した運転をする（速度抑制や避難運転や注意集中を心がけて心身機能低下を補う工夫をするという補償

C）といった、老いに適応した運転（これは自己調整運転、補償運転、安全ゆとり運転などと呼ばれる）を高齢ドライバーはしている[88]。

高齢者の歩行についての補償にかかわる研究に、歩行課題と認知課題の二重課題を課すと、高齢者は認知課題の成績を低下させることによって歩行課題の成績維持に努めるという実験がある。しかし、これは交通場面での歩行における、選択と最適化と補償を包括的に述べたものではない。以下では、高齢者は危険な状況下での歩行を回避しているか（選択）、視機能や注意機能の低下を補うために道路横断時には安全確認を念入りに行っているか（補償）、道路横断を決断する時は十分な安全余裕を持つように判断しているか（補償）、歩行速度を上げることで危険を回避しているか（補償）について、研究結果を概観してみよう。

危険な状況下での歩行回避

ドライバーと同様に、視力等の問題で夜間や雨天の歩行に不安を持つ人は、そういった状況での歩行を控えるだろうか。この種の調査はあまりないが、高齢者は夜間や悪天候や複雑な交通状況下での歩行を控えるらしい。アメリカの調査によると、二五〜六四歳では歩行によるトリップ（外出）の二八パーセントが夜間であるのに対し、六五歳以上の高齢者ではその割合は一七パーセントであった[90]。

もっとざっくりと、健康状態が不良な人ほど徒歩トリップ回数や歩行時間が少ないかを調べた調査も少ないが、間接的な調査なら、高齢者ほど歩数が少ないという厚生労働省の国民健康・栄養調査がある。また、全国各地の都市圏で実施されるパーソン・トリップ調査によれば、高齢になると徒歩トリップの回数が減っていく（第３章参照）。健康ブームの昨今、歩行習慣のある人ほど健康で長生きするとよく言われるが、健康でないと歩けないのだ。高齢者や歩行困難者は、危険を避けるために横断歩道などの安全な横断場所を選ぶと予想される。これについては、信号交差点での横断歩道利用率を観察した結果がある。それによれば、高齢者のほうが非高齢者より横断歩道利用率が高いか同じ程度であった[91]〜[93]。質問紙調査でも、高齢者、中でも高齢女性ほど、横断歩道が見える範囲にあればそれを利用するという回答が多かった[94]。

信号交差点で青点滅時に横断を開始するかどうかを観察した結果によれば、非高齢者の八七パーセントがそれでも横断したのに対して、高齢者の横断者は六六パーセントであった[75]。

以上の結果より、高齢者は横断に対しては、注意深い、安全を志向した行動を取っていると言えるかもしれない。しかし、どこで道路横断するかに影響する要因には、安全性のほかに利便性や快適性がある。信号機のある横断歩道は安全かもしれないが、高齢者でも、遠回りになったり遠くにあったりすると、横断歩道ではなく手近な場所で横断することが多くなる。高齢者はほかの年代より横断歩道以外の場所で横断中の事故が多い。それは、そこでの横断が高齢者にとって非高齢者より危険な行動であると同時に、高齢者は横断歩道がないところで横断しがちなためかもしれない。同様に、高齢者は歩道橋や地下歩道を利用したがらないという研究結果が多い[95][96]。これは心身機能低下による適応（補償）を安全面で確保しようとするより、身体面の苦痛回避といった快適性を重視していることの現れである。

道路横断時の安全確認

横断歩道のない道路を横断する時の安全確認には、横断開始場所の縁石に行く時、縁石で横断開始前に左右を見る時、横断中に左右の交通を確認する時、の三つの場面がある。最も重要な安全確認は、縁石で横断開始前に左右を見る安全確認であることから、この場面での確認行動を見てみよう。頭の左右の動きで安全確認をしたかを調べると、路上での観察では、確認一回あたりの時間は高齢者のほうが長いものの、確認回数は高齢者も非高齢者も差がなかった[97]。また、シミュレータ実験では、高齢者のほうが手前車線の方向（日本では右側）を見る回数や時間が多く[83][98]、逆に遠方車線を見る回数は少なく、見ている時間も短かった[83]。

こうした結果は、高齢者の横断中の歩行者死亡事故の七割は遠方車線上で発生しているという事故統計の結果と一致する[82]。つまり、高齢者は十分な安全確認を手前の車線に対してはしているが、反対車線の車への確認が非高齢者より不十分で、心身機能の低下を補うような安全確認をしているとは言えない。その理由としては、安全を志向した横断行動をしていないというより、注意資源が減少したために安全確認が不十分になったと考えたほうがよいだろう。

横断決定時の安全を志向した判断

余裕を持って道路を横断できるかどうかは、車がやってくるまでの時間（ラグ）に影響される。先に述べたように、この選択されたラグは非高齢者も高齢者も変わらない。この結果は、高齢者が特に歩行速度低下を考慮した安全を志向した態度を持っているわけではないことを示しているように見えるが、実はそうでもない。ラグは車と横断歩道までの距離と車の速度によって決まるので、遠くに車が見えてラグが長そうに見えても、車の速度が意外に速かったりするとラグは短くなる。高齢者は距離判断よりも速度判断が苦手なので[99]、こういった状況下で横断をしてしまいがちなのかもしれない[81]。また、意思決定や歩行動作に要する時間が高齢者は長いので、その間にも安全余裕は短くなる。

心身機能低下を考慮し、安全を志向した態度を持っているかどうかは、高齢者は主として車との距離で横断を開始するか否か判断しているようなので[81][100]、ラグより横断決定時の車までの距離を比較するほうがよいだろう。そうした研究によれば、横断決定時の車までの距離は、高齢者のほうが長かった[100]。これは高齢者の安全を志向した態度を反映したものと言えよう。

横断場面での危険感受性

歩行速度の低下を補う工夫には、歩きやすい靴を履く、杖などの歩行補助具を使う、青信号の最初で横断するなど様々なものが考えられる。歩行の速度を上げて危険から遠ざかろうとするのもその一つだ。たとえば、横断歩道がない場所で横断する時には、横断歩道横断時より歩くスピードを上げるほうがふつうは安全だ。しかし、非高齢者では横断歩道横断時よりもスピードを上げて横断していたのに対して、高齢者ではかえって速度を下げて歩いていた[91]。

幅員が広い道路を渡る時も、一般的に歩く速度は上がる[68][101][102]。しかし、高齢者の場合は、幅員が広くなるとそれに応じて歩行速度も上がるという結果は得られなかった[97][103]。信号機のない場所での横断では、横断中に車がいつもより接近してくれば歩く速度を上げるはずである。しかし、高齢者の場合は非高齢者にくらべて歩行速度をそれほど上げなかった[79][80][83]。信号機のある横断歩道では、横断中に青信号から青点滅に変わる場面では、ふつうは歩行速度を上げるだろう。しかし、高齢者ではそういった傾向があまり見られなかった[65]。

高齢者は歩行速度を上げて危険から身を遠ざけるという対処を非高齢者ほどにはしないようである。これは高齢歩行者の危険感受性や状況認識能力の低さを意味しているし、また危険と思っても歩行速度を上げられないのかもしれない。あるいは、高齢者は横断中に安定した姿勢で歩くという戦略を重視し、地面を見ながら歩くことが多いため[101]、車への注意がおろそかになってしまうのかもしれない。

以上をまとめると、高齢歩行者は夜間や雨といった危険な状況下での歩行は控えることができるし、車までの距離判断や手前車線の安全確認といった比較的容易な課題に対してはゆとりを持った行動が実行できる。しかし、遠方から来る車の速度判断、反対車線から来る車の安全確認、交通状況に応じた歩行速度の選択といった少し難しい課題は苦手である。ゆとり行動を取ろうと思っても、交通課題が難しくなると対処できなくなるということだ。

第6章　歩行者事故の対策

交通事故防止対策は三つのEで表される。教育（Education）、工学（Engineering）、法執行・取締り（Enforcement）の3Eである。

歩行者事故対策の場合の教育は、歩行者への交通安全教育であり、特に子どもと高齢者に対する教育が重要だ。両者は教育目標、実施場所、実施者などが異なるため、本章では二つの節に分けて取り上げる。

工学的対策には、歩行者を守る道路・交通対策、車の先進安全技術、事故後の救急医療があり、これも二つの節で取り上げたい。歩行者に対する交通規制や取締りは少ないので、法執行・取締りは、道路・交通対策の中に含める。

第1節　子どもの歩行者安全教育

ドライバーへの教育訓練は自動車教習所で組織的に実施されている。しかし、歩行者への教育訓練は、幼稚園・保育園や小学校などで実施されているものの、組織的に系統立てて行われてはいない。交通安全教育は、将来の生活の基礎となる知識や技能（国語や体育など）ではないと考えられているからだろう。交通安全教育の担い手である警察も、犯罪防止やドライバーへの交通安全対策に追われている。しかし、この現状は交通安全教育、特に子どもへの歩行者安全教育が不要ということを意味するわけではない。

1　子どもの歩行者安全教育の意義

子どもに対する歩行者安全教育は、歩道などの道路交通環境の整備や歩行者を脅かすドライバーへの取り締まりと並ぶ歩行者事故防止対策の柱の一つだ。

生活する上で道を歩くことは欠かせないことから、交通安全教育は生涯にわたって実施される必要がある。その第一歩が就学前の幼児と小学生に対する歩行者安全教育である。日本の交通安全教育には年齢に応じた体系的なカリキュラムが不十分だとよく指摘されるが、知的、身体的な発達が著しい子どもに対して、発達に応じた交通安全教育を行うことが大切だ。[1][2]

2　子どもの歩行者安全教育の目標

ヨーロッパでは、子どもの歩行者などに対する交通安全教育の目標を次の三点としている。[3] これは日本の警察庁や文部科学省が掲げる目標と大筋で一致している。[4][5]

① 交通ルールや交通状況についての知識と理解を得る。
② 訓練と経験を通じて、技能を習得・向上させる。
③ 危険認識や自他の安全に対する態度や内発的動機づけを強化したり、変容させたりすることで、安全マインド文化の育成に寄与する。

交通ルールや交通状況の知識と理解

まず目標①について解説しよう。ここで知識と理解と言っているのは、知識を得るのに加えて、その意味を理解するのが大切だからである。第5章でサンデルスも述べていたように、ある交通標識を見てそれを横断歩道標識などと正しく答えたとしても、その意味を理解していない子どもが多いからだ。[6] また、知識と理解の対象は交通ルールだけでなく、交通状況も含めている点にも注目したい。交通状況を構成する歩道と車道、横断歩道、交通信号、走行車、駐車車両などは、交通ルール理解の前提となる道路交通の舞台であり役者である。子どもにとっては、危険をもたらす対象物（ハザード）が道路上に潜んでいることを理解するための危険予測訓練の基礎となるものだ。

教育訓練の対象としている歩行者技能

目標②で述べている技能は、子どもの歩行者の場合にはどのようなものを意味しているのだろうか。以前からこの方面の研究が進んでいるドイツの訓練プログラムの例を表6-1に示す(7)。これは歩行者の行動分析や事故分析に基づき作成されたものであり、発達段階に応じた技能習得プログラムになっている。また、イギリスでは五歳児以上にグリーンクロスコードという指針によって、次のような道路横断方法を示している(8)。

1　道路を横断するのに安全な場所を探す
2　縁石（歩道の端）に達したらそこで止まる
3　車が来ていないか周りを見て、耳をすます
4　もし車が近づいてきたら、先に通す
5　横断しても安全と思ったら、道路をまっすぐに横断し、その際に走らない

もちろん道路横断時の技能だけが対象ではない。たとえばアメリカの子どもの歩行者安全カリキュラムでは次の五つを挙げている(9)。

表6-1　ドイツの交通安全訓練プログラムの学習目標[7]

訓練段階（年齢）	学習目標
1（2～3歳）	1　歩道の内側を歩く
	2　縁石（歩道の端）で止まる
2（4～5歳）	3　歩道の端の縁石で左と右を見る
	4　道路をまっすぐに横断する
	5　道路をすばやく，しかし走らずに横断する
	6　信号が青の間に道路を横断する
	7　横断歩道を渡る：手を伸ばし合図をする
	8　横断歩道を渡る：車が止まるのを待ってから渡る
	9　道路を横断する時は横断歩道か信号機のある場所で横断する
3（5～6歳）	10　よく見えるところ（可視境界線）まで出て止まる
	11　そこでまず左，次いで右を見て，左を見る
4（6～7歳）	12　一人で幼稚園や学校などに歩いていく

1　車の往来の近くを歩く
2　道路を横断する
3　交差点を横断する
4　駐車場での安全
5　スクールバス乗車に際しての安全

日本の場合は、欧米とくらべて徒歩で通学する小学生が多いので、通学路を一人あるいは複数で歩く場合のプログラムがほかに必要だろう。

目標②で訓練と経験を通じてと述べているのは、上記のような技能を身につけるには、訓練に加えて実践による経験が必要であることを強調するためだ。教師は訓練をするだけではなく、訓練の成果が日々の歩行経験の中で生かせるように指導する必要があるし、保護者には子どもの訓練の成果を一緒に歩いている時にフィードバックすることが求められる。交通状況に応じてとるべき行動を理解するだけでなく、実際の道路での経験を積んで応用していかないと、技能は習得されないのだ。

安全態度・意識の育成

目標③の歩行者にとっての安全態度とは、自分だけでなくほかの歩行者やドライバーなどにも配慮して道路交通の安全を実現しようとする心の働きを指す。具体的には、ルールを守ろうとする順法精神を持つ、危険な行動をとらない、社会の一員として他人に迷惑をかけないことだ。その上で、他人の範となるようふるまい、社会の安全規範を高められれば最高である。二〇一九年の交通安全スローガンに「良いお手本　なれる自分が　カッコイイ」があるが、このことだ。

車の運転の場合もそうだが、安全態度を向上させるのは、知識や技能の教育以上に難しい。安全態度は、安全な歩行スキルを身につけ、それを道路交通の中で実践していくうちに、自然に身につくものだからだ。教育の面からは、道路交通は車や自転車や歩行者からなる社会であり、その中ではルール順守や他者への配慮が必要なことを何らかの方法で子どもに伝えることが重要だ。心理学では役割取得能力（相手の立場に立って考えることのできる能力）や共感性（他者の感情を理解して同じ感情になる）が、社会の中で自ら生きていく力になると言われる。[10] これを交通安全教育に応用したプログラムが必要だ。

安全態度のほかに、文部科学省では「主体的に行動する態度」の育成をうたっている。[5] これは従来の交通安全教育が、幼児・児童に対する一方的な指示になりがちであったことを反省した言い回しである。たとえば、「横断歩道を渡る時は……みんな早く渡りなさいと大きな声で号令をかける。横断している幼児たちは渡れと言われたから歩いているだけで誰一人として左右の安全確認をしていない。しかも下を向いて走って渡っている子どももいる[11]」といった訓練では、安全知識も技能も態度も身につかない。この場面ではどう行動すべきかを自分で考え、すべき行動に気づくことが大切だ。

主体的な行動を育てる教育をするためには、指導者に対して場面設定や問いかけのスキルを教える教本やプログラムが必要である。欧米には、後で述べるカーブクラフト（イギリス）や歩行者テスト（デンマーク）や歩行者安全カリキュラム（アメリカ）[9]などのプログラムがあり、参考になる。日本でも、交通場面のイラストや映像を使い、子どもたちと対話しながら正しい行動を学ぶホンダ作成のプログラムがある。[12]また、日本自動車研究所では、児童の模擬道路上での道路横断訓練に、行動修正法（オペラント学習）と役割演技法を取り入れたプログラムを開発している。[13]

3　子どもの歩行者安全教育の技法

さて、子どもの歩行者安全教育の目標について概観したが、どのように教育していくかという教育方法あるいは教育技法についても述べる必要がある。次に、子どもの歩行者安全教育の現場でよく用いられる教育技法を四つ取り上げて解説しよう。

実技訓練法

実際に歩いて行う実技訓練は、訓練場所によって①実際の道路、②実際の道路に似せた道路（通行禁止道路や教習所の所内コース）、③模擬的に作られた小規模な道路（教室、体育館、校庭などの模擬道路）に分けられる[14]。この中で教育効果が高いのは、教育内容や子どもの年齢にかかわらず、①の実際の道路での訓練であることは、教育効果の測定を行った様々な研究から明らかになっている[14][15]。そのためヨーロッパ各国では、実際の道路での訓練が重視されている。

図6-1　ボランティアの横断訓練（カーブクラフト）[17]

たとえばカーブクラフトは、イギリス全土で実施されている小学校一・二年生に対する歩行者安全訓練プログラムであり、地方自治体から任命された責任者のもとで、地域のボランティアが実際の道路上で子どもたちを教育訓練する。ボランティアは生徒の保護者やボランティア団体からの派遣者など様々であるが、日本と異なり、アルバイト賃金程度は支払われる。各ボランティアは責任者のもとで教育訓練者になるための指導を受けた後、二〜三人の子どもを受け持ち、一定のプログラムで三か月程度訓練を行う。訓練内容は、安全な横断場所と危険な横断場所の違いを理解すること、駐車車両があるところでの安全な横断、様々なタイプの交差点での横断、の三つである[16][17]（図6-1）。

また、安全上の問題などから実際の道路での訓練ができない場合の訓練方法として、②の仮想道路

表6-2　実際の道路と模擬道路での習得可能な技能

道路横断に必要な技能	実際の道路	模擬道路
1　道路を横断するのに安全な場所を探す	○	×
2　縁石（歩道の端）に達したらそこで止まる	○	○
3　車が来ていないか周りを見て，耳をすます	○	△
4　もし車が近づいてきたら，先に通す	○	×
5　横断しても安全だと思ったら，道路をまっすぐに横断し，その際には走らない	○	△

○は習得可能，△はある程度習得可能，×は習得が困難な技能であることを示す．

課題（pretend road）といった方法も開発されている[18][19]。これは道路に接した建物の空いているスペースに模擬的な横断歩道を作り、そこから実際の道路を走行する車を見ながら、横断のタイミングを学習する手法である。道路と建物の間に塀などがないアメリカなどで使われる方法であるが、日本では所内コースで実施可能だ。

③の模擬的な道路での訓練では大きな教育効果は期待できない。道路横断に必要な技能が模擬道路ではあまり習得されないのだ（表6-2）。その理由は、周りに人や車の交通がないので、セッティングした状況が変わらないことである。実際の道路では刻々と変わる交通状況に合わせて横断などの行動を決めなければならないが、模擬道路では実験的に操作しない限り状況が変わらないので、その状況だけに通用する行動しか学習されない。つまり、知識やスキルを習得しても、実際の道路で応用されにくいのだ。また、これに関連して、交通の中の危険を見つけ、それを避ける能力が模擬道路では身につかないことも挙げられる。模擬道路の横断訓練で左右を確認しても、せいぜい駐車車両があるだけで、そのかげから進行してくる車を発見して待つという訓練を経験することができない。

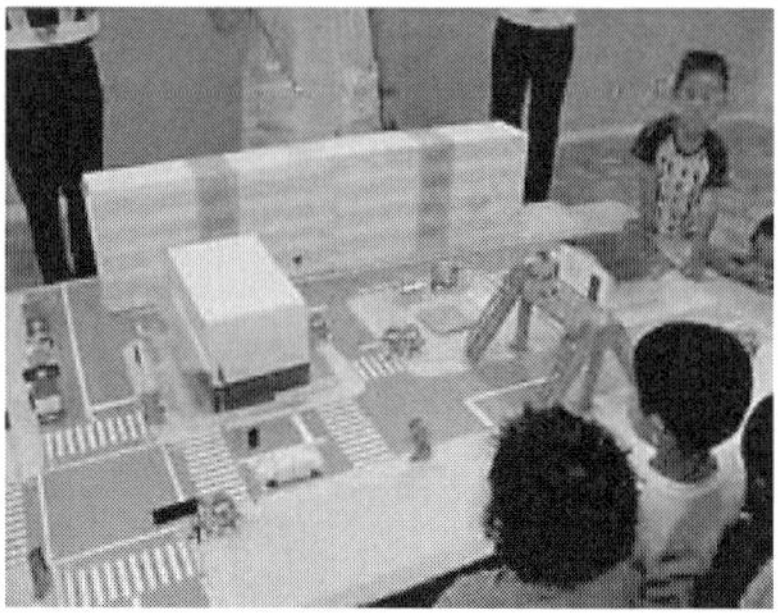

図6-2　板橋区のげんきっこトラフィックスクール[22]

卓上交通模型法

この訓練法では、テーブルの上にマットを敷き、そのマットの上に道路や町並みを再現した絵を描いたり、車や信号機などの模型を置いたりして、実際の道路を再現する。その道路に置いた人形を自分に見立てて、子どもたちは実際の道路での歩行行動を再現するのだ。ごっこ遊びは幼児が好きな遊びで、人形を自分に見立てて遊ぶ中で、道路での安全なふるまい方を学ぶことができる。

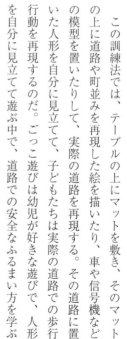

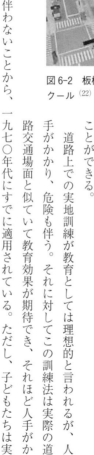

道路上での実地訓練が教育としては理想的と言われるが、人手がかかり、危険も伴う。それに対してこの訓練法は実際の道路交通場面と似ていて教育効果が期待でき、それほど人手がかからず、危険が伴わないことから、一九七〇年代にすでに適用されている。ただし、子どもたちは実際には歩かないことから、使用される知覚や動作のスキルは実際の路上とは大きく異なり、この方法はあまり高く評価されない向きもあった[20]。

この評価を覆したのはスコットランドの研究者たちであり、彼らは、卓上交通模型を用いた訓練は、路上での訓練と同様の効果を訓練直後だけでなく二か月後も示すことを示した[21]。この実験では、訓練者は子どもたちが道路横断時に潜む視界の悪さ、複雑な道路形態、斜め横断といった危険を理解し、自分の横断行動の誤りに気づくのを手助けする。具体的には、訓練に参加する子ども五人の中から歩行者役を一人選び、今いる地点と行き先場所を示し、そこに行くにはどこから横断すればよいかなどを質問する。路上訓練では実際に歩行者役が横断し、卓上交通模型法では人形を使ってその場所まで「歩く」。残りの四人には、個別にその子の横断場所と横断ルートについて賛成か反対か、その理由について意見が求められる。危険な横断について正しい指摘がされたら、歩行者役に再度横断するよう訓練者は励まして、自分の横断の誤りを気づかせるというやり方だ。歩行者役は交代して全員が行う。

日本でも少数ではあるが交通模型を用いた訓練が行われていて、効果があると報告されている[22]（図6-2）。子ども、特に男児にとって交通模型は興味を引く遊びであるから、遊びの要素を取り入れながら、スコットランドと同様の訓練を施せば効果は大きいに違いない。

紙芝居や腹話術などの娯楽的交通安全教育

子どもや高齢者にとっては、演劇や人形劇などの舞台や、紙芝居、絵本、パネルシアター、腹話術といった娯楽の中に交通安全教育を入れ込む方法が好評で、全国で様々な取り組みがなされている。

こういった娯楽的交通安全教育の特徴の一つは、楽しみながら交通ルールや安全意識が身につくことである。そのための工夫として、登場人物（キャラクター）には、ウサギやイヌなどの身近な動物、参加者と同じ年代の子ども、アニメのヒーローなどの着ぐるみが使われる。座学による講義形式の学習では、抽象的な話（聴覚）が主体となるが、娯楽的交通安全教育では登場人物や背景という具体的なもの（視覚）があって、話（聴覚）だけでは得られない楽しさを生み出す。また、子どもだけを対象とするのではなく、保護者も一緒になって学ぶというのも特色の一つだ。娯楽だけで終わらずに、家に帰ってから保護者がその教育内容を子どもに教えると一層効果的だ。

娯楽的交通安全教育の背景にある心理学的原理は、登場人物をモデルとする観察学習である。ふつう私たちは交通安全などの知識を大きく三つの方法で獲得する。一つは、親や先生などから道路を横断する時はこうしなさいと言われたり、本を読んだりして学ぶ方法（ルール学習）である。交通安全教育で言う座学の講義はこれに当てはまる。二つ目は自分で道路横断などを経験して、どういう状況下なら安全に横断できるかなどを試行錯誤しながら学ぶ方法（オペラント学習）である。三つ目は他人の道路横断などを観察して、どういった横断が適切か不適切かを学ぶ方法で、これが観察学習である。実際の道路上と異なって、劇などでは適切な行動をする登場人物とそうでない登場人物を意図的に配置できる。登場人物の中のわんぱくな子や悪役などが事故に遭いそうな横断をする一方で、主人公が模範（モデル）となって安全な横断をすることで、観衆の子どもたちは正しい横断を学ぶのだ。

舞台型の交通安全教育では、複数の人物や動物が登場し、背景にも大道具が必要だ。そのため大きな組織でないとできない。また、素人には演じるのが難しいので、専門の劇団などと契約する必要がある。それでも都道府県や大きな市や都道府県警察では、こうした体制が整えられているところがあって、小学校や地域の交通安全教室に「出前」している。また民間でも、たとえばＪＡ共済では、魔法の国に住むマモルワタルが人間世界にやってきて、初めて出会う車や道路にとまどいながら交通ルールを守っていくという交通安全ミュージカルを提供しているし、アニメの「アンパンマン」のキャラクターが着ぐるみで登場して交通ルールを学ぶショーなどを実施している[23]。

一方、紙芝居や絵本、パネルシアター、腹話術は、一人でも演じることができる。保育園や幼稚園では、紙芝居は幼児教育の定番である。ただし、キャラクターに応じた声の出し方、間の取り方、次の場面に移る際の紙の抜き方などを上手に演じるには熟練を要する。パネルシアターというのは、縦に置いたパネルを舞台に見立てて、その上に絵や図形や文字などを貼ったり外したりして、ストーリーを展開する表現法である。たとえば、ホンダの「あやとりぃ　ひよこ編」では、大きな交通場面のイラストを使い、道路の正しい通行場所を子ども自ら示してもらうなど、子どもたちが参加しながら楽しく学べる内容となっている[12]。腹話術については、多くの都道府県警察に交通安全教育隊や交通安全腹話術隊があって、腹話術ができる職員がいる。紙芝居や絵本と異なってそれほど決まったストーリーがないので、即興でシナリオを変えるといった口パク以外のスキルも要求される。

保護者による教育

子どもの交通安全教育の主体が学校なのか家庭なのかについては議論があるが、保護者が責任を負うべきことは明らかである。しかし、現状はどう子どもに交通安全を教えてよいかわからないという保護者が多いようだ。

保護者による歩行者安全教育は、専門家による実技指導に代わる教育手段として欧米で研究されてきた。保護者は学校への行き帰りや買い物など、子どもと一緒に歩く時間が長く、また子どもの危険を避ける能力や性格などについて一番よく知っていることから、安全教育の担い手にふさわしいからだ。

歩行者安全教育の担い手としての保護者は、二つの側面から研究されてきた。一つは指導監督者、もう一つは模範（モデル）の側面である。親が子どもと一緒に道路横断を観察した結果によれば、多くの親はルールに従った模範となる横断をしていたが、指導監督者の役目は果たしていなかった[24][25]。子どもは親の行動や態度を見て、それを自分の行動や態度として取り入れる（観察学習）ので、親がルールに従った横断行動をすれば、歩行者安全教育のモデルとしては合格だ。しかし、指導が足りないのなら、道路横断という交通安全を教えるのに絶好な機会を逃していることになる。たとえば、横断前に押しボタンを押したり、左右の確認をしたりすることについて、子どもに話しかけて教えていないということだ。

監督については、親は子どもと手をつないで横断しているか、どういう状況下で手をつなぎやすいかという観察研究がある。イギリスの結果では、女児のほうが男児より手をつなぐ割合が多い[25][26]。年齢については小さな子どもほど手をつなぐ傾向がありそうだが、年齢によってあまり変わらないという結果もある[26][27]。

日本の研究では、幼稚園児と母親の横断行動の観察調査と、保育園児を持つ保護者に対する質問紙調査がある。観察調査では性差や年齢差は調べていなかったが、母親がベビーカーを押しながら園児と横断している場合には、手つなぎ率が非常に低いことが報告されている。(28) 質問紙調査では、年齢については小さな子どもほど手をつなぐ傾向が少しだけ見られたが、性別による差は見られなかった。(29) 男児や幼い子どもに対して手をつなぐのは、手を離すと心配だからであり、このことが手つなぎ行動の要因であるならば、危険な横断場所ほど手つなぎ行動が増えるはずだ。(27)

それでは子どもに交通安全を教える役割を担う保護者に対して、どう指導したらよいだろうか。この先駆けとなった研究に、先に述べたドイツの親訓練プログラムがある。(7) これは三〜六歳の子どもを持つ親を対象として、親が子どもに道路横断時の安全な行動を教育できるような教材を提供して、その有効性を調べた研究だ。教材は、様々な交通状況下で親が子どもに教育指導をしている場面を示した三〇分のビデオと、指導法の冊子である。このプログラムは、国の「子どもと交通」計画における学習教材として現在でもドイツ各地で使用されているようだ。(30)

日本でも交通安全教育指針や文部科学省交通安全業務計画の中で、保護者に対して、警察や学校などが行う交通安全の行事への参加や、家庭や道路での子どもへの指導を働きかけている。しかし、具体的な指導方法についての説明はないようだ。その代わりに、幼児交通安全クラブや交通安全母の会といった、幼稚園・保育園や小中学校に通っている子どもの保護者の団体が設立され、子どもの交通安全教育に携わっている。少子化や子どもの交通事故の減少もあって、活動は年々低下ぎみであるようだが、現在でも子どもの交通安全の強い味方になっている。たとえば、幼児交通安全クラブの中で有名な岡山県のももたろうクラブでは、交通指導員と事前に打ち合わせをして、保護者自らが当番制で教師役となり、寸劇・紙芝居等で交通ルールを教えたり、見通しの悪い模擬道路で横断練習をしたりしている。[22]

第2節　高齢者の歩行者安全教育

高齢歩行者の交通安全教育は、子どもの教育以上に難しい。それは対象となる高齢者を集めたり、長く身についた歩行行動を変えたりすることが困難だからだ。ここでは子どもの教育と同様に、高齢者に対する歩行者安全教育の目標と具体的な教育技法について概観しよう。

1　高齢者の歩行者安全教育の意義

第4章で述べたように、高齢者の歩行中事故は負傷者数で見ると子どもと同じくらい、死者数で見ると子どもよりはるかに多く発生している。中でも七五歳以上に多く、歩行中死者全体の半数を占める。[31] したがって、高齢者に対する歩行者安全教育は、子どもに対するのと同様に欠かせない。

高齢になると歩行者事故が増加するのは、加齢による心身機能低下と病気が主な原因であるが、ほかにも運転免許を持たない人が高齢者の半数近くいることも原因の一つである。交通事故統計によれば、人口当たりの歩行中の人身事故件数や死亡事故件数は、免許を持たない人のほうが三倍ほど多い[32]。運転免許を保有していると、教習所でのドライバー教育や運転経験によって、交通ルールや交通の知識を得たり、交通の状況を読んだり、危険を予測する能力を身につけたりして、それが歩行時にも役立つが、免許を持たない人にはそれが望めない[33][34]。免許を持たない高齢者の歩行者事故の特徴は、交差点、道路横断中、安全確認不十分あるいはなしである[32][35]。危険な環境下で、交通状況への認識が不十分なために事故に遭うのだ。

自動車教習所のコースで、信号機のある横断歩道交差点とない横断歩道交差点、信号機も横断歩道もない交差点を通過するルートを設定し、免許保有の高齢者と保有しない高齢者にルートに沿って歩いてもらい、二台の車が走行する中で、横断時の左右への安全確認を調べた実験がある。それによると、免許を持たない高齢者のほうが、左右への確認回数が少なく、頭を回す角度が浅く、確認時間も短かった[36]。質問紙調査でも、免許を持たない高齢者のほうが、歩行時の危険への認識が不十分で危険感受性が低かった[37]。筆者が行った高齢歩行者の規範意識調査では、免許を持たない高齢者は免許保有高齢者よりも、ほかの歩行者は交通ルールを守っていると甘い評価をしがちであった。

さらに、免許を持たない高齢者は、免許を持っている高齢者より高齢で健康面に不安がある傾向がある[38]。同じ年齢であっても心身機能が低下している[39]。知識や経験面のほかに身体面でも問題があるのだ。高齢者の中でも特に免許を持たない高齢者への交通安全教育が重要なのはこのためである。

2　高齢者の歩行者安全教育の目標

子どもに対する歩行者安全教育については、先進国の多くが目標を定めて組織的に実施していた。しかし、高齢者に対してはそれほど盛んではない。人口の高齢化が日本ほど進んでいないし、また歩行者事故の割合が少ないからだ。

子どもと高齢者とでは、心身の発達状況や社会的経験の違いから、歩行者安全教育の目標も少し異なる。高齢者の場合は以下の三点が目標となるだろう。

①　高齢歩行者が事故に遭いやすい危険な道路交通環境や歩行行動を知り、その原因と対策を理解し、安全に歩行するよう動機づける。

②　高齢歩行者の事故原因の一つに、加齢による心身機能の低下と病気があることを理解し、それに対処するためにルールを守り、ゆとりある行動を取るよう動機づける。

③　道路歩行には危険が伴うが、歩行は心身の健康に資することや社会とのつながりを保つために必要であることを理解させ、それを励行する。

高齢歩行者事故が起こりやすい道路交通環境と歩行行動

高齢者が死傷した歩行者事故を一六～六四歳の歩行者事故とくらべると、次のような状況下での事故が多かった(35)。

①　秋から冬にかけての一〇月から一二月
②　昼から夕方
③　私用、特に買物、訪問時
④　横断歩道がないところ、あるいは横断歩道付近を横断中
⑤　安全確認がない、あるいは不十分
⑥　横断歩道外横断、斜め横断、走行車両の直前直後横断

②の昼から夕方にかけて事故が多い（第4章参照）のは、その時間帯に歩くことが多いためでもあるが（第3章参照）、①の日没が早い秋から冬にかけて事故が多いことからも、高齢者では薄暗くなると歩行者事故の危険性が特に高まると考えられる。これは高齢になると低コントラスト下での視力（夜間視力）などが低下するためである。これに対処するためには明るい道路を選んで歩いたり、懐中ライトを使ったり、反射材を身につけたりすることだ。

④〜⑥は、高齢歩行者事故のもう一つの特徴である、横断歩道のない場所での道路横断の危険性を示す（第5章参照）。こういった場所ではドライバーは横断歩行者がいることにあまり注意を払わないため、歩行者が左右から車が来ないか安全確認をしないで横断すると、事故の危険性が高まる。

高齢者に対する歩行者安全教育では、以上のような高齢歩行者が事故にあいやすい状況や行動（第2章・第5章参照）を教え、その理由や対処方法を高齢者に考えさせ、気づかせ、安全な行動を取る

よう動機づける教育が必要だ。また、歩行者事故の多くは自宅周辺で発生することから（第4章参照）、地域で実際に発生した歩行者事故を例にとって学習や話し合いをするのが効果的だ。

老いとその自覚

このテーマについては第5章で述べた。おさらいすると、高齢歩行者は危険が明らかな状況では、老いを自覚して横断歩道を利用しようとするし、青信号の点滅時には無理に横断しようとしない。しかし、危険感受性が低いために、実際は危険であっても本人にとっては危険と感じないような交通状況下では、若い世代と同じか、より危険な行動を取ってしまう。また、老いを自覚して安全に横断しようとしても、転ばないように歩くことを重視して、安全確認がおろそかになりやすい。さらに、左右から来る車を確認しても、視覚や速度知覚機能の衰えから、正確な判断ができなかったりする。

こういった加齢による心身機能低下が歩行に及ぼす悪影響に気づかせ、そういった状況下での安全な対処方法を考えさせたり教えたりすることが、高齢者向けの交通安全教育では欠かせない。多くの高齢者は、年を取ったがそれほどは老いていないと思っている（自己若年視）[40][41]ので、教育の前提として、まず歩行に悪影響を及ぼすほどに、実際は老いが進んでいることを自覚させる必要がある。

それではどう自覚させるか。自分の視力や反応時間や歩行速度をまず予想させ、それがどれほど甘い評価となっているか、またその値が若い世代よりどのくらい劣っているかを、実際に測定するとよいだろう。最近筆者は、高齢者の視力について、予想視力と実測視力を調べたが、それによると自分の視力を実際より低いと過小に評価していた人が二二パーセントだったのに対して、実際より高いと過大に評価していた人は六二パーセントと多かった。

歩行の効用と危険性

交通安全教育では、「道路は危険です。特に高齢者の方は〇〇しないようにしましょう」といった否定的な表現が使われやすい。そうすると歩いて交通の場に出ること自体が抑制されかねない。家に閉じこもる時間が増え、動かない状態が続くと、心身の機能が低下し生活不活発病にかかったり、社会的孤立を生じたりしかねない。歩行時の交通安全とともに、歩くのは健康によいし、地域を詳しく知ることができるし、地域を歩くことで知り合いが増えるし、地域のにぎわいや防犯にも貢献するといった歩行の効用もぜひ伝えたい。

第2章で、歩行者が歩きやすい道が地域にあることが地域生活に欠かせないことを述べ、歩行者が求める道の条件として、利便性、安全性、快適性、魅力性の四つを挙げた。このことは、歩いて出かけるか車で行くかを決める基準は安全だけではないし、安全だけを歩行中に考えているのではないことを意味する。ただし、いったん歩行すれば、安全は歩行者にとって最重要課題である点は間違いない(42)。地域での歩行を楽しむ上で、安全に歩行するにはどうしたらよいかという視点からの交通安全教育が必要だ。

老いが進むと、歩行が段々と困難になってくる。運転免許の返納が進まない理由の一つは、運転するほうが歩くより楽だからだ。だからといって歩いて出かけないのは問題である。二本足での歩行が困難になっても、歩行補助具を使って外出できる。歩行補助具には杖やシルバーカーなどがあるが、電動車イスもその一つだ。これは簡単に移動できて便利であるが、その操作に注意を奪われて交通安全面がおろそかになりやすい。また、その構造上、高さが低くてドライバーから見つけられにくいし、危険を避けようとしてもスピードが上げられない。歩道上に障害物があると通行もしにくい。まだ事故件数そのものは多くないが(43)、特に運転免許を持たない高齢者に対して、電動車イスの交通安全教育が必要だろう。

3 高齢者の歩行者安全教育の技法

次に、高齢者に対してどのように教育していくかについて述べよう。先に、子どもの歩行者安全教育でよく用いられる教育技法を四つ取り上げたが、ここでは高齢者を対象とした歩行者安全教育でよく用いられる四つの教育技法を解説する。

交通安全マップづくり

交通安全の地図と言えば、以前は警察署が作成した交通事故発生地図のことを指した。警察署管内のどの道路や交差点で死亡事故や人身事故が発生したかをピンやシールで示したもので、ピンマップと呼ばれていた。これは犯罪発生マップ、地震マップ、洪水マップといったハザード（危険）マップの走りであった。

交通安全マップには、この交通事故発生地図も含まれるが、それよりも交通事故が起きそうな危険箇所を、自らの体験をもとに参加者が地図上にシール等で表現した地図を指すことが多い。こうしたマップづくり活動を通じて、参加者は近所の危険箇所を知るだけでなく、危険な場所に対する認識を深め、そこでの危険回避能力や交通安全に対する意識を高めるのだ。また、作成されたマップが広報されれば、多くの人が危険情報を共有して、交通安全意識を高めることができる。さらに、マップを警察や行政機関に持っていき、対策を講じてもらうことも可能だ。

交通安全マップの技法にはいくつかのバリエーションがある。一つ目は「ヒヤリ地図」で、参加者は歩行中や運転中などに遭遇したヒヤリ・ハット体験をもとに、一人ずつその場所を地図上に示していき、皆で地図を完成させていく。二つ目は「地域安全マップ」で、参加者は地域の道路に出かけ、自分で危険そうなところを探したり、地域の人に聞き取りをしたりし、その後に集まってマップをつくるというものである。これらは、交通安全マップと総称される。

本格的に「ヒヤリ地図」が普及したのは、国際交通安全学会のプロジェクト研究による。高齢者の交通安全教育には、「高齢者が自ら提案し、計画し、ほかの高齢者を指導しながら、その中で自分自身をも安全に動機づけていくような、新しいシステム」が必要だと考え、高齢者自身が主体的に会の中で活動（参加・体験）するようなしくみとして、「ヒヤリ地図」づくりを考案した。[44]「地域安全マッ

図 6-3　高齢者によるヒヤリ地図作成[47]

プ」と異なって、地域の道路に出かけないのは、参加者が地域の道路のことをよく知っている地域在住の高齢者であるからだ。

もちろん高齢者以外の小学生などが「ヒヤリ地図」づくりに参加することも可能である。また、地図を作成した後に現場の道路に出向くというプログラムもある。文部科学省が全国の小学校に対して行った調査によると、マップづくりや通学路の視察などによる地域内の危険箇所の把握は、実技指導、講話・講演に次いで多く、ビデオ・紙芝居・人形劇等と同じくらい多かった[45]。

「地域安全マップ」は、もともとは児童の防犯教育の一環として、地域で犯罪の起こりやすそうな場所を識別できる能力（危険予測能力あるいは危険回避能力）を育てる手法として開発された[46]。これが地域の危険箇所や問題箇所等の点検や対策を講じるための地域住民によるマップづくりに応用されたり、不審者の出そうな場所ばかりでなく、歩いている時や自転車に乗っている時に危険そうな場所も対象にするマップづくり（交通安全マップづくり）に応用されたりするようになった。

「地域安全マップ」の特徴は、地域に出かける前に、どういった場所で犯罪が起こりやすいかを事前に学習する点にある。街頭犯罪は、誰でも入れる場所や見えにくい場所で発生しやすいという環境犯罪学の知見を子どもたちに教え、危険そうな場所を見つけるためのヒントを与えるためだ。交通安全に応用すると、車や人などの交通が多いところ、見通しが悪く危険を予測しにくいところ、交通ルールを守る人が少ないところで交通事故は起きやすいという事前学習が、地図づくりの前に必要ということになる。

どのタイプのマップづくりであっても、地図をつくったらそれで終わりということではない。参加者間で、特に危険な道路や交差点を確認し合ったり、どういった危険性があるのか、そこでの注意点と改善策は何かといった点をグループ討議したり、また、マップづくりの成果を発表したり、掲示したりするとよい(47)（図6-3）。地図上に落とされた危険箇所を、実際に発生した事故地点と比較して、その理由を検討することも必要かもしれない。

高齢者宅訪問

高齢者の五人に一人は一人暮らしだという(48)。一緒に暮らしている家族がいれば、病気や金銭面で問題が生じても家族に助けを求めることができるが、一人暮らしの場合にはそうはいかない。健康や生活面で心配がなくても、一人暮らしの高齢者は社会的に孤立しやすい。そこで民生委員、地域包括支援センターの見守り協力員、地域の町内会・自治会の役員、老人クラブの担当者などが、健康や生活面の状態を把握するために、一人暮らしの高齢者を中心に高齢者宅訪問をしている。高齢者、特に一人暮らしの高齢者は、詐欺や空き巣などの犯罪に巻き込まれたり、火事を起こしたりしやすい。地震や台風などの災害時にも逃げ遅れがちだ。そこで警察、防犯協会、消防署、市区町村からも職員が高

図6-4　地域交通安全活動推進委員の高齢者宅訪問[50]

齢者宅訪問をしている。

同様に、交通安全の分野でも、高齢者宅訪問が実施されている。内閣府が全国の県や市といった自治体を対象に行った調査によれば、高齢者を対象とした交通安全教育の取り組みの中で、高齢者宅訪問は、反射材などの交通安全グッズや冊子・チラシの作成・配布、交通安全教室・講習会に次いで多く、三七パーセントの自治体が実施していた[49]。訪問の担い手は多様で、警察や市区町村の職員、民生委員、地域の町内会・自治会の役員、老人クラブの担当者のほかに、交通安全母の会会員や交通指導員（自治体が委嘱する非常勤の特別職地方公務員）、交通安全協会の担当者や地域交通安全活動推進委員（公安委員会が委嘱する非常勤の特別職地方公務員）等のボランティアが訪問する（図6-4）。

時には、園児から高校生までの子どもが、大人と一緒に高齢者宅を訪問することもある。子どもが説明するほうが、高齢者はよく話を聞くという。ところで、高齢者の社会参加を促す活動の一つに世代間交流がある。交通の分野ではヒヤリ地図づくりや交通安全ウォークラリーがそれに該当するが、子や孫世代の高齢者宅訪問もその一つと考えられる[51]。若い世代の高齢者宅訪問は、双方の交通安全意識が高まるばかりでなく、高齢者にとっては社会とのつながりを持ち、孫世代にとっては高齢者のことを理解する、よい機会となる。

訪問では、チラシやパンフレットを用いて、高齢の歩行者などが起こした事故の実態の説明やその際の注意点などを指導する。地域で開催される交通安全教室のイベント参加を促し、外出と交通安全啓発の機会を増やす手助けをする。ほかには、反射材の説明と靴や持ち物への貼りつけがよく行われる。単に反射材などの効果を説明したり、反射材製品を手渡ししたりするだけでなく、実際にその場で貼ってもらうことができるのが訪問の強みだ。訪問では、相手は一人であることが多く、効率はよくないが、高齢者の中でも特に交通安全教育が必要な人に対して、その人に応じた指導や教育ができるのは長所である。

高齢者宅訪問に当たっては、ほかの交通安全教育でもそうであるが、それ以上に多くの機関や人との連携を必要とする。その理由の一つは、一人暮らし、運転免許を持っていない、老人クラブに未加入といった、交通安全教育が必要な高齢者を特定することが難しいからだ。住民の情報を持っている市区町村や警察であっても、町内会・自治会役員や民生委員や交通安全母の会といった、地域に密着した人たちの事前の声かけや訪問宅までの案内といった協力を必要とする。

訪問時には、交通安全教育と一緒にほかの分野の説明が行われることが多い。警察職員が訪問する場合には、防犯との組み合わせが多い。一人暮らしの高齢者が被害に遭いやすい振り込め詐欺防止や空き巣対策の戸締まりなどの指導とともに、交通安全教育を行うのだ。日ごろから高齢者宅の家庭訪問をしている民生委員には、高齢者の安否確認や話し相手といった「見守り」のついでに、交通安全啓発のチラシや反射材製品を配布してもらう。民生委員などと一緒に、交通安全の知識を持つ交通指導員や地域交通安全活動推進委員などが訪問することもある。

反射材の普及活動

歩行者死亡事故はその七〇パーセントが夜間に発生していることから、夜間の歩行者事故を防ぐための教育が必要とされている。第4章で述べたように、反射材の着用は夜間の歩行者事故防止に欠かせない。少し古いデータであるが、交通安全指導員が重要と考え、高齢者も関心を示す教育指導項目の中で、反射材の使用は、夜間の衣服の色による見え方の相違と並んで最上位であった(52)。

反射材の機能をおさらいすると、夜間に車のライトが歩行者を照らして反射材に当たると、ライトの光がドライバーに跳ね返ってきて（これを再帰性反射という）、歩行者の存在が明らかになる。遠方の歩行者にライトが当たっても、黒っぽい服装をしているとそこに人がいることすらわからないが、反射材を身につけていればそれが明るく光り、人か何かがいるとドライバーは遠方からも察知できる。つまり、反射材は暗い夜道で自分の存在をドライバーに知らせて注意を促す重要なツールだ。

反射材のような安全グッズの場合には、知ってもらった上で、効果を実感してもらい、さらには使用してもらうことが大切だ。交通安全教室では、反射材とはどういうものか、どんな種類のグッズがあるかを実物で示しながら、暗い中で光って目立つという効果が伝えられる。反射材が組み込まれた着用物には、バッグ、傘、帽子、靴、夜間作業服、たすき、バンドなどがある。また、反射材からなるシールやキーホルダーなどは、靴やバッグなどに貼ったりつけたりして使われる。

反射材の効果を実感してもらうための参加・体験型の活動には、教習所や校庭や体育館などで反射材を身につけた人とそうでない人を暗闇の中に立たせ、ライトを当てた時の見え方の違いを実際に体験してもらうイベントがある。また、反射材を用いた衣服などのファッションショーもある（図6-5）。こういったイベントは、高齢者だけでなく子どもも含む若い層も対象となるので、世代間交流の場となる。

図6-5　高齢者の反射材ファッションショー(53)

交通安全教室や街頭では、反射材シールやバンドなどのグッズが無料で配布されることがある。しかし、格好が悪かったり、着用が面倒くさかったり、あまり光らなかったりすると、使用してもらえない。機能性とともにファッション性がないと受け入れられないのだ。また、その場で靴やバッグなどに参加者自らが、あるいは主催者側が反射材を貼付することが普及の近道だ。あらかじめ反射材が組み込まれている、機能やデザインに優れたグッズの開発や普及活動も、使用する人を増やす方法である。さらに、反射材グッズを購入しようとしても、何がよいか、どこで買えるかわからないという人も多い。そんな人向けの情報発信も必要だ。

最後に、ＬＥＤライトについて述べよう。反射材は光が当てられた場合に光るのに対して、ＬＥＤライトは自らが発光するため、反射材より目立って機能性が高い。ただし、LEDライトを組み込むと、電池が必要で厚みが出る。現在は、LEDライトが作業服に取りつけられたり、腕や手のバンドに使われていたりする。ところで、高齢者は暗いところでよくものが見えないのだから、いっそコンパクトなLEDライトを持ち歩くほうが、事故や転倒防止に役立つかもしれない。

歩行者用シミュレータ

最近になって、各種の歩行者用シミュレータが登場してきた（図6-6）。ただし、まだ高額であるため、都道府県警察や地方自治体や全国規模の交通安全団体などがそれを何基か購入し、小学校や老人クラブなどが主催する交通安全教室に貸し出しをしたり、出前授業をしたりしている。その目的は、危険が及ばない室内にいながら、あたかも実際の道路を歩いたり、横断したりするかのような状況をつくり出して、安全な歩行行動を学習することだ。そのための基本的なしくみはこうだ。

① 道路交通場面（たとえば横断場面）をコンピュータ・グラフィックスで表現する。歩行者の前面にスクリーンを置き、そこに映写するものが多いが、ゴーグルやヘルメットの形をしたヘッドマウントディスプレイ（頭部装着表示装置）にヘッドトラッキング（頭の動きの検知）の技術を組み合わせ、顔の向きに合わせて映像を連動させて三六〇度の交通場面の視界を表現する手法も登場している。

② それを見ながら、その仮想交通場面の空間を「歩く」のだが、実際に歩くものより、トレッド

ミル（ルームランナー）上を歩いたり、その場で足踏みをしたり、あるいは腕を振ったりすることで歩きを表現するもののほうが多い。

③　歩行者の「歩き」は道路交通場面と連動していて、仮想ではあるが実際の道路交通の空間内を歩いている感じを持たせている。

④　歩行中の足の動きや頭の位置などは、センサーによって記録・再現される。

⑤　道路交通場面は、プログラムによって様々な状況を作成できる。

⑥　歩行者の行動や車の動きは、後で再現が可能である。

図6-6　歩行者用シミュレータを用いた教育(54)

交通安全教育での使われ方としては、ふだん通りの横断や危険な歩行場面（たとえば、短いギャップや車の高速通過）での横断を体験させ、それを後でリプレイ機能を使って再現してフィードバックする。参加者は歩行時の不安全行動を自覚して、歩行する時に何に注意すべきか、どう行動するかを学習するのだ。フィードバックでは、歩行者（自分）の視点だけでなく、真上からの俯瞰視点やドライバーからの視点で見ることで、実際に自分がどう行動したかを振り返る。もちろん、仮想交通場面で車と衝突してしまったりすればそれもフィードバックになる(55)。

その映像は歩行した本人だけでなく、ほかの参加者も同時に見ることができ、観察学習が可能だ。参加人数が多くて全員が体験できない時には、指導者がいくつかの危険な行動をシミュレータ上で実演し、リプレイ機能などを使ってその問題点を示したり、参加者に考えさせたりすることもできる。シミュレータが測定する評価指標には、道路横断行動を例に取ると次のようなものがある。横断を決断した時のギャップ（横断する直前に通過した車と横断後に通過した車との車間時間）、横断する前の待ち時間、横断前と横断中の安全確認（頭部の動き）、道路横断中の歩行速度、事故や事故一歩手前（ヒヤリ・ハット）などだ。こういった指標を用いて横断の危険性が詳しく評価される。

歩行者用シミュレータはコンピュータ制御なので、車の台数や速度、周囲の明るさ、見通しなどを変えたりすることができる。そのため、歩行者の能力や普段の歩行環境に応じて環境を設定したり、環境の変化に応じて横断行動がどう変化するかを調べたりすることも可能である。環境変化によって事故の危険性が変わることを、参加者は学ぶことができるのだ。

教育や訓練の効果測定にシミュレータが使われることもある。まず歩行者用シミュレータで教育訓練の内容である歩行行動（たとえば横断行動）を測定し、次いで座学や実地訓練などで行動を学習した後、再び歩行者用シミュレータで行動を測定することで、実施した教育・訓練が行動を改善させたか調べることができる。

歩行者用シミュレータは、歩行行動を安全に体験し、その後で自分の歩行行動を客観的に眺めることができるユニークな教育技法である。また、同じ交通場面で多くの参加者が歩行行動を体験するので、他人との比較が可能である。しかし、問題がないわけではない。それは単なる危険場面の体験になりかねないという点だ。参加者は、自分がどういった歩行行動をしているか、その歩行行動は安全なものか、危険であるならどこをどう改善するのがよいかを、フィードバック機能などを手がかりにしてまず自分で考え、その後で指導者などから問題点を指摘してもらうことが大切だ。

第3節　歩行者安全のための道路・交通対策

交通事故防止対策の3Eの一つである教育（Education）に続いて、ここでは工学的対策（Engineering）である道路・交通対策について概観し、残る法執行・取締り（Enforcement）に当てはまる交通規制も、道路・交通対策の一つとして取り上げよう。

1　歩行者と車の分離（道路対策）

表6-3は歩行者安全のための道路・交通対策の一覧である[56]。対策を目的別に三つに分け、各々を道路対策と交通対策に分けた。まず、歩行者と車を空間的にあるいは時間的に分離することを目的とした対策について概観しよう。

道路側からの分離対策の代表は、歩道や横断歩道の設置である。こういった施設については第2章

表6-3　歩行者安全のための道路・交通対策一覧（WHO[56]を改変）

対策の目的	対策の対象	
	道路	交通
歩行者と車を離す	歩道・広い路側帯，防護柵，横断歩道，交通島，歩道橋・地下歩道 歩行者専用道路・自動車専用道路，クルドサック，ループ型道路網	信号・歩行者用信号 車両通行規則（車両通行止め，大型車通行止め，一方通行，右折禁止など）
車の速度を下げる	車道や車線の狭さく，ハンプ，まっすぐな道路にしない	速度規制（個別の道路） ゾーン30（地区全体の道路）
歩行者とドライバーの視界をよくする	横断歩道を目立たせる（標識，路肩延長など），カーブミラー，道路照明， 交差点改良（隅切り，歩行者と右折車両間の視界向上など），植栽の視覚的障害阻止	駐停車両を少なくする 歩道上の視覚的障害物を減らす 歩行者感応式信号

で述べた。交通島というのは，距離が長い横断歩道で一度に渡りきれない時に，中間に歩行者の避難場所として設置するものだ。

歩行者専用道路は，住宅街の裏道や商店街の狭い道やオフィス街の建物と建物の隙間の道によく設けられる。ここでは車や自転車が入り込まないので，安心して歩けるし，最近では散歩やハイキング用に整備された道もできてきた。自動車専用道路は，高速道路のような歩行者や自転車の通行を許さない道路で，基本的にはこういった道路では歩行者事故は起こらない。歩行者専用道路と自動車専用道路は道路ネットワークの両端に位置する道路であり，この間に幹線道路や区画道路（生活道路）といった車と歩行者が混在する道路がある。幹線道路での歩車分離対策は歩道の設置であり，ほかに環状道路（たとえば東京の環七や環八）やバイパスの整備がある。こうした道路をつくると、歩行者が多い混雑した市街地を通らずに車が移動できるのだ。ただし、日本では環状道路やバイパスの沿道に店や工場や住宅がすぐに建てられ、通行機能優先道路がアクセス機能を持った道路に変化してしまう。

区画道路での歩車分離対策にクルドサック（袋小路）とループ型道路網の設置がある。こうした道路では通過交通が入ってこないので住民は安心して生活できる[57]（図6-7）。

2　歩行者と車の分離（交通対策）

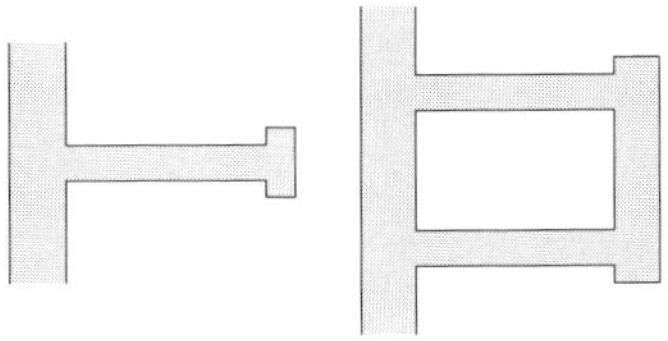

図6-7　区画道路に見られるクルドサック（左）とループ（右）[57]

交通側からの対策には、時間的に歩行者と車を分離する信号設置と空間的に歩行者と車を分離する車両通行規制がある。歩行者に優先的な横断を割り当てる青信号・青点滅の時間とその時間内に渡りきれない高齢歩行者の問題については第5章で述べた。また、歩行者と車両を完全に分離する歩車分離式信号や残り時間表示つき信号などの信号機の改良については第4章で述べた。ここでは車両通行規制について解説しよう。

車両通行止めは、住宅地や商店街の通過交通を排除する、車両通行規制の中で最も強い規制である。車が通行できないような道路で適用されることが多いが、十分な幅員がある道路でも、大型車や通学時間帯は通行できないといった規制も多い。たとえば、警察庁交通局が示す交通規制基準によれば、大型自動車等通行止めの対象道路は、「児童・幼児の通学・通園路、住宅地・商店街等にある歩車道の区分のない十分な幅員がない道路、道路構造等から騒音、振動等の交通公害が発生する恐れのある道路、交通渋滞等を避ける車両が抜け道に利用して交通事故が発生する恐れがある道路」等である[58]。

一方通行規制は、以下のような理由から、生活道路や裏通りへの通過交通を抑制するための最も基本的な交通規制である[59]。

① 幅員の狭い道路が多い住宅地域では、歩行者用の歩道や広い路側帯を設けると、両側通行できる余地がなくなる。

② 一方通行にすれば、ほかの車両や歩行者などと進路上衝突が可能な地点（コンフリクトを生じさせる地点）が減少するため、事故が減少する。

③ 一方通行規制に対するドライバーの遵守率が高い。

④ 交通取り締まり警察官の負担が減少する。

交通規制基準によれば、道路の車道幅員によって、一方通行規制と組み合わせて行う対策が異なる。たとえば四メートル未満の幅員しかない道路では、大型自動車の通行を禁止し、五・五メートル以上の幅員がある道路では、車道の両側に歩道や路側帯を設置する。また、一方通行規制をする場合の留意点として、速度が出やすいので速度規制等の対策を実施する点や、地域内でいくつかの道路を一方通行にする場合には、方向のバランスを取る点を述べている[58]。

最後に、右折禁止規制について、幹線道路での右折禁止と地区の生活道路での右折禁止に分けて考えてみよう。交通量の多い幹線道路では、右折待ち車両があると、後続の直進車や左折車の進路を妨害しやすい。そのため右折専用通行帯（右折レーン）を設置したり、対向直進車が多いところでは右折専用現示（青矢信号）を設けたりする。しかし、道路幅員が狭いために右折レーンを設置できなかったり、青矢信号に時間を配分する余地がなかったりする場合もある。こういった時に右折禁止規制が行われる[58][60]。これは円滑な車の流れを重視した対策であるが、横断歩行者にとっては右折してくる車と衝突する恐れをなくす安全対策となる。また、幹線道路から生活道路に進入可能な交差点でも右折禁止規制が実施される。これは生活道路に通過交通が入らないようにするためである。

生活道路でも右折禁止は、右折待ち車両で渋滞が起きやすい比較的交通量の多い狭い道路に適用されるが、ほかには生活道路から幹線道路に入る交差点での右折と直進の禁止規制がある[58]。これは幹線道路を走る車との出合頭事故防止のための対策であるが、交差する歩行者や自転車との衝突を防止する対策にもなっている。

3　車の速度を下げる対策

道路対策

車の速度を下げるためには、速度が出ないような道路構造にするのが基本である。車道や車線の幅員を狭くしたり、曲がった道路にしたりすれば、スピードは押さえられる。しかし、物理的に道路形状を改造するには時間・金銭的な負担が大きい。そこで路面に白線を引いたり、道路上に物理的処置を施したりして、速度を出せないような工夫をしている。その一つは、路側帯の設置・拡幅および中央線の抹消であり、路側帯を広くして車道幅員を狭くし、さらに中央線を消してドライバーにすれちがい時の不安を与えることで、車の速度を減少させる試みである。この対策の効果を調べた研究によれば、車の速度が時速五キロほど減少したり、大型車の混入率が減ったりして、事故も減少した[61][62]。

図6-8　狭さく（速度と通過交通量の抑制）[63]

物理的デバイスについては、道路上に高さ一〇センチ程度のなだらかな凸部を持つマット状のハンプを置いて車の速度を低下させたり、道路入口にポール状のライジングボラードを立てて車の通行を妨げたりする対策を、写真で紹介した（第4章）。ほかには、車道の狭さくとシケイン（クランクやスラローム）がある。狭さくは、自動車の通行部分の幅を物理的に狭くしたり、視覚的にそのように見せたりすることによってドライバーに減速を促すもので（図6-8）、シケインは、車両の通行部分の線形をジグザグにしたり蛇行させたりすることで、ドライバーに左右のハンドル操作をさせて、速度を低下させるものだ[64]（図6-9）。

速度規制

道路対策にくらべると、速度規制は、標識・標示の設置と取り締まりの費用で済むため、車の速度を下げる対策としてよく用いられている。

なぜ速度を抑止すると歩行者事故が減るのだろうか。ドライバーの視点から事故原因を見ると、主な原因は歩行者の発見遅れだ。車の速度が高くなると、同じ区間をより短い時間で通行していくため、その間に処理すべき視覚情報が増えていく。これは運転している時の周囲の風景の流れ（オプティカル・フロー）が速くなることで実感できるだろう。そのため、歩行者を含む、ものの発見が難しくなるのだ。[65] 次に多い原因は、ある程度手前で歩行者を発見したとしても、速度の出しすぎ等でブレーキが間に合わずに衝突してしまうことだ。速度が高いほど、相手を発見してからブレーキが利き始めるまでの距離（空走距離）とブレーキが利き始めてから停止するまでの距離（制動距離）が長くなるためだ。

速度増加は事故の可能性を高めるだけでなく、死亡事故になりやすい。生活道路（幅員五・五メートル未満の単路）で発生した歩行者事故の致死率（死傷者数に対する死者数の割合）は、自動車の速度が時速三〇キロを超えると急激に上昇する[66]（図６-10）。

速度低下は安全面のほかに環境にも寄与する。まず、速度や加

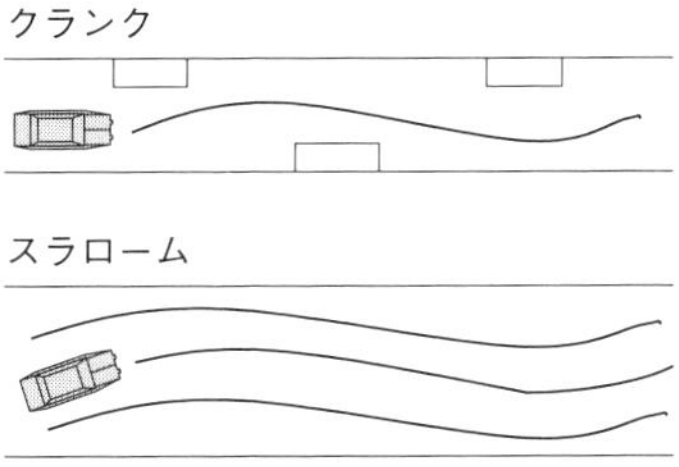

図 6-9　クランク型とスラローム型のシケイン（速度の抑制）

クランク型の狭さく物（□）には植栽やポールで囲ったカラー舗装などが使われる.

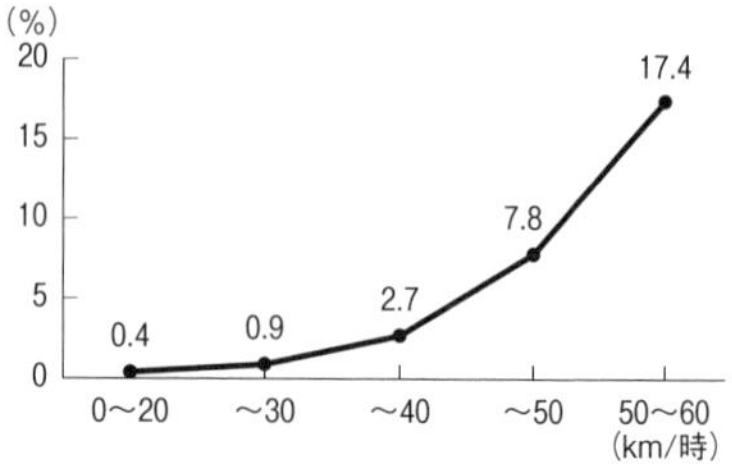

図6-10　歩行者事故での自動車の速度と致死率[66]

速度が下がるとタイヤと路面との接触による騒音が小さくなる。[67] 窒素酸化物（NOx）や一酸化炭素・二酸化炭素（CO・CO_2）や粒子状物質（PM）などの排ガスは、低速運転で多く発生するものの、エコ運転と言えない加・減速が多い運転時にも発生しやすい。[68][69]

ゾーン30

個別の道路でなく、ある区域すべてに速度規制を講じると、区域の住民にとって安心であるし、ドライバーにとってもわかりやすく、速度が守られやすい。こうした考えから導入されたゾーン30は、「生活道路における歩行者等の安全な通行を確保することを目的として、区域（ゾーン）を定めて最高速度時速三〇キロメートルの速度規制を実施するとともに、その他の対策を必要に応じて組み合わせ、ゾーン内における速度の抑制や抜け道として通行する車両の抑制等を図る生活道路対策[66]」である（第4章参照）。

この取り組みは、従来のコミュニティ・ゾーン対策（一九九六年〜）が、対象面積の基準が広すぎてゾーンの設定が困難であり、また必須とされた道路整備の費用がかかりすぎた点を改めたもので、[70] 実施に当たっては、地域住民の同意、警察と道路管理者（自治体）との協力、財政的制約の考慮が重要とされている。[64][70]

ゾーン内の時速三〇キロ規制以外の対策としては、ゾーン入口の明確化、交通規制の実施、物理的デバイスの設置がある。[64][71] ゾーン入口の明確化とは、図6-11のようにゾーンに入る道路の入口に「ゾーン30」という路面表示をしたり、その表示部分を緑地にカラー化したり、ゾーン30のシンボルマーク入り看板を掲げたりすることである。図6-11の写真の右端に立っている単なる区域規制標識だけでは、ドライバーにここから先の区域がゾーン30であることが気づかれにくいからだ。

ゾーン内のほかの交通規制としては、一時停止規制と、先に述べた路側帯の設置・拡幅および中央線の抹消がある。

図6-11　ゾーン30の入口[72]

4　信号交差点での右折車と横断歩行者の視認性向上

歩行者の視覚的環境は第2章でも述べた。ここでは歩行者と車の視界的対策を、歩行者事故の四分の一を占める信号交差点を例にとって考えてみよう。また、その信号交差点での事故の六割は、歩行者が青信号で横断している時の右折車との事故であることから[65]、このタイプの事故を念頭に置いて考えよう。

まず、こうした事故が多いのは、横断歩道を渡っているという安心感から、右折車の動向に関心を払わずに横断する歩行者がいるからだ。[73][74] 右折ド

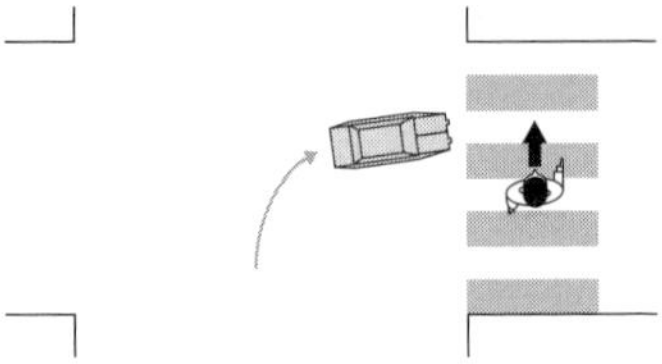

図6-12　右折車と右方向からの横断歩行者

ライバーからすれば、対向直進車が来なくなったのを見計らって、青信号のうちに急いで右折しなければならない状況にあって、横断歩行者に注意を払う余裕が少ないからである[75][76]。

特に危険なのは横断歩行者と同じ方向から右折車が来る場合で、歩行者もドライバーも互いに相手を見つけにくい（図6-12）。このタイプの事故は、交差点が大きいほど、また昼間より夜間に多くなる[77]。大きな交差点で多くなるのは、こうした交差点では対向直進車が多く、それだけ道路前方にドライバーの注意が向けられやすくなって、右側から来る歩行者などへの注意がおろそかになりやすいからだ[76]。また、前後や左右に右折する車がいることが多いため、それへの注意も必要になるし、そういった右折車のかげに歩行者が隠れやすい。夜間に多くなるのは、横断歩道の左側に車のライトが照射されて、昼には周辺視でとらえられた右側からの横断歩行者が見つけにくくなるためだ。

右折ドライバーが横断歩行者を発見しやすいようにするためには、どんな対策があるだろうか。まず、右折専用信号などを設置して右折ドライバーの心的負担を減らす方法がある。横断歩道上の道路照明を設置・改良して、右折する進路を認知しやすくしたり、横断歩道とその付近の歩行者の存在や動きが確認できるようにしたりする対策もある。また、横断歩道付近の植栽の低木化や電柱・広告物の撤去によってドライバーと歩行者の双方にとっての見通しをよくしたりする方法もある。

交差点内の対策としては、交差点の面積を小さくしたり、鋭角で交差する交差点を十字型やT型にしたりする交差点改良がある[78]。交差点の面積を小さくするのは交差点改良の基本であるが、歩行者事故防止の観点からは、横断歩道までの距離を短くして、対向直進車とのギャップを考慮しての右折判断を容易にしたり、走行位置を明確にしたり、右折速度を低くしたりするためだ。十字型に整形するのは、鋭角に交差していると、右折車が中央線を通過してから横断歩道に進行するまでの軌跡の曲率が大きくなる場所が生じて、右からの横断歩行者を見る時間の余裕が少なくなってしまうからだ[79]。

5　歩行者優先の歩車共存道路（シェアード・スペース）

最後に、車から歩行者を守るというより、両者が共存する対策について述べよう。ゾーン30の考え方は、歩行者と車をできるだけ分離した上で、区域内の速度を時速三〇キロ以下に制限して、歩行者や自転車の安全を実現しようとするものであった。これに対して、歩行者を守るために車の速度を時速三〇キロよりもっと低い速度に制限した上で、歩行者と車を道路上で共存して通行させる方法もあるのだ。

この歩車共存のもとになった手法は、一九七〇年代に始まったオランダ発のボンエルフ（生活の庭）である。これは住宅地での道路を子どもたちの遊び場や近隣住民の交流の場として復活させる試みで、道路上では歩行者を優先させながら車の徐行運転も認めるという画期的な試みであった[80][81]。現在でもこの手法はヨーロッパ諸国で存続しているが、適用範囲は住宅内の区画道路に限られているようだ（図6-13）。

図6-13　ボンエルフの標識（ドイツ・フライブルク）

歩行者を優先しつつも車の通行を認める歩車共存の考え方を、中心市街地にある商店街や観光地に適用したものをシェアード・スペースと言う。この背景には歩行者や自転車を車から守るという交通安全も大事であるが、それより市街地の道路を社交や娯楽といった社会的活動の場としてとらえ、都市を活性化させようという考え方がある[82,83]。シェアード・スペースでは、車の速度を低下させるために時速一〇あるいは二〇キロという速度規制を設けることもあるが、基本的には標識や路面表示による交通規制を最小限に抑える。そうすることでドライバーと歩行者とのアイコンタクト等によるコミュニケーションによって互いの移動を調整していく。よきドライバーなら自然と速度を落として安全走行をするはずで、歩行者は道路を自由に支障なく横断できる[84]。

しかし、すべてのドライバーがよきドライバーであるわけではないし、交通状況を正しく把握してドライバーとコミュニケーションを取ることは、視覚的障害者や子どもや高齢者には特に難しい。シェアード・スペースの導入とともに、こういった安全や利用面での懸念に対する実証的な研究がいくつか行われた。その結果によれば、シェアード・スペースの導入によって車の速度が減少し、事故も減少したという報告が多い[84-86]が、取り組みの効果は国や地域や道路・交通条件によって異なった。車の交通量がそれほど多くなく、往来する歩行者や自転車の交通量が多く、車と歩行者がともに通行できるほどの幅員を持つような道路が導入に適しているようだ[84]。

第４節　車の先進技術と救急医療の進歩

先進国では軒並み交通事故死者が減っている。その理由を考えると、ドライバーの安全運転を支援する装置と事故時の被害を軽減する構造を備えた車の普及といった共通点がある。また、事故後の救急医療技術も、医療機器や医薬品の進歩とあいまって世界的に向上している。そこで歩行者対策の最後として、ここでは車の先進技術と救急医療について解説する。

１　車の先進安全技術

予防安全と衝突安全

センシングや車両制御などの先進技術によって、車は日々、進化を続けている。表６-４に交通安全を支援する車の先進技術をまとめた[87]〜[89]。支援の目的を予防安全と衝突安全という面から二つに分け、それに対応する代表的な先進技術を記した。予防安全技術は、ドライバーの認知や判断や操作のミス

表6-4　予防安全と衝突安全のための車の先進技術

安全運転サポート車への搭載有無	支援の目的			
	予防安全		衝突安全	
	通常運転時	事故回避時	衝突時	衝突後
安全運転サポート車S（ワイド）への搭載	先進ライト 車線逸脱警報装置	自動ブレーキ ペダル踏み間違い時加速抑制装置	自動ブレーキ	
その他の先進技術	定速走行・車間距離制御装置（ACC） レーンキープアシスト 駐車支援システム ナイトビジョン 車両接近通報装置	トラクションコントロールつきABS 横すべり防止装置（ESC） ふらつき警報	エアバッグ アクティブヘッドレスト 衝撃吸収ボディ 歩行者傷害軽減ボディ	事故自動通報システム（ACN）

歩行者に対しても効果がある技術を囲みで示した.

により事故が起きないよう、車がドライバーを支援する技術で、アクティブセーフティ技術とも呼ばれる[90]。衝突安全技術は、事故発生後の被害を最小限に抑える技術で、事故を起こしてしまった後の受動的なものであることからパッシブセーフティ技術とも呼ばれる[90]。

車の技術開発の歴史から見ると、シートベルトやエアバッグや衝突安全ボディなどの衝突安全技術のほうが予防安全技術より先行していた。しかし、ITS（高度道路交通システム）関連の旧運輸省主導のASV（先進安全自動車）プロジェクトが一九九一年から始まると、安全運転支援システムの開発が進み、表6-4に示すような多くの予防安全技術が商品化されるようになった[91]。

先進技術による運転者支援の枠組み

ITSは、カーナビやVICS（渋滞情報などを伝える道路交通情報通信システム）やETC（料金所で利用される自動料金収受システム）といった技術に代表される、情報通信技術を活用した道路交通に関するシステムの総称である[92][93]。一九九五年に政府から出されたＩＴＳ全体構想の九つの開発分野のうち、安全運転の支援、歩行者等の支援、緊急車両の運行支援が交通安全に直接かかわっている[93]。

ＩＴＳによる安全運転支援の中には、ＡＳＶのような車による運転者支援だけでなく道路からの情報による運転者支援もある。たとえば、警察庁が主導するＵＴＭＳ（新交通管理システム）のサブシステムであるＤＳＳＳ（安全運転支援システム）では、ドライバーが視認困難な位置にある自動車や歩行者などの動向を、各種の感知機が検出し、車載装置や交通情報板などを通してその情報をドライバーに提供して注意を促す。これは路車間通信と呼ばれるインフラ協調型システムであり、表６-４の予防安全に記した車側の自律検知型運転支援システムとは異なる[87][94]。

安全運転サポート車は、「既に実用化された先進安全技術のうち、高齢運転者の安全運転に資するものであって、今後、普及拡大が見込まれるものを搭載した自動車」であり、二〇一七年の「安全運転サポート車の普及啓発に関する関係省庁副大臣等会議」で出されたコンセプトである[95]。高齢ドライバーを念頭に置いているのは、前年の「高齢運転者による交通事故防止対策に関する関係閣僚会議」を踏まえたものであるからだ。高齢ドライバーは、衝突によって死亡しやすいことから自動ブレーキの搭載が必要であり、またブレーキ・アクセルの踏み間違えによる死亡事故が多いことからペダル踏み間違い時加速抑制装置を搭載することとし、その車を安全運転サポート車（ベーシック）とした。さらに高齢ドライバーは車両単独事故の割合が多く、また夜間の視機能の低下が大きいこともあって、車線逸脱警報装置と先進ライトを加えた車を安全運転サポート車S（ワイド）とした（表6-4）。車の先進技術は高齢者に限らず、すべてのドライバーにとって交通事故防止や被害軽減に役立つ。そこで現在は、先進技術の中でも最も事故防止効果が高いと考えられる自動ブレーキを搭載した車を、セーフティ・サポートカー（サポカー）と呼んでいる[95]。

通常運転時の支援（先進ライト）

通常運転時の支援には、ドライバーの視覚能力などを補う支援と、ACC（定速走行・車間距離制御装置）のような身体的な負担を軽減する支援がある。ここでは視覚能力を補う先進ライトについて解説しよう。

ドライバーの視覚能力は夜間や雨天時など暗いところで低下する。特に、高齢になると視覚機能が低下したり、眼の病気になりやすくなったりして歩行者などを見つけにくくなる[38]。これを補うのがヘッドライトだ。ヘッドライトの先進技術には、高輝度前照灯（HID、LED）、オートライト、自動切換型前照灯、自動防眩型前照灯、配光可変型前照灯（AFS）がある[95][96]。

高輝度前照灯（HID）は、従来のフィラメント光源より高光束で省エネのHIDランプを用いたものだ。オートライトは周囲が薄暮時に相当する暗さになった時に、すれ違い用前照灯（ロービーム）が自動的に点灯する技術である。道路運送車両の保安基準の改正によって二〇二〇年春から新型の乗用車にオートライトが義務化された。薄暮時は死亡事故が最も多い時間帯であり、またこの時間帯の死亡事故の半数は歩行者事故である[97]。ロービームの照射距離は四〇メートルほどでハイビームの半分以下ではあるが、前方の視界が確保できるし、何より歩行者から車の存在が確認しやすい。

自動切換型前照灯、自動防眩型前照灯、配光可変型前照灯（ＡＦＳ）は、先進ライトと呼ばれ、安全運転サポート車Ｓ（ワイド）の条件となっている技術である[95]。自動切換型前照灯は、前方の先行車や対向車等を検知してハイビームとロービームを自動的に切り替える。夜間の運転ではハイビームが基本であるが、対向車のドライバーをライトで眩惑させることもあって、ロービームのまま運転する人が多い。歩行者死亡事故のほとんどはロービーム走行下で発生しているので[98]、自動切換型前照灯によりハイビーム走行が増えて夜間の歩行者死亡事故減少が期待される。自動的に切り替わるので、他車への眩惑や切り替え操作に伴う負担も減るだろう。自動防眩型前照灯は、前方の先行車や対向車等を検知すると、その車両に照射される範囲の光のみを減光して、対向車のドライバーの眩惑を防ぐ。配光可変型前照灯（ＡＦＳ）は、ハンドルや方向指示器などの運転操作に応じて水平方向の照射範囲を自動的に制御し、進行方向のカーブや交差点の形状を明確に照らしてくれる[89][96]（図6–14）。

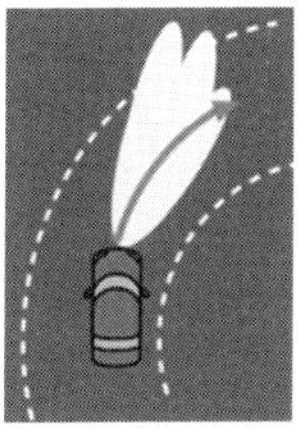

図6-14　配光可変型前照灯（AFS）[89]

事故回避時の支援（自動ブレーキ）

前方に車や歩行者がいて緊急に回避しなければならない時には、ハンドルかブレーキの操作をする。今ではほとんどの乗用車にＡＢＳ（アンチロック・ブレーキシステム）が備えられているが、こういっ

図6-15　自動ブレーキの試験（対前方横断歩行者）[102]

た車を運転する時には、緊急時にブレーキをすばやく強く踏み続けることで、雪道や雨で滑りやすくなった道路でも、スリップやスピンすることなくハンドル操作ができたり、停止できたりする。また、ブレーキアシストを装着していれば、ブレーキを踏む力が不十分であっても、ドライバーの代わりに車がブレーキを強めてくれる[89]。

しかし、ＡＢＳやブレーキアシストは衝突の危険性を前もって教えてくれない。その点、自動ブレーキ（衝突被害軽減ブレーキ：ＡＥＢ）は、車載レーダーやカメラなどで前方の車や歩行者を検知し、衝突の可能性がある場合には運転者に対して警報してくれる。また、衝突の可能性が高い場合には自動でブレーキが作動して停止するので事故にならずに済むし、衝突したとしても被害が軽減される[99][100]。

自動ブレーキは安全運転サポート車に搭載される必須の技術であり、国連の自動車基準調和世界フォーラムで、日本の提案により国際基準が成立した[101]。初期には車への追突事故防止を想定していたが、現在ではセンサーの高性能化と低価格化などにより、横断歩行者との衝突も念頭に置くシステムとなっている。国土交通省と自動車事故対策機構では、各メーカーの車の先進安全技術が基準に適合しているか試験している[102]（図6-15）。図6-15のような歩行者との衝突場面での基準は、「時速五キロで道路を横断する歩行者に車が時速三〇キロで近づいてきても衝突しない」である。

自動ブレーキが事故防止に役立つことは直感的にも、理論的にも明らかであるが、実際に自動ブレーキ装着車と非装着車の事故率を比較した結果、効果が見られた。交通事故総合分析センターで、自動ブレーキを搭載・未搭載の自家用乗用車の数を登録・届出車数で調べ、両者の一〇万台当たりの対四輪車追突事故件数を同センター保有の交通事故統合データで調べたところ、自動ブレーキ搭載車のほうが事故率は五三パーセント低かった[99][103]。

自動ブレーキが歩行者事故を減らす効果は、理論的な研究では七〇～八〇パーセントほどであるが、搭載車と未搭載車の事故率を比較した研究はあまりない。数少ない調査の一つが富士重工業のスバル車によるアイサイト搭載有無による事故率を調べた結果だ。それによると歩行者事故は自動ブレーキ搭載によって四九パーセント減少したという[104]。自動ブレーキが有効であるのは、車が直進していて歩行者がふつうの歩行速度で横断してきた時だ[100]。右折中や歩行者の飛び出し時には、センサーが歩行者を検出しにくいので効果が見られなかった[100]。

歩行者傷害軽減ボディ

衝突安全技術は車の乗員だけでなく、歩行者の傷害軽減にも有用だ。まず歩行者の傷害について概観しよう。

歩行者事故の人身傷害の特徴は致死率が高いことだ（図6-16）。人身事故一〇〇件のうち二件か三件は死亡事故で、重傷事故も一七件とほかの事故とくらべ多い[31]。交通事故統計で重傷というのは、治

表 6-5 頭部外傷の領域・種類別の件数と割合[105]

領域	頭部外傷の種類	件数	割合(%)
頭皮			
頭蓋骨	頭蓋骨骨折	1517	13
	頭蓋底骨折	865	8
硬膜			
	大脳硬膜下血腫	1667	15
くも膜			
くも膜下腔	大脳くも膜下出血	2548	22
軟膜			
脳	大脳挫傷	1775	16

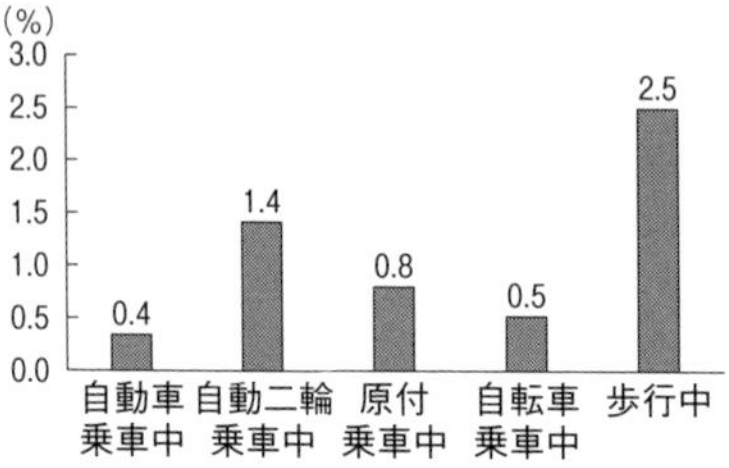

図 6-16 事故時の移動手段別の致死率[31]

療に一か月以上を要すると診断された傷害を言う。歩行者の損傷部位を見ると、歩行者が死亡した事故では頭部が最も多く、重傷や軽傷事故では脚部が最も多い[31]（図6-17）。

頭部に中等症以上の傷害（AISという人体損傷の簡易傷害尺度で2以上の傷害）を受けた歩行者について、その外傷の種類の内訳を調べた研究がある[105]。それによると、頭部の表面である頭皮の下にある頭蓋骨からその内部にある大脳に至る途中で骨折や出血が生じるという損傷が多かった（表6-5）。

頭部外傷は年齢によってその種類が少し異なり、子どもでは頭蓋骨骨折が多く、高齢者では硬膜下血腫やくも膜下出血が多くなる。高齢になると脳血管の動脈硬化が進んだり、血をサラサラにする抗凝結剤の使用率が増えたりして、血腫（血のかたまり）や出血が起こりやすい[105]。

次に、こうした歩行者の傷害を軽減するための車の構造面の対策をみてみよう。歩行者が車と衝突する時には、一般的にまず車のバンパー部分に下肢が当たり（一次衝突）、次い

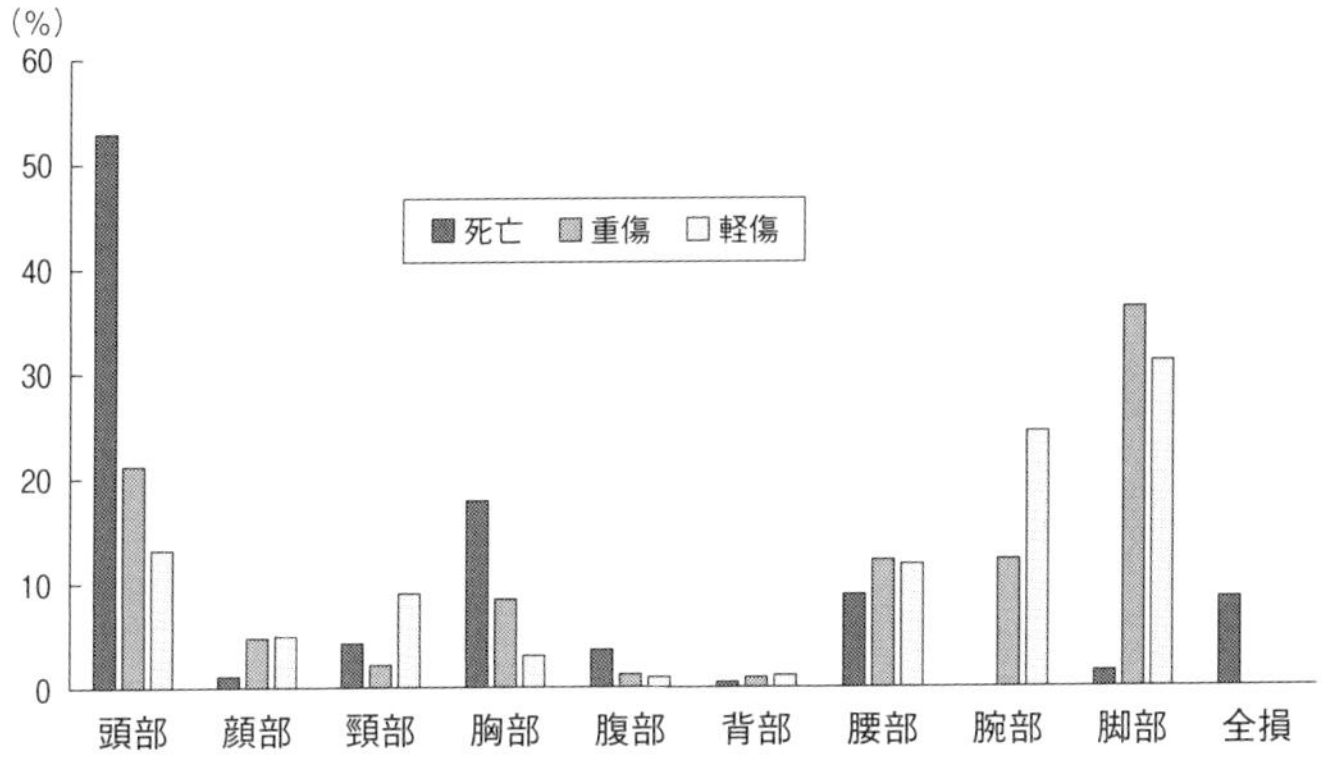

図 6-17　歩行者の被害程度別に見た損傷部位[31]

で体がボンネット部分に当たって跳ね上がって（二次衝突）、最後に路面に体が落ちていく（三次衝突）[90][106]（図6-18）。したがって、被害を軽減するためには、バンパー等の車の前面やボンネット部分に体が衝突した際に、その衝撃を和らげる構造が車に求められる。こうした歩行者との衝突エネルギーを吸収する車の構造を、歩行者傷害軽減ボディという[107]。

たとえば、バンパー付近は突起が少ない形状とし、バンパーの面積を広く確保して、全体をなだらかな形状にする。バンパーの奥にスペースを確保して、バンパーへの衝撃を吸収する[107]。ボンネットフード付近の対策としては、歩行者との衝突時にボンネットフードを持ち上げて、エンジンルーム内に空間を確保し、歩行者の頭部への衝撃を低減する（ポップアップフードシステム）。また、フロントガラスの窓枠部分など硬い部分に歩行者の頭部がぶつかるのを防ぐために、ボンネットフードの下からエアバッグが出てきて、エアバッグが展開するという歩行者保護エアバッグシステムも最近になって登場した[108]。

2　救急医療の向上

救急搬送

救急医療には、消防署の救急隊員による救急搬送と医療機関の医師や救急救命士による救命処置がある。まず事故の通報を受けてから病院に到着するまでの救急搬送について解説しよう。図6-19は救急隊の活動を時間軸に沿って示したものである。図6-20にはその間の諸活動の所要時間と割合を示した[109]。事故の通報を受けてから現場に到着するまでの時間（①入電～⑤現着）が九・三分、救急隊が負傷者を救急車内に収容してから、救急車が病院に向けて出発するまでの時間（⑦収容～⑧現発）が一三・四分、出発してから病院に到着するまでの時間（⑧現発～⑨病着）が一〇・六分と、この三つの活動で全体の所要時間四〇・八分の大部分を占める[109][110]。

図6-18　歩行者と車の衝突 (106)

救急搬送をもう少し詳しく見ていこう。まず事故が発生した場合、ケガがひどければ１１９番通報をして救急車を呼ぶ。携帯電話の緊急通報のボタンを押せば、発信された場所が消防署などに自動的に通知される。しかし、事故の当事者が通報できない状態で、近くに通報する人がいない場合には通報できない。こういったケースに対応するために、大きな交通事故が発生した時に、展開されたエアバッグやドライブレコーダなどから、発生場所など必要な情報を自動的に通報する、事故自動通報システム（ACN）を備えた自動車が登場した[111][112]。また、この機能に車両データ（衝突時の速度変化、衝突方向、シートベルト着用有無など）を加えた先進事故自動通報システム（AACN）を装備した車も販売されてきた。こういった機能を搭載している車は二〇一九年当初で保有台数全体の三パーセントと少ないが、今後の普及が期待される[112]。

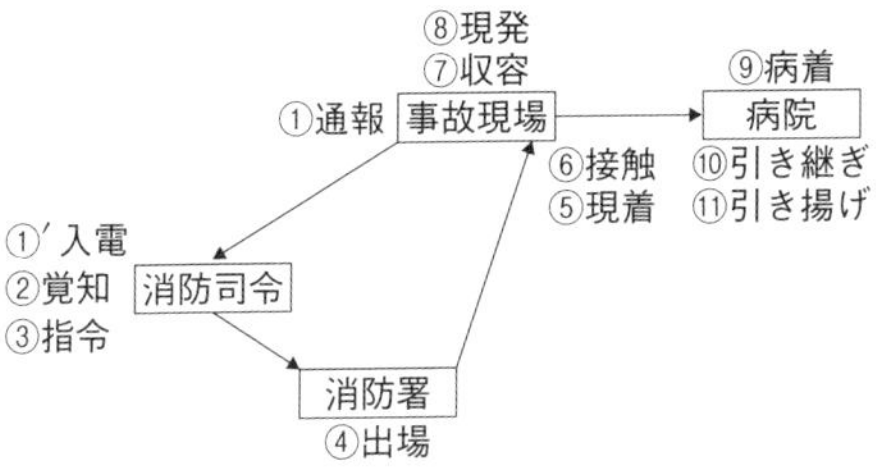

図6-19　事故通報から救急隊の病院引き揚げまで

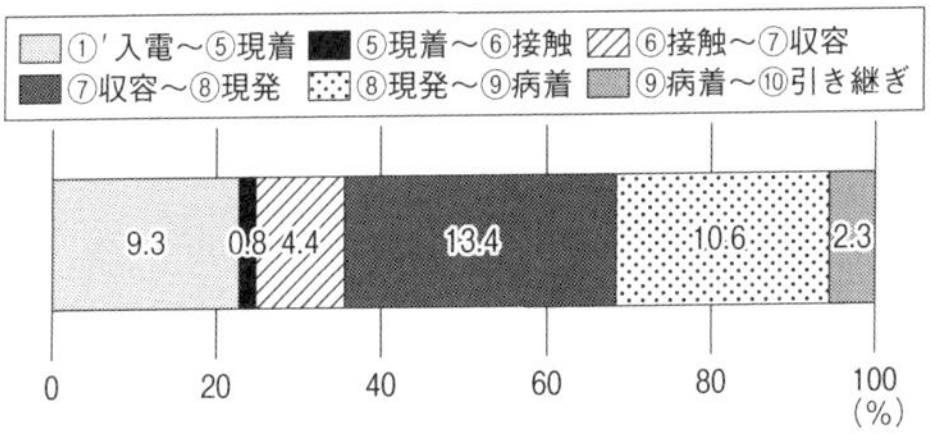

図6-20　入電から救急隊の病院引き継ぎまでの諸活動時間（合計所要時間は40.8分）[109]

図6-19の①に示す119番通報が消防の通信司令に入ると（①′入電）、通信司令は通報内容を火事、病気、事故などに分類し（②覚知）、対応すべき救急隊に出動指令をする（③指令）。指令を受けた消防署から救急車が出動して事故現場に向かう（④出場）。この入電から⑤事故現場到着までの現場到着所要時間（①′～⑤の時間、九・三分）は、短いようにも感じるが、年々その時間は延びている[109]。心臓や呼吸が止まった人の命が助かる可能性は、その後の数分間に急激に少なくなるので[113][114]、事故現

場に居合わせた人の応急手当てや、救急隊の一刻も早い到着が必要だ。

現場到着までの時間を短縮する試みに、UTMS（新交通管理システム）の中の現場急行支援システム（FAST）がある。これは緊急走行している救急車やパトカーなどの車両を検知し、車両の進行方向のある信号機の灯器を青色とすることにより優先的に通行させるものだ[93][94]。また、救急医療用の医療機器等を装備したヘリコプター（ドクターヘリ）も、救急医療センターが近くにない地域では有効だ。ヘリコプターだから早く事故現場に着けるし、救急医や看護師が同乗するので、現場から医療機関に搬送するまでの間、患者に救命医療を行える。二〇〇一年に岡山県で導入されて以後、今ではほぼすべての都道府県で導入されている[115]。

救命措置

救急車収容から現場出発までの時間は一三・四分と最も長いが、この間、救急車の中で救急隊員は、負傷者を観察し、それに応じた処置をし、また搬送先の病院を選定する。全国で救急隊員は六万三千人いるが、その半数が救急救命士の国家資格を持っている[109]。資格を持たない救急隊員でも、骨折の固定、酸素吸入、血圧測定、心電図測定といった処置を行うことができるが、気管内チューブによる気道確保、アドレナリン等の薬剤投与、心肺機能停止前の負傷者に対する静脈路確保といった救急救命処置は救急救命士にしか許可されていない。また、こういった医療行為は、事前に設定された処置基準に従って、離れた場所にいる医師の指示や指導を受けて行われる[109][116]。

救急医療機関は、初期救急、二次救急、三次救急の三つに分類される。初期救急医療を担うのは、地域医師会で決められた在宅当番医と市区町村が設置している休日夜間急患センターで、交通事故の場合は負傷程度の軽い人を収容する。二次救急医療を担当する病院は、入院を要する負傷者を収容し、三次救急医療は、重症患者を扱う救命救急センターが担う。二次救急病院は減少傾向にあるが、死亡事故を減少させるカギとなる救命救急センターは、ここ一〇年間で二〇八施設から二八九施設へと増加している。(117)(118)

救急医学は、高度な医療機器や薬剤の開発もあって、急速に進歩している。大学でも二〇年前は医学部と医科大学の半数でしか救急医学講座が開設されていなかったが、現在ではほとんどすべてに開設されている。(119)歩行者事故にあった重症患者の中には、こういった救急医療の制度や技術の進歩によって救われた人が何人もいるはずだ。

索　引

さ行

た行

な行

は行

ま行

や・ら・わ行

引用文献

第 1 章

1）大畑光治（2017）．歩行再建――歩行の理解とトレーニング　三輪書店

2）大築立志（2013）．歩行・走行研究の視点――動物と人間の移動運動　大築立志・鈴木三央・柳原大（編）歩行と走行の脳・神経科学――その基礎から臨床まで　市村出版

3）ノイマン，G.　月城慶一ほか（訳）（2005）．観察による歩行分析　医学書院

4）建内宏重（2015）．歩行制御　樋口貴広・建内宏重（著）姿勢と歩行――協調からひも解く（pp. 87-144）　三輪書店

5）大須賀公一（2002）．受動的歩行を規範とした歩行ロボットと制御　日本ロボット学会誌, 20(3), 233-236.

6）ホンダ（2000）．ロボット開発のプロセス――歩行安定化の実現（http://www.honda.co.jp/factbook/robot/asimo/200011/04.html）

7）衣笠哲也（2007）．岡山理科大学工学部機械システム工学科ロボット工学研究室 2 足歩行ロボットがぎこちなく歩くのはなぜ？（http://www.mech.ous.ac.jp/robotics/documents/biped.pdf）

8）ホンダ ASIMO キッズ（http://www.honda.co.jp/ASIMO/kids/iam/ayumi/asimo2000/index.html）

9）山科正平（2017）．新しい人体の教科書　講談社

10）田中啓治（2008）．総論　田中啓治（編）認識と行動の脳科学（pp. 1-18）　東京大学出版会

11）松山清治（2013）．歩行・走行と脳幹・脊髄　大築立志・鈴木三央・柳原大（編）歩行と走行の脳・神経科学――その基礎から応用まで（pp. 30-46）市村出版

12）永雄総一（2008）．運動の制御　田中啓治（編）認識と行動の脳科学（pp. 79-121）東京大学出版会

13）新屋裕太・今福理博（2018）．胎児期・周産期　開一夫・齋藤慈子（編）ベーシック発達心理学（p. 61）東京大学出版会

14）丹治順（2009）．脳と運動――アクションを実行させる脳（第 2 版）共立出版

15）Moll, L., & Kuypers, H. G. J. M. (1977). Premotor cortical ablations in monkeys: Contralateral changes in visually guided reaching behavior. *Science*, *198*, 317-319.

16）Kurata, K., & Wise, S. P. (1988). Premotor cortex of rhesus monkeys: Set-related activity during two conditional motor tasks. *Experimental Brain Research*, 69, 327-343.

17）Tanji, J., & Shima, K. (1994). Role for supplementary motor area cells in planning several movements ahead. *Nature*, *371*, 413-416.

18) 谷藤学（2007）．脳のシステム　理化学研究所脳科学総合研究センター（編）脳研究の最前線（上）（pp.15-67）講談社
19) 柳原大（2013）．歩行の制御における小脳機能　大築立志・鈴木三央・柳原大（編）歩行と走行の脳・神経科学——その基礎から応用まで（pp. 70-82）市村出版
20) 森大志・中陦克己（2013）．歩行・走行と大脳皮質　大築立志・鈴木三央・柳原大（編）歩行と走行の脳・神経科学——その基礎から応用まで（pp. 83-99）市村出版
21) 青井伸也（2013）．歩行制御のシステム論的理解　大築立志・鈴木三央・柳原大（編）歩行と走行の脳・神経科学——その基礎から応用まで（pp. 100-112）市村出版
22) Ivanenco, Y. P., Poppele, R. E., & Lacquaniti, F. (2004). Five basic muscle activation patterns account for muscle activity during human locomotion. *The Journal of Physiology, 556(1)*, 267-282.
23) 川畑秀明（2010）．視覚認知　箱田裕司・都築誉史・川畑秀明・萩原滋（編）認知心理学（pp. 17-44）有斐閣
24) 田中啓二（2008）．知覚・認識・選択的注意　田中啓二（編）認識と行動の脳科学（pp. 19-78）東京大学出版会
25) マインドロボ（2017）．哲学的ゾンビはクオリアの夢を見るか？2（https://robomind.co.jp/zonbie2/）
26) 田中啓二（2007）．脳はどのように認知するか　理化学研究所脳科学総合研究センター（編）脳研究の最前線（上）（pp. 227-280）講談社
27) スミス，E.ほか　内田一成（監訳）（2005）．ヒルガードの心理学（第14版）ブレーン出版
28) 熊田孝恒（2008）．注意　権藤恭之（編）高齢者心理学（pp. 64-79）朝倉書店
29) 樋口貴広（2013）．運動支援の心理学——知覚・認知を活かす　三輪書店
30) Neider, M. B. *et al.* (2011). Walking & talking: Dual-task effects on street crossing behavior in older adults. *Psychology and Aging, 26*, 260-268.
31) Lundin-Olsson, L., Nyberg, L., & Gustafson, Y. (1997). "Stops walking when talking" as a predictor of falls in elderly people. *Lancet, 349*, 617.
32) 樋口貴広（2008）．知覚の顕在性，潜在性と身体運動　樋口貴広・森岡周（著）身体運動学——知覚・認知からのメッセージ（pp. 17-76）三輪書店
33) Raymond, J. E., Shapiro, K. L., & Arnell, K. M. (1992). Temporary suppression of visual processing in an RSVP task: An attentional blink? *Journal of Experimental Psychology: Human Perception and Performance, 18(3)*, 849-860.
34) ローゼンバーム，D. A.　関谷昇（監訳）（2012）．動作の仕組み——からだを動かす原理の探求　三輪書店
35) Mourant, R. R., Rockwell, T. H., & Rackoff, N. J. (1969). Drivers' eye movements and visual workload. *Highway Research Records, 292*, 1-10.
36) ギブソン，J. J.　古崎敬ほか（訳）（1985）．生態学的視覚論——ヒトの知覚世界を探る　サイエンス社

37) Foulsham, T. (2015). Eye movements and their functions in everyday tasks. *Eye, 29*, 196-199.
38) Marigold, D. S., & Patla, A. E. (2008). Visual information from the lower visual field is important for walking across multi-surface terrain. *Experimental Brain Research, 188(1)*, 23-31.
39) 材野博司 (1997). 庭園から都市へ――シークエンスの日本　鹿島出版会
40) Zito, G. A. *et al.* (2015). Street crossing behavior in younger and older pedestrians: An eye-and head-tracking study. *BMC Geriatrics, 15*, 176.

第2章

1) 鈴木敏 (2006). 〈誰だって街を歩きたい〉道のユニバーサルデザイン　技報堂出版
2) 新谷洋二・原田昇 (編) (2017). 都市交通計画 (第3版)　技報堂出版
3) 伊吹山四郎・多田宏行・栗本典彦 (2002). わかりやすい土木講座 12 道路 (新訂第3版)　彰国社
4) 道路交通法研究会 (2018). 注解道路交通法 (第4版)　立花書房
5) 国土交通省 (2018). 都市計画運用指針 (第10版) (http://www.mlit.go.jp/toshi/city_plan/crd_city_plan_fr_000008.html)
6) 日本道路協会 (2015). 道路構造令の解説と運用
7) 日本道路協会 (2013). 自転車利用環境整備のためのキーポイント
8) 榑木武・梶田佳孝 (2004). 道路の計画とデザイン――ユニバーサルデザインの道づくり　共立出版
9) 交通事故総合分析センター (2017). 交通統計平成28年版
10) 交通事故総合分析センター (2012). 交通安全教育に役立つ高齢歩行者事故の分析
11) 交通事故総合分析センター (2012). 自転車と歩行者の交通事故の実態
12) 国土交通省・警察庁 (2016). 安全で快適な自転車利用環境創出ガイドライン (https://www.mlit.go.jp/road/road/bicycle/pdf/guideline.pdf)
13) 矢野伸裕ほか (2014). 自転車乗用者の歩道/車道通行についての意識　日本交通心理学会第79回大会発表論文集, pp. 13-16.
14) 内閣府 (2011). 自転車交通の総合的な安全性向上策に関する調査報告書 (https://www8.cao.go.jp/koutu/chou-ken/h22/houkoku.html)
15) 警察庁 (2011). 自転車に係る法令遵守意識等に関するアンケート調査 (https://www.npa.go.jp/koutsuu/kikaku/bicycle/taisaku/kekka.pdf)
16) 豊田都市交通研究所 (2013). 自転車利用時の交通安全に関する研究報告書 (https://ttri.or.jp/ttri_report/h24/3/html5.html#page=1)
17) Seneviratne, P. N., & Morrall, J. F. (1985). Analysis of factors affecting the choice of route of pedestrians. *Transportation Planning and technology, 10*, 147-

159.
18) Al-Widyan, F., *et al.* (2017). An effect-based evaluation of pedestrian route choice. *Scientific Research and Essays, 12(4)*, 42-50.
19) Papadimitriou, E. (2012). Theory and models of pedestrian crossing behavior along urban trips. *Transportation Research Part F, 15(1)*, 75-94.
20) 塚口博司・松田浩一郎 (2002). 歩行者の経路選択行動分析　土木学会論文集, *709*, 117-126.
21) 竹上直也・塚口博司 (2006). 空間定位に基づいた歩行者の経路選択行動モデルの構築土木学会論文集 D, *62(1)*, 64-73.
22) 大佛俊泰・田中あずさ (2017). 経路選択に関わる要因分析と歩行者行動のモデル化　日本建築学会計画系論文集, *82*, 853-903.
23) Sisiopiku, V. P., & Akin, D. (2003). Pedestrian behaviors at and perceptions towards various pedestrian facilities: an examination based on observation and survey data. *Transportation Research Part F, 6*, 249-274.
24) Bernhoft, I . M., & Carstensen, G. (2008). Preferences and behaviour of pedestrians and cyclists by age and gender. *Transportation Research Part F, 11*, 83-95.
25) Guo, H., *et al.* (2014). Modeling the perceptions and preferences of pedestrians on crossing facilities. *Discrete Dynamics in Nature and Society*, Article ID 949475.
26) 萩田賢司・三井達郎・矢野伸裕 (1996). 高齢者の横断歩道の利用に関連する要因についての一考察　科学警察研究所報告交通編, *37(2)*, 75-83.
27) Havard, C., & Willis, A. (2012). Effects of installing a marked crosswalk on road crossing behaviour and perceptions of the environment. *Transportation Research Part F, 15*, 249-260.
28) Rankavat, S., & Tiwari, G. (2016). Pedestrians perceptions for utilization of pedestrian facilities–Delhi, India. *Transportation Research Part F, 42*, 495-499.
29) Anciaes, P. R., & Jones, P. (2018). Estimating preferences for different types of pedestrian crossing facilities. *Transportation Research Part F, 52*, 222-237.
30) 鈴木敏 (2000). 道の環境学　技報堂出版
31) 武部健一 (2015). 道路の日本史――古代駅路から高速道路へ　中央公論新社
32) 国土技術研究センター (2011). 道路の移動等円滑化整備ガイドライン――道路のバリアフリー整備ガイドライン：道路のユニバーサルデザインを目指して (増補改訂版) 大成出版社
33) 松浦常夫 (2018). 交通事故集計ツール (交通事故総合分析センター) による集計
34) 高宮進 (2000). 歩行者の危険感並びに縁石の車両誘導性に基づく歩道高さに関する研究　土木計画学研究・論文集, *17*, 967-972.
35) 神鋼建材工業株式会社 (2018). ガードパイプ (http://www.shinkokenzai.co.jp/product/ guardfence/car_fence/guard_pipe/)
36) JFE 建材株式会社 (2018). セーフティフェンス：横断防止柵 (https://www.jfe-kenzai.co.jp/product/05/06/index.html)

37）積水樹脂株式会社（2020）．製品情報　車止め（http://www.sekisuijushi.co.jp/products/bollard/）
38）藤原大樹・土屋一彬・大黒俊哉（2018）．幅員と植栽の組合せの違いが歩道の通行性と景観の評価に与える影響　都市計画報告集, *16*, 383-386.
39）イラストポップ（2018）．道路標識―横断歩道等の指示標識の無料素材（https://illpop.com/sign_a04.htm）
40）警察庁交通局（2017）．「交通規制基準」の改正について（通達）（https://www.npa.go.jp/laws/notification/koutuu/kisei/kisei20170424.pdf）
41）交通工学研究会（2011）．改訂　交差点改良のキーポイント
42）警察庁（2018）．交通の方法に関する教則（https://www.npa.go.jp/koutsuu/kikaku/kyousoku/index.htm）
43）交通事故総合分析センター（2019）．交通統計　平成 30 年版
44）松浦常夫（2006）．運転中のハザード知覚とリスク知覚の研究動向　実践女子大学人間社会学部紀要, *2*, 15-40.
45）蓮花一己（1996）．交通危険学――運転者教育と無事故運転のために　啓正社
46）交通事故総合分析センター（2016）．交通統計　平成 27 年版
47）交通事故総合分析センター（2018）．交通統計　平成 29 年版
48）警察庁交通局（1975-85）．交通事故統計年報　昭和 50 ～ 60 年版
49）松浦常夫（1990）．歩行者横断事故における駐車車両の影響　科学警察研究所報告交通編, 31(1), 15-22.
50）警視庁交通部（1977）．警視庁交通年鑑　昭和 51 年版
51）交通事故総合分析センター（2010）．自動車と歩行者の事故“危ない！　右から歩行者が横断”イタルダ・インフォメーション, No.83.
52）柴崎宏武（2016）．高齢者の道路横断中の事故　交通事故総合分析センター第 19 回研究発表会（https://www.itarda.or.jp/presentation/19/show_lecture_file.pdf?lecture_id=100&type=file_jp）
53）末永一男（1970）．安全運転の科学――ドライバーのための生理学　日本放送出版会
54）警察庁交通局（1979）．交通事故統計原票作成の手引き
55）照明学会（2006）．照明ハンドブック　オーム社
56）松浦常夫（2014）．統計データが語る交通事故防止のヒント　東京法令出版
57）国土交通省（2016）．平成 27 年度全国道路・街路交通情勢調査　一般交通量調査　集計結果整理表（http://www.mlit.go.jp/road/census/h27/）
58）交通事故総合分析センター（1994）．夜間死亡事故！　イタルダ・インフォメーション, No.3.（https://www.itarda.or.jp/contents/535/info3.pdf）
59）片山真人（2012）．暦の科学――太陽と月と地球の動きから　ベレ出版
60）宇都宮市（2016）．県央広域都市圏生活行動実態調査集計結果（https://www.city.utsunomiya.tochigi.jp/kurashi/machi/kenchiku/toshikeikaku/1005776.html）
61）静岡県（2014）．静岡中部都市圏の人の動き　第 4 回静岡中部都市圏パーソント

リップ調査結果から（http://www.pref.shizuoka.jp/kensetsu/ke-510a/s_c_pt4/documents/4_pamphlet.pdf）
62）西田泰（2003）．明暗条件を考慮した歩行者事故の分析とその防止策　国際交通安全学会誌，*28*(*1*)，6-13.
63）Fotios, S., & Gibbons, R. (2018). Road lighting research for drivers and pedestrians: The basis of luminance and illuminance recommendations. *Lighting Research and Technology, 50*(*1*), 154-186.
64）Commission Internationale de l'Éclairage (1992). Road lighting as an accident countermeasure. CIE, 93.
65）Elvik, R. (1995). Meta-analysis of evaluations of public lighting as accident countermeasure. *Transport Research Record, 1485*, 112-123.
66）Wanvik, P. O. (2009). Effects of road lighting: An analysis based on Dutch accident statistics 1987- 2006. *Accident Analysis & Prevention, 41*(*1*), 123-128.
67）Jackett, M., & Frith, W. (2013). Quantifying the impact of road lighting on road safety: A New Zealand Study. *IATSS Research, 36*, 139-145.
68）中谷友樹・前田一馬・永田彰平（2018）．地理情報システムを用いたウォーカビリティ指数の作成に関するノート　立命館文学，*656*, 60-74.
69）Soltani, A., Hosseinpour, M., & Zare, P. (2018). The development and assessment of environmental features associated with walkability of Urban streets. *Theoretical and Empirical Researches in Urban Management, 1*(*31*), 22-36.
70）Forsyth, A. (2015). What is a walkable place? The walkability debate in urban design. *Urban Design International, 20*, 274-292.
71）Borst, H. C., *et al.* (2009). Influence of environmental street characteristics on walking route choice of elderly people. *Journal of Environmental Psychology, 29*, 477-484.
72）Napier, M. A., *et al.* (2011). Walking to school: Community design and child and parent barriers. *Journal of Environmental Psychology, 3*(*11*), 45-51.
73）Frank, L. D., *et al.* (2005). Linking objectively measured physical activity with objectively measured urban form: Findings from SMARTRAQ. *American Journal of Preventive Medicine, 28* (*2 Suppl. 2*), 117-125.
74）National Highway Traffic Safety Administration (2019). Walkability Checklist. How walkable is your community? (https://www.nhtsa.gov/sites/nhtsa.dot.gov/files/walkingchecklist.pdf)
75）Pikora, T., *et al.* (2003). Developing a framework for assessment of environmental determinants of walking and cycling. *Social Science & Medicine, 5*(*68*), 1693-1703.
76）Saelens, B. E., & Handy, S. L. (2008). Built environment correlates of walking: A review. *Medicine and Science in Sports and Exercise, 40*(*7*), S550-S566.
77）塚口博司・松田浩一郎・竹上直也（2003）．歩行環境評価および空間定位を考慮

した経路選択行動分析　土木計画学研究・論文集, *20*(*3*), 515–522.
78) Weinstein Agrawal, A., Schlossberg, M., & Irvin, K. (2008). How far, by which route and why? A spatial analysis of pedestrian preference. *Journal of Urban Design, 13*(*1*), 81–98.
79) Methorst, B., *et al.* (2017). COST 358 Pedestrians' quality needs. Policy Process. PQN Final Report Part B5: Documentation. (https://www.yumpu.com/en/document/read/19797313/pqn-final-report-part-b5-nwpdf-pedestrian-quality-needs)
80) Alfonzo, M. A. (2005). To walk or not to walk?: The hierarchy of walking needs. *Environment and Behavior, 37*(*6*), 808–836.
81) 国土交通省 (2019). 全国都市交通特性調査　集計データ　3　クロス集計データ　原単位・手段分担率 (https://www.mlit.go.jp/toshi/tosiko/toshi_tosiko_fr_000024.html)
82) 国土技術研究センター (2011). 道路の移動等円滑化整備ガイドライン（道路のバリアフリー整備ガイドライン）――道路のユニバーサルデザインを目指して（増補改訂版）大成出版社
83) 内閣府 (2019). 政府統計の総合窓口　人口動態統計 2017 年　表 5–33・表 5–44
84) 警察庁 (2019). 平成 29 年の犯罪 (https://www.npa.go.jp/toukei/soubunkan/h29/h29hanzaitoukei.htm)
85) 東京消防庁 (2018). 平成 29 年救急活動の現況 (https://www.tfd.metro.tokyo.lg.jp/hp-kyuukanka/katudojitai/29.pdf)
86) 消費者庁 (2018). 高齢者の事故の状況について――「人口動態調査」調査票情報及び「救急搬送データ」分析 (https://www.caa.go.jp/policies/policy/consumer_safety/caution/caution_009/pdf/caution_009_180912_0002.pdf)
87) 岡村篤・橋本成仁 (2015). 生活道路における交通安全と防犯の「安心・不安」に対する意識構造分析――街路空間の構成要素と個人の地域社会とのつながりに着目して　都市計画論文集, *50*(*3*), 703–708.
88) 島田貴仁 (2013). 環境心理学と犯罪研究――犯罪原因論と犯罪機会論の統合に向けて 環境心理学研究, *1*(*1*), 46–57.
89) 武藤芳照 (2013). 転倒予防――転ばぬ先の杖と知恵　岩波書店
90) Sarkar, S. (2003). Qualitative evaluation of comfort needs in urban walkways in major activity centers. *Transportation Quarterly, 57*(*4*), 39–59.
91) マズロー, A. H.　小口忠彦（訳）(1987). 人間性の心理学――モチベーションとパーソナリティ（改訂新版）　産業能率大学出版部
92) Methorst, R. (2007). *Assessing pedestrians' needs.* The European COST 358 PQN project. (https://www.academia.edu/20885079/Assessing_Pedestrians_Needs_The_European_COST_358_PQN_project)
93) Mateo-Babiano, I. (2016). Pedestrian's needs matter: Examining Manila's walking environment. *Transport Policy, 45*, 107–115.
94) 中村一樹・紀伊雅敦 (2016). 歩行行動の欲求段階に基づく歩行空間の質の知覚

的評価手法の構築　土木学会論文集 D3, *72*(*5*), I_861-I_870.
95) Matsuura, T. (in press). Effects of elderly people's walking difficulty on concerns and anxiety while walking on roads. In *Pedestrians, Urban Spaces and Health: Proceedings of the XXIV International Conference on Living and Walking in Cities* (*LWC 2019*). Brescia, Italy. Taylor and Francis Group.

第3章

1) 国土交通省都市局 (2019). 全国 PT 調査活用チラシ (http://www.mlit.go.jp/common/001229419.pdf)
2) 国土交通省 (2018). 総合都市交通体系調査の事例集　4　データの新たな活用 (https://www.mlit.go.jp/common/001241231.pdf)
3) 国土交通省 (2019). パーソントリップ調査 (https://www.mlit.go.jp/toshi/tosiko/toshi_tosiko_tk_000031.html)
4) 厚生労働省 (2019). 平成 30 年 国民健康・栄養調査結果の概要 (https://www.mhlw.go.jp/content/10900000/000615383.pdf)
5) 矢部直人ほか (2010). GPS を用いた観光行動調査の課題と分析手法の検討　観光科学研究, *3*, 17-30.
6) 国土交通省 (2019). 都市における人の動きとその変化　平成 27 年全国都市交通特性調査集計結果より (https://www.mlit.go.jp/common/001223976.pdf)
7) 国土交通省 (2019). 全国都市交通特性調査　集計データ　1　基礎集計表 (https://www.mlit.go.jp/toshi/tosiko/toshi_tosiko_fr_000024.html)
8) 国土交通省 (2019). 全国都市交通特性調査　集計データ　3　クロス集計データ　平均所要時間 (http://www.mlit.go.jp/toshi/tosiko/toshi_tosiko_ fr_000024.html)
9) 国土交通省 (2019). 全国都市交通特性調査　集計データ　3　クロス集計データ　原単位・手段分担率 (https://www.mlit.go.jp/toshi/tosiko/toshi_tosiko_fr_000024.html)
10) 国土交通省都市局 (2019). 都市局都市計画調査室資料
11) 交通事故総合分析センター (2019). 交通事故統計表データ (27-41AG201)
12) 交通事故総合分析センター (2019). 交通統計　平成 30 年版
13) 国土交通省 (2019). 全国都市交通特性調査　集計データ　3　クロス集計データ　外出率 (https://www.mlit.go.jp/toshi/tosiko/toshi_tosiko_fr_000024.html)
14) 国土交通省 (2019). 全国都市交通特性調査　集計データ　2　都市別指標 (https://www.mlit.go.jp/toshi/tosiko/toshi_tosiko_fr_000024.html)
15) 国土交通省 (2019). 主要 5 か国における国別の主要交通統計 (http://www.mlit.go.jp/statistics/pdf/23000000x026.pdf)
16) ITF (2012). Pedestrian safety, urban space and health. *OECD Publishing.*
17) 交通事故総合分析センター (2018). 交通統計　平成 29 年版
18) NIDIRECT (2019). Road safety for seven to 11 year olds. (https://www.

nidirect.gov.uk/articles/road-safety-seven-11-year-olds）
19）斎藤良子（1986）．幼児の無信号交差点における道路横断行動　科学警察研究所報告　交通編，*27*(*1*), 37-48.
20）Gitelman, V., *et al.* (2019). Exploring patterns of child pedestrian behaviors at urban intersections. *Accident Analysis & Prevention, 122*, 36-47.
21）Wanga, H., *et al.* (2018). Effect of age on children's pedestrian behaviour: Results from an observational study. *Transportation Research Part F, 58*, 556-565.
22）Hatfield, J., & Murphy, S. (2007). The effects of mobile phone use on pedestrian crossing behavior at signalised and unsignalised intersections. *Accident Analysis & Prevention, 39*, 197-205.
23）Pešić, D., *et al.* (2016). The effects of mobile phone use on pedestrian crossing behaviour at unsignalized intersections: Models for predicting unsafe pedestrians behaviour. *Safety Science, 82*, 1-8.
24）Zhuang, X., & Wu, C. (2011). Pedestrians' crossing behaviors and safety at unmarked roadway in China. *Accident Analysis & Prevention, 43*, 1927-1936.
25）Alexander, R. M. (1984). Walking and running: Legs and leg movements are subtly adapted to minimize the energy costs of locomotion. *American Scientist, 72*(*4*), 348-354.
26）Rotstein, A., *et al.* (2005). Preferred transition speed between walking and running: Effects of training status. *Medicine & Science in Sports & Exercise, 37*(*11*), 1864-1870.
27）平崎鋭矢（2000）．歩行中の視線安定を維持する頭部運動と眼球運動　大阪大学大学院人間科学研究科紀要, *26*, 177-193.
28）斎藤良子（1982）．無信号交差点付近における子どもの歩行者および自転車乗用者の横断行動に関する研究　科学警察研究所報告　交通編, *23*(*1*), 55-63.
29）吉田信彌（1998）．ビデオによる園児飛び出し事故の一事例研究　国際交通安全学会誌, *24*(*2*), 73-81.
30）松浦常夫（2011）．子どもの飛び出し事故の事例分析　第14回交通事故調査・分析研究発表会研究発表論文集（https://www.itarda.or.jp/presentation/14/show_lecture_file.pdf?lecture_id=73&type=file_jp）
31）大渕初音（2017）．子どもの能力に対する保護者の認識が手つなぎ行動に及ぼす影響――アンケート調査による予備的研究　日本交通心理士会第8回北海道・東北・関東地区別研究会論文集, pp.7-10.
32）Rosenbloom,T., Ben-Eliyahu, A., & Nemrodov, D. (2008). Children's crossing behavior with an accompanying adult. *Safety Science, 46*, 1248-1254.
33）Li, P., *et al.* (2013). Pedestrian crossing behavior at unsignalized mid-block crosswalks around the primary school. *Procedia Social and Behavioral Sciences, 96*, 442-450.
34）Morrongiello, B., & Barton, B. K. (2009). Child pedestrian safety: Parental su-

pervision, modeling behaviors, and beliefs about child pedestrian competence. *Accident Analysis & Prevention, 41*, 1040–1046.
35) 羽賀研太朗・浜岡秀勝（2013）．交差点での横断歩道横断時における歩行者の右左折車確認行動に関する研究　土木学会論文集 D3, *69*(*5*), I_797-I_807.
36) Zeedyk, M. S., Wallace, L., & Spry, L. (2002). Stop, look, listen, and think?: What young children really do when crossing the road. *Accident Analysis & Prevention, 34*, 43–50.
37) Haga, S., *et al.* (2015). Effects of using a smart phone on pedestrians' attention and walking. *Procedia Manufacturing, 3*, 2574–2580.
38) Jiang, K., *et al.* (2018). Effects of mobile phone distraction on pedestrians' crossing behavior and visual attention allocation at a signalized intersection: An outdoor experimental study. *Accident Analysis & Prevention, 115*, 170–177.
39) Chandra, S., Rastogi, R., & Das, V. R. (2014). Descriptive and parametric analysis of pedestrian gap acceptance in mixed traffic conditions. *KSCE Journal of Civil Engineering, 18*, 284–293.
40) 三井達郎・矢野伸裕・萩田賢司（1998）．無信号横断歩道における高齢者の横断行動と安全対策に関する研究　土木計画学研究・論文集，*15*, 791–802.
41) Oxley, J., *et al.* (2005). Crossing roads safely: An experimental study of age differences in gap selection by pedestrians. *Accident Analysis & Prevention, 37*(*5*), 962–971.
42) Lobjois, R., & Cavallo, V. (2007). Age-related differences in street-crossing decisions: The effects of vehicle speed and time constraints on gap selection in an estimation task. *Accident Analysis & Prevention, 39*(*5*), 934–943.
43) Chung, Y. -S. (2019). Multilevel modeling of gap- selection behaviors: Effects of vehicle arrival time and personal walking time projection abilities in mixed traffic conditions. *Transportation Research Part F, 60*, 783–797.
44) 矢野伸裕・森 健二（2004）．青点滅表示中の横断開始行動と青点滅表示の意味についての認識　第 24 回交通工学研究発表会論文報告集，pp. 317–320.
45) 矢野伸裕（2006）．信号交差点における歩行者や運転者の認知・行動特性に関する研究　東北大学大学院情報科学研究科博士論文
46) 斎藤威・有薗卓（1986）．信号交差点における横断歩行者の歩行速度に関する基本的な特性　科学警察研究所報告　交通編，*27*(*1*), 15–27.
47) 井料美帆（2014）．信号機付横断歩道における歩行者クリアランス時間設定方法の日米比較　生産研究，*66*(*4*), 345–349.
48) 松浦常夫（2019）．交通事故集計ツール（交通事故総合分析センター）による分析
49) 交通事故総合分析センター（2012）．信号交差点における右折事故――右折先の自転車，歩行者に注意　イタルダ・インフォメーション，95.
50) 芳賀繁（2007）．違反とリスク行動の心理学　三浦利章・原田悦子（編）事故と

安全の心理学（pp. 8-22）　東京大学出版会
51）交通事故総合分析センター（2018）．交通事故統計表データ（29-14HZ101，29-14HZ102）
52）Preston, B.（1989）. Behaviour and safety of pedestrians at pelican crossings in Greater Manchester. *Traffic Engineering & Control, 30*(*12*), 596-599.
53）交通事故総合分析センター（2013）．生活道路上の歩行者事故の特徴——子供の横断・飛出しに注意　イタルダインフォメーション，98.
54）Yagil, D.（2000）. Beliefs, motives and situational factors related to pedestrians' self-reported behavior at signal- controlled crossings. *Transportation Research Part F, 3*, 1-13.
55）Tom, A., & Granié, M.-A.（2011）. Gender differences in pedestrian rule compliance and visual search at signalized and unsignalized crossroads. *Accident Analysis & Prevention, 43*(*5*), 1794-1801.
56）Ajzen, I.（1985）. From intentions to actions: a theory of planned behavior. In J. Kuhl, & J. Beckmann（Eds.）, *Action-control: From cognition to behavior*（pp. 11-39）. Springer.
57）松浦常夫（2015）．運転態度　森下高治・蓮花一己・向井希宏（編）　現代社会と応用心理学 4　クローズアップメンタルヘルス・安全（pp. 197-209）福村出版
58）Barton, B. K., Kologi., S. M., & Siron, A.（2016）. Distracted pedestrians in crosswalks: An application of the theory of planned behavior. *Transportation Research Part F, 37*, 129-137.
59）Evans, D., & Norman, P.（2003）. Predicting adolescent pedestrians' road-crossing intentions: An application and extension of the theory of planned behavior. *Health Education Research, 18*(*3*), 267-277.
60）Zhou, H., Romero, S. B., & Qin, X.（2016）. An extension of the theory of planned behavior to predict pedestrians' violating crossing behavior using structural equation modeling. *Accident Analysis & Prevention, 95*, 417-424.
61）Cialdini, R. B., Reno, R. R., & Kallgren, C. A.（1990）. A focus theory of normative conduct: Recycling the concept of norms to reduce littering in public places. *Journal of Personality and Social Psychology, 58*(*6*), 1015-1026.
62）北折充隆（2017）．ルールを守る心——逸脱と迷惑の社会心理学　サイエンス社
63）Schwartz, S. H.（1977）. Normative influences on altruism. In L. Berkowitz（Ed.）, *Advances in Experimental Social Psychology 10*（pp. 221-279）. Academic Press.
64）Klöckner, C. A.（2013）. A comprehensive model of the psychology of environmental behaviour: A meta-analysis. *Global Environmental Change, 23*(*5*), 1028-1038.
65）Doran, R., & Larsen, S.（2016）. The relative importance of social and personal norms in explaining intentions to choose eco-friendly travel options. *International*

Journal of Tourism Research, 18(*2*), 159–166.
66) Xu, Y., Li, Y., & Zhang, F. (2013). Pedestrians' intention to jaywalk: Automatic or planned? A study based on a dual-process model in China. *Accident Analysis & Prevention, 50*, 811–819.
67) 北折充隆・吉田俊和 (2000). 記述的規範が歩行者の信号無視行動におよぼす研究　社会心理学研究, *16*(*2*), 73–82.
68) Matsuura, T. (2018). Non-drivers'risky perception of traffic norms as a determinant of their higher involvement in pedestrian accidents. *Paper presented at the second French-Japanese Workshop on Traffic Safety*, Tokyo.
69) カーネマン, D.　村井章子 (訳) (2014). ファスト＆スロー――あなたの意思はどのように決まるか？　早川書房
70) Gibbons, F. X., *et al.* (1998). Reasoned action and social reaction: Willingness and intention as independent predictors of health risk. *Journal of Personality and Social Psychology, 74*, 1164–1180.
71) Demir, B., Ozkan, T., & Demir, S. (2019). Pedestrian violations: Reasoned or social reactive? Comparing theory of planned behavior and prototype willingness model. *Transportation Research Part F, 60*, 560–572.
72) Wood, W., & Rünger, D. (2016). Psychology of habit. *Annual Review of Psychology, 67*, 289–314.
73) 佐藤祐也・大杉尚之 (2017). 記述的規範と人数が信号無視に及ぼす影響　山形大学大学院社会文化システム研究科紀要, *14*, 55–64.
74) Rosenbloom, T. (2009). Crossing at a red light: Behaviour of individuals and groups. *Transportation Research Part F, 12*, 389–394.
75) Brosseau, M., *et al.* (2013). The impact of waiting time and other factors on dangerous pedestrian crossings and violations at signalized intersections: A case study in Montreal. *Transportation Research Part F, 21*, 159–172.
76) Pelé, M. *et al.* (2017). Cultural influence of social information use in pedestrian road-crossing behaviours. *Royal Society Open Science, 4*, 160739.
77) Papadimitriou, E., *et al.* (2012). Road safety attitudes and perceptions of pedestrians in Europe. *Procedia-Social and Behavioral Sciences, 48*, 2490–2500.
78) 矢野伸裕・森健二 (2003). 歩行者青点滅表示時における信号無視横断　科学警察研究所報告交通編, *43*(*1*), 12–17.
79) Tiwari, G., *et al.* (2007). Survival analysis: Pedestrian risk exposure at signalized intersections. *Transportation Research Part F, 10*, 77–89.
80) 矢野伸裕・森健二・齋藤威 (1998). 待ち時間表示装置のフライング横断抑制効果に関する検討　科学警察研究所報告交通編, *39*(*1*), 35–39.
81) 牛木隆匡ほか (2012). 歩行者用信号の赤残り時間表示に着目した歩行者のフライング横断に関する研究　土木計画学研究・講演集, *46*, 1–5.

第4章

1）交通事故総合分析センター（1986）．交通統計　昭和60年版
2）交通事故総合分析センター（2001）．交通統計　平成12年版
3）交通事故総合分析センター（2019）．交通統計　平成30年版
4）松浦常夫（2014）．統計データが語る交通事故防止のヒント　東京法令出版
5）交通事故総合分析センター（2019）．交通事故統計年報　平成30年版
6）警察庁交通局（1981）．交通事故統計年報　昭和55年版
7）厚生労働省（2017）．平成28年国民健康・栄養調査結果の概要（https://www.mhlw.go.jp/file/04-Houdouhappyou-10904750-Kenkoukyoku-Gantaisakukenkouzoushinka/kekkagaiyou_7.pdf）
8）内閣府（2014）．平成25年度高齢者の地域社会への参加に関する意識調査（https://www8.cao.go.jp/kourei/ishiki/h25/sougou/gaiyo/index.html）
9）交通事故総合分析センター（2016）．交通事故統計年報　平成27年版
10）総務省統計局（2018）．人口推計長期時系列データ（https://www.e-stat.go.jp/stat-search/files?page=1&layout=datalist&toukei=00200524&tstat=000000090001&cycle=0&tclass1=000000090004&tclass2=000001051180）
11）山口朗（2017）．子どもの歩行中の交通事故（1・2）　交通安全教育，*610*, 46-49; *611*, 48-51.
12）海老原修（2011）．子どもの日常的歩数の同定　発育発達研究，*51*, 92-100.
13）杉浦弘子・木下博子・藤本保（2012）．小児の四季の歩数調査　小児保健研究，*71*(*2*), 242-249.
14）サンデルス，S.　全日本交通安全協会（訳）（1977）．交通のなかのこども　全日本交通安全協会（Sandels, S. (1968). *Children in traffic*. Esselte Stadium.）
15）吉田信彌（2006）．事故と心理——なぜ事故に好かれてしまうのか　中央公論新社
16）小林博隆・秋葉裕幸・小澤治夫（2008）．生活活動の運動量　子どもと発育発達，*6*(*2*), 81-86.
17）仙田満（2018）．こどもを育む環境　蝕む環境　朝日新聞出版
18）松浦常夫（2019）．交通事故統計分析ツール（交通事故総合分析センター）による集計
19）Kwan, I., & Mapstone, J. (2004). Visibility aids for pedestrians and cyclists: A systematic review of randomized controlled trials. *Accident Analysis and Prevention*, *36*, 305-312.
20）日本反射材普及協会（2018）．2018反射材カタログ（認定製品）（https://jp-respa.com/images/2018catalog.pdf）
21）Johansson, G. (1975). Visual motion perception. *Scientific American*, *232*(*6*), 76-88.
22）Blomberg, R. D., Hale, A., & Preusser, D. F. (1986). Experimental evaluation of alternative conspicuity-enhancement techniques for pedestrians and cyclists. *Jour-*

nal of Safety Research, 17(*1*), 1-12.
23) Tyrrell, R. A., *et al.* (2016). The conspicuity of pedestrians at night: A review. *Clinical and Experimental Optometry, 99*(*5*), 425-434.
24) 三井達郎・森健二・浪川和大（2008）．歩行者用反射材が夜間の歩行者の認知と歩行者事故に及ぼす効果　国際交通安全学会誌，*33*(*1*), 88-97.
25) 交通事故総合分析センター（2018）．共同研究資料
26) 交通事故総合分析センター（1997-2012）．交通事故例調査・分析報告書
27) 交通事故総合分析センター（2004-2018）．事故事例に学ぶ　人と車
28) 松浦常夫（2011）．子どもの飛び出し事故の事例分析　第14回交通事故調査分析研究発表会（https://www.itarda.or.jp/presentation/14/show_lecture_file.pdf?lecture_id=73&type=file_jp）
29) 村上佳津美（2017）．注意欠如・多動症（ADHD）特性の理解　心身医学，*57*, 27-38.
30) 松浦常夫（2012）．横断歩道横断中事故の特徴と分類　日本交通心理学会第77回大会発表論文集, pp. 27-28.
31) 警察庁交通局（1991）．交通事故統計年報　平成2年版
32) 道路交通問題研究会（2002）．道路交通政策史概説 資料編　プロコムジャパン
33) 警察庁（2019）．標識・信号機（https://www.npa.go.jp/bureau/traffic/seibi2/annzen-shisetu/hyoushiki-shingouki/hyousikisinngouki.html）
34) 交通工学研究会（2018）．道路交通技術必携2018
35) 国家公安委員会・警察庁（2018）．警察白書　平成30年
36) 国土交通省（2019）．道路統計年報2018　道路の現況（http://www.mlit.go.jp/road/ir/ir-data/tokei-nen/2018/nenpo02.html）
37) 交通事故総合分析センター（2019）．交通事故統計表データ　29-13CZ102, 29-40ZG201
38) 警視庁（2019）．交通事故発生マップ　事故状況別マップ（一般道路）（https://www2.wagmap.jp/jikomap/Portal）
39) 交通事故総合分析センター・北野朋子（2017）．土地利用の特徴と歩行者事故との関連分析　イタルダインフォメーション，120.
40) 神奈川県警察本部（2019）．産学官連携による人口知能を活用した犯罪・交通事故発生予測技法の調査研究報告書
41) 森地茂・兵藤哲郎・浜岡秀勝（1993）．地理情報システムを用いた交通事故分析方法に関する研究　土木計画学研究・講演集，*16*(*1*), 961-968.
42) 渡部数樹・中村英樹（2015）．道路交通環境に着目した交通事故発生要因に関する統計モデル分析　土木学会論文集D3，*71*(*5*), I_889-I_901.
43) 橋本成仁（2015）．土地利用と道路ネットワークを考慮した面的速度抑制対策の対象地域選定モデルの検討（平成26年度タカタ財団助成研究論文）（http://www.takatafound.or.jp/support/articles/pdf/150626_11.pdf）
44) Mansfield, T. J., *et al.* (2018). The effects of roadway and built environment

characteristics on pedestrian fatality risk: A national assessment at the neighborhood scale. *Accident Analysis & Prevention, 121*, 166-176.
45）Ding, C., Chen, P., & Jiao, J.（2018）. Non-linear effects of the built environment on automobile-involved pedestrian crash frequency: A machine learning approach. *Accident Analysis & Prevention, 112*, 116-126.
46）増田昌昭（2011）．ゾーン 30 による生活道路対策　月刊交通，*42*(*11*)，4-14.
47）警察庁（2019）．ゾーン 30 の概要（http://www.npa.go.jp/bureau/traffic/seibi2/kisei/zone30/pdf/zone30.pdf）
48）国土交通省（2019）．生活道路の交通安全対策（https://www.mlit.go.jp/road/road/traffic/sesaku/torikumi.html）
49）Haddon, W.（1972）. A logical framework for categorizing highway safety phenomena and activity. *Journal of Trauma, 12*(*3*), 193-207.
50）NHTSA (2008). National motor vehicle crash causation survey. Report to congress. DOT HS 811 059.（https://crashstats.nhtsa.dot.gov/Api/Public/ViewPublication/811059）
51）Department for Transport (2015). Contributory factors to reported road accidents 2014.（https://assets.publishing.service.gov.uk/government/uploads/system/uploads/attachment_data/file/463043/rrcgb2014-02.pdf）
52）松浦常夫（編）（2017）．交通心理学　北大路書房　pp. 13-19.
53）Salmon, P. M., *et al.*（2011）. *Human factors methods and accident analysis: Practical guidance and case study applications.* Ashgate.
54）交通事故総合分析センター（2019）. 共同研究資料
55）Department for Transport（2018）. Contributory factors for reported road accidents（RAS50）. RAS 50004: Reported accidents involving pedestrians with contributory factors, Great Britain.（https://www.gov.uk/government/statistical-data-sets/ras50-contributory-factors）
56）交通事故総合分析センター（2019）．交通事故統計表データ　29-30NM109（第 1 当事者），29-30NM110（第 2 当事者）
57）交通事故総合分析センター（2019）．交通事故統計表データ　29-31DZ101
58）交通事故総合分析センター（2019）．交通事故統計表データ　29-14HZ101

第 5 章

1）常石秀市（2008）．感覚器の成長・発達　バイオメカニズム学会誌，*32*(*2*)，69-73.
2）文部科学省（2018）．学校保健統計調査　平成 29 年度（確定値）の結果の概要（https://warp.ndl.go.jp/info:ndljp/pid/11293659/www.mext.go.jp/component/b_menu/other/__icsFiles/afieldfile/2018/03/26/1399281_03_1.pdf）
3）奥沢康正・新見浩司（1999）．目の事典　視野（http://www.ocular.net/jiten/jiten

006.htm)
4) サンデルス, S.　全日本交通安全協会（訳）(1977). 交通のなかのこども　全日本交通安全協会（Sandels, S. (1968). *Children in traffic*. Esselte Studium.)
5) Lennie, P., & Van Hemel, S. B. (Ed.) (2002). *Visual impairments: Determining eligibility for social security benefits*. National Academies Press.
6) 片桐和雄（1976). 小児および障害児の視野計測――他覚的測定の試みとその方法論的検討　金沢大学教育学部紀要, *25*, 29-38.
7) Miranda, M. A. *et al.* (2016). Development of a pediatric visual field test. *Translational vision science & technology*, *5*(*6*), Article 13.
8) Wilson, M., *et al.* (1991). Normative values for visual fields in 4- to 12-year-old children using kinetic perimetry. *Journal of Pediatric Ophthalmology and Strabismus*, *28*(*3*), 151-154.
9) Patel, D. E., *et al.* (2015). Study of optimal perimetric resting in children (OPTIC): Normative visual field values in children. *Ophthalmology*, *122*(*8*), 1711-1717.
10) Tschopp, C., *et al.* (1998). Automated visual field examination in children aged 5-8 years Part II: Normative values. *Vision Research*, *38*, 2211-2218.
11) スミス, E. E. ほか　内田一成（監訳）(2005). ヒルガードの心理学　ブレーン出版（Smith, E. E., *et al.* (2003). *Atkinson & Hilgard's introduction to psychology* (*14th ed.*). Wadsworth Publishing.)
12) アイゼンク, M.　山内光哉（監修）(2008). アイゼンク教授の心理学ハンドブック　ナカニシヤ出版（Eysenck, M. (2000). *Psychology: A student's handbook*. Psychology Press.)
13) 田爪宏二（2018). 記憶と情報処理　本郷一夫・田爪宏二（編）認知発達とその支援（pp. 58-84）ミネルヴァ書房
14) Case, R. (1972). Validation of a neo-Piagetian capacity construct. *Journal of Experimental Child Psychology*, *14*, 287-302.
15) 川畑秀明（2010). 認知発達　箱田裕司ほか（編）認知心理学（pp.355-386）有斐閣
16) Brown, A. L., & Scott, M. S. (1971). Recognition memory of for pictures in preschool children. *Journal of Experimental Child Psychology*, *11*, 401-412.
17) Flavell, J. H. (1979). Metacognition and cognitive monitoring: A new area of cognitive-developmental inquiry. *American Psychologist*, *34*, 906-911.
18) 中澤潤（2011). 幼児期　無藤隆・子安増生（編）発達心理学 I（pp. 219-297）東京大学出版会
19) Schneider, W. (2004). Memory development in childhood. In U. Goswami (Ed.), *Blackwell Handbook of cognitive development* (pp. 236-256). Blackwell Publishing.
20) 山岸明子（1976). 道徳判断の発達　教育心理学研究, *24*(*2*), 97-106.
21) 岡本勉・岡本香代子（2013). 乳幼児の歩行獲得――立位から安定した歩行へ

歩行開発研究所
22）Kermoian, R. *et al.* (2009). 歩行の発達　J. Rose, & J. G. Gamble（編）武田功（監訳）ヒューマンウォーキング（pp. 123-135）医歯薬出版株式会社
23）臼井永男（2011）. 全身動作の習得　臼井永男・岡田修一（著）発達運動論（pp. 77-92）放送大学教育振興会
24）田中敦士・奥住秀之（1996）. 小児歩行の発達的変化——歩行速度, 歩幅, 歩幅率, 歩調からの検証　Equilibrium Research, *55*(*3*), 270-274.
25）樋口貴広（2015）. 歩行制御　樋口貴広・建内宏重（編）姿勢と歩行——協調からひも解く（pp. 257-311）三輪書店
26）Kasuga, K., *et al.* (2012). The effects of obstacles and age on walking time within a course and on a balance beam in preschool boys. *Advances in Physical Education, 2*(*2*), 49-53.
27）Aoki, H., Demura, S., & Ning Xu (2015). Sex and age-level differences in preschool children in walking times on a course and on a balance beam with obstacles. *World Journal of Education, 5*(*3*), 115-120.
28）Grasso, R., *et al.* (1998). Development of anticipatory orienting strategies during locomotor tasks in children. *Neuroscience & Biobehavioral Reviews, 22*(*4*), 533-539.
29）香曽我部琢ほか（2013）. 遊びにおける幼児の“走る”行為の発達的検討とその意味——相互行為としての“走る”行為と意味世界の生成　上越教育大学研究紀要, *32*, 103-110.
30）Sandels, S. (1970). Young children in traffic. *British Journal of Educational Psychology, 40*, 111-116.
31）子どもの交通安全対策研究会（1985）. 子どもの道路横断行動からみた交通安全対策に関する研究報告書　日本自動車工業会交通対策委員会
32）斎藤良子（1987）. 道路模型による幼児の交通規制の理解　科学警察研究所報告交通編, *28*, 37-49.
33）斎藤良子ほか（1978）. 交通用語についての子供の理解に関する研究　科学警察研究所報告　交通編, *19*, 20-29.
34）松浦常夫（2006）. 運転中のハザード知覚とリスク知覚の研究動向　実践女子大学人間社会学部紀要, *2*, 15-40.
35）松浦常夫（2014）. 統計データが語る交通事故防止のヒント　東京法令出版
36）Thomson, J., *et al.* (1996). Child development and the aims of road safety education. *Road Safety Research Report 1, Department for Transport*. HSMO.
37）Ampofo-Boateng, K., & Thomson, J. A. (1991). Children's perception of safety and danger on the road. *British Journal of Psychology, 82*, 487-505.
38）Rosenbloom, T., *et al.* (2015). Hazard perception test for pedestrians. *Accident Analysis and Prevention, 79*, 160-169.
39）Meir, A., Parmet, Y., & Oron-Gilad, T. (2013). Towards understanding child-pe-

destrians' hazard perception abilities in a mixed reality dynamic environment. *Transportation Research, Part F, 20*, 90–107.
40）蓮花一己（2001）．交通における子どものハザード知覚　帝塚山大学人文学部紀要，*8*, 13–28.
41）Fried, L. P., *et al.*（2001）. Frailty in older adults: Evidence for a phenotype. *The Journals of Gerontology, Series A, Biological sciences and medical sciences, 56*, M146–156.
42）Shimada, H., *et al.*（2013）. Combined prevalence of frailty and mild cognitive impairment in a population of elderly Japanese people. *Journal of the American Medical Directors Association, 14*(*7*), 518–524.
43）鳥羽研二（2009）．老年症候群と総合的機能評価　日本内科学会雑誌，*98*(*3*), 101–106.
44）シャイエ, K. W.・ウィルス, S. H.　岡林秀樹（訳）（2006）．成人発達とエイジング（第5版）ブレーン出版
45）日本眼科医会（2009）．日本における視覚障害の社会的コスト　日本の眼科, *80*(*6*), 付録 .（http:// www.gankaikai.or.jp/info/kenkyu/2006- 2008kenkyu.pdf）
46）自動車安全運転センター（2000）．運転者の身体能力の変化と事故，違反の関連，及び運転者教育の効果の持続性に関する調査研究報告書
47）警察庁交通局運転免許課（2014）．高齢者講習の在り方に関する調査研究報告書
48）日本眼科学会（2018）．眼の病気（http://www.nichigan.or.jp/public/disease.jsp）
49）白神史雄（2017）．厚生労働科学研究費補助金　難治性疾患政策研究事業　網膜脈絡膜・視神経萎縮症に関する調査研究　平成28年度総括・分担研究報告書, 32.
50）日本緑内障学会（2012）．日本緑内障学会多治見緑内障疫学調査（通称：多治見スタディ）報告（http://www.ryokunaisho.jp/general/ekigaku/tajimi.html）
51）土田宣明（2011）．認知機能のエイジング　大川一郎ほか（編）エピソードでつかむ老年心理学（pp. 47–88）ミネルヴァ書房
52）鈴木隆雄（監修）（2015）．基礎からわかる軽度認知障害（MCI）——効果的な認知症予防を目指して　医学書院
53）ビリン，J. E.・シャイエ，K. W.　藤田綾子・山本浩市（監訳）（2008）．エイジング心理学ハンドブック　北大路書房
54）Beurskens, R., & Bock, O.（2012）. Age-related deficits of dual-task walking: A review. *Neural Plasticity*, 2012, Article ID 131608.（https://www.hindawi.com/journals/np/2012/131608/）
55）日本老年医学会（2013）．老年医学系統講義テキスト　西村書店
56）飯島勝矢・柴崎孝二（2013）．認知・行動障害への対応　東京大学高齢社会総合研究機構（編）東大がつくった確かな未来視点を持つための高齢化社会の教科書　ベネッセコーポレーション
57）出村慎一（監修）（2015）．高齢者の体力および生活活動の測定と評価　市村出版

58）臼井永男・岡田修一（2011）．発達運動論　放送大学教育振興会
59）樋口貴広（2015）．姿勢制御　樋口貴広・建内宏重（著）姿勢と歩行——協調からひも解く（pp. 189-255）　三輪書店
60）岡本勉・岡本香代子（2004）．老化予防のウォーキング　歩行開発研究所
61）古名丈人ほか（1995）．都市および農村地域における高齢者の運動能力　体力科学, *44*(*3*), 347-356.
62）日本骨粗鬆症学会（2015）．骨粗鬆症の予防と治療ガイドライン（http://www.josteo.com/ja/guideline/doc/15_1.pdf）
63）大築立志・鈴木三央・柳原大（編）（2013）．歩行と走行の脳・神経科学——その基礎から臨床まで　市村出版
64）溝端光雄（1990）．高齢ドライバーと高齢歩行者の交通特性について　国際交通安全学会誌，*16*(*1*), 49-57.
65）矢野伸裕（2001）．信号機付き横断歩道における歩行者の横断速度に関する研究1　信号表示の切り替わり前後での横断速度の比較　科学警察研究所報告交通編，*41*(*2*), 68-83.
66）矢野伸裕（2005）．信号機付き横断歩道における歩行者の横断速度に関する研究2　横断開始タイミングと横断速度との関係　科学警察研究所報告交通編，*44*(*1*), 38-43.
67）森健二ほか（2017）．信号機付き横断歩道における移動制約者の横断速度　科学警察研究所報告交通編，*66*(*1*), 25-32.
68）Knoblauch, R., Pietrucha, M., & Nitzburg, M. (1996). Field studies of pedestrian walking speed and start-up time. *Transportation Research Record, 1538*, 27-38.
69）Gates, T. J. *et al.* (2006). Recommended walking speeds for pedestrian clearance timing based on pedestrian characteristics. TRB 2006 Annual Meeting Paper No. 06-1826.
70）清水浩志郎・木村一裕・吉岡靖弘（1991）．道路横断施設における高齢者の歩行特性に関する考察　交通工学，*26*(*2*), 29-38.
71）Crabtree, M., Lodge, C., & Emmerson, P. (2014). *A review of pedestrian walking speeds and time needed to cross the road. PPR 700.* Wokingham, Britain: TRL. (https://www.livingstreets.org.uk/media/1796/review-of-pedestrian-walking-speeds-report-v4b-280814-docx-2.pdf)
72）交通工学研究会（2006）．改訂 交通信号の手引き
73）村田啓介ほか（2007）．歩行者青信号の残り時間表示方式の導入に伴う横断挙動分析　国際交通安全学会誌，*31*(*4*), 76-83.
74）浅野美帆ほか（2012）．信号交差点における横断歩行者のクリアランス挙動に関する研究　第32回交通工学研究発表会論文集，pp. 409-414.
75）矢野伸裕・森健二（2003）．歩行者青点滅表示時における信号無視横断　科学警察研究報告　交通編，43(1), 12-17.
76）矢野伸裕（2017）．歩行者の安全——道路横断　松浦常夫（編）交通心理学（pp.

103-110）北大路書房
77）井料美帆（2014）．信号機付き横断歩道における歩行者クリアランス時間設定方法の日米比較　生産研究，*66*(*4*), 345-349.
78）Lobjois, R., & Cavallo, V.（2009）. The effects of aging on street-crossing behavior: From estimation to actual crossing. *Accident Analysis and Prevention, 41*(*2*), 259-267.
79）三井達郎・矢野伸裕・萩田賢司（1998）．無信号横断歩道における高齢者の横断行動と安全対策に関する研究　土木計画学研究・論文集，*15*, 791-802.
80）高山純一・中山晶一朗・福田次郎（2004）．高齢者の横断歩道外における横断行動の実態およびその意識に関する調査分析　土木計画学研究・論文集，*21*, 647-655.
81）Oxley, J., *et al.*（1997）. Differences in traffic judgements between young and old adult pedestrians. *Accident Analysis and Prevention, 29*, 839-847.
82）柴崎宏武（2016）．高齢者の道路横断中の事故　交通事故総合分析センター第19回研究発表会（https://www.itarda.or.jp/presentation/19/show_lecture_file.pdf?lecture_id=100&type=file_jp）
83）Dommes, A. *et al.*（2014）. Crossing a two-way street: Comparison of young and old pedestrians. *Journal of Safety Research, 50*, 27-34.
84）Dommes, A., Cavallo, V., & Oxley, J. A.（2013）. Functional declines as predictors of risky street-crossing decisions in older pedestrians. *Accident Analysis and Prevention, 59*, 135-143.
85）松井靖浩（2013）．死傷事故低減に向けた高齢歩行者における行動特性の究明と対策について　平成24年度（本報告）タカタ財団助成研究論文（http://www.takatafound.or.jp/support/articles/pdf/130626_05.pdf）
86）Dommes, A., & Cavallo, V.（2011）. The role of perceptual, cognitive, and motor abilities in street-crossing decisions of young and older pedestrians. *Ophthalmic and Physiological Optics, 31*(*3*), 292-301.
87）Dommes, A., *et al.*（2015）. Towards an explanation of age-related difficulties in crossing a two-way street. *Accident Analysis and Prevention, 85*, 229-238.
88）松浦常夫（2017）．高齢ドライバーの安全心理学　東京大学出版会
89）Baltes, P. B., & Baltes, M. M.（1990）. Psychological perspectives on successful aging: The model of selective optimization with compensation. In P. B. Baltes, & M. M. Baltes（Eds.）, *Successful aging: Perspectives from the behavioral sciences*（pp. 1-34）. Cambridge University Press.
90）ITF（2012）. *Pedestrian safety, urban space and health*. OECD Publishing.
91）萩田賢司・三井達郎・矢野伸裕（1996）．高齢者の横断歩道の利用に関連する要因についての一考察　科学警察研究所報告　交通編，*37*(*2*), 75-83.
92）尾崎龍樹（2003）．無信号横断歩道の安全性評価に基づく効果的対策導入に関する研究　大阪市立大学 大学院都市系修士論文梗概集（http://www.urban.eng.osaka-

cu.ac.jp/graduate/masterthesis/2002/master/ 土木計画 _ 尾崎龍樹.pdf)
93) Daff, R., *et al.* (1992). Pedestrian behaviour near signalized crossing. Proceedings of 16th ARRB Conference, Part 4, pp. 49–65.
94) Bernhoft, I . M., & Carstensen, G. (2008). Preferences and behaviour of pedestrians and cyclists by age and gender. *Transportation Research, Part F, 11*, 83–95.
95) 山田稔・山形耕一 (1996). 高齢歩行者を考慮した横断時間のゆとりに関する研究 土木計画学研究・講演集, *19*(*1*), 243–246.
96) Anciaes, P. R., & Jones, P. (2016). Estimating preferences for different types of pedestrian crossing facilities. *Transportation Research, Part F, 52*, 222–237.
97) Oxley, J., *et al.* (1995). An investigation of road crossing behavior of older pedestrians. *Monash University Accident Research Center, Report* No.81. (https://pdfs.semanticscholar.org/3c94/f51c316494d62a77708e875c4db0630a8075.pdf?_ga=2.16485425.686317585.1588226537-1889734545.1587634996)
98) 水戸部一孝・鈴木雅史・吉村昇 (2011). 車道横断体験用シミュレータによる高齢歩行者交通事故の誘発要因の検討 生体医工学, *49*(*1*), 108–115.
99) Scialfa, C. T., *et al.* (1991). Age differences in estimating vehicle velocity. *Psychology and Aging, 6*(*1*), 60–66.
100) Oxley, J. A., *et al.* (2005). Crossing roads safely: An experimental study of age differences in gap selection by pedestrians. *Accident Analysis and Prevention, 37*, 962–971.
101) Avineri, E, Shinar, D., & Susilo, Y. O. (2012). Pedestrians' behaviour in cross walks: The effects of fear of falling and age. *Accident Analysis and Prevention, 44*(*1*), 30–34.
102) 張馨ほか (2014). 横断歩道長と歩行者信号現示を考慮した横断歩行速度のモデル化 土木学会論文集 D3, *70*(*5*), I_1031-I_1040.
103) Coffin, A., & Morrall, J. (2014). Walking speeds of elderly pedestrians at crosswalks. *Transportation Research Record, 1487*, 63–67.

第 6 章

1) 新井邦二郎 (2001). 交通安全教育の評価 IATSS Review, *27*(*1*), 54–61.
2) 長山泰久 (1989). 人間と交通社会——運転の心理と文化的背景 幻想社
3) ETSC (2019). The status of traffic safety and mobility education in Europe. European Transport Safety Council. (https://etsc.eu/wp-content/uploads/ETSC-LEARN-Report-on-the-Status-of-Traffic-Safety-and-Mobility-Education-in-Europe.pdf)
4) 国家公安委員会 (2017). 交通安全教育指針 (平成 28 年改正版) (https://www.npa.go.jp/koutsuu/kikaku/shishin/kyouikushishin20170312.pdf)
5) 文部科学省 (2019). 2019 年度文部科学省交通安全業務計画 (https://anzenkyouiku.

mext.go.jp/mextshiryou/data/koutsuanzengyoumukeikaku2019.pdf）
6）サンデルス，S.　全日本交通安全協会（訳）（1977）．交通のなかのこども　全日本交通安全協会
7）Limbourg, M., & Gerber, D.（1981）. A parent training program for the road safety education of preschool children. *Accident Analysis & Prevention, 13*(*3*), 255-267.
8）Brake（2019）. Teaching road safety: Guide for educators.（http://www.brake.org.uk/educators）
9）NHTSA（2019）. Child pedestrian safety curriculum. Teacher's Guide.（https://www.nhtsa.gov/sites/nhtsa.dot.gov/files/cpsc-teachersguide.pdf）
10）内山伊知郎（2017）．交通発達心理学　石田敏郎・松浦常夫（編）交通心理学入門（pp. 103-119）　企業開発センター交通問題研究室
11）山口直範（2017）．子どもの交通安全教育の方法と課題——家庭と学校で取り組むべきこと　交通安全教育，*612*, 6-15.
12）本田技研（2019）．交通安全への取り組み　Honda オリジナルの教育機器・教材・発行物（https://www.honda.co.jp/safetyinfo/publish/）
13）大谷亮ほか（2014）．低学年児童を対象とした道路横断訓練の有効性　交通心理学研究，*30*(*1*), 26-40.
14）斉藤良子・日比暁美（1985）．教育手法が子どもの交通安全教育に与える影響　科学警察研究所交通編，*26*, 95-102.
15）Thomson, J. A., *et al.*（1996）. *Child development and the aims of road safety education: A review and analysis*（*Road safety report No.1*）. Department of Transport.
16）Thomson, J. A.（2008）. Kerbcraft training manual: A handbook for road safety professionals. Department of Transport.（https://strathprints.strath.ac.uk/18695/）
17）Carmarthenshire County Council (2019). Road safety. Kerbcraft.（https://www.carmarthenshire.gov.wales/home/council-services/education-schools/road-safety/kerbcraft/#.Xqpt947niUk）
18）Barton, B. K., & Schwebel, D. C.（2007）. The roles of age, gender, inhibitory control, and parental supervision in children's pedestrian safety. *Journal of Pediatric Psychology, 32*(*5*), 517-526.
19）Lee, D. N., Young, D. S., & McLaughlin, C. M.（1984）. A roadside simulation of road crossing for children. *Ergonomics, 27*(*12*), 1271-1281.
20）Rothengatter, J. A.（1981）. The influence of instructional variables on the effectiveness of traffic education. *Accident Analysis & Prevention, 13*(*3*), 241-253.
21）Thomson, J. A, *et al.*（1992）. Behavioural group training of children to find safe routes to cross the road. *British Journal of Educational Psychology, 62*, 173-183.
22）内閣府（2013）．子どもの交通安全確保に関する地方自治体等の施策の実態調査

（座長：松浦常夫）
23）JA 共済（2019）．交通安全（https://social.ja-kyosai.or.jp/contribution/traffic01.html）
24）Morrongiello, B. A., & Barton, B. K.（2009）. Child pedestrian safety: Parental supervision, modeling behaviors, and beliefs about child pedestrian competence. *Accident Analysis & Prevention, 41*（*5*）, 1040–1046.
25）Zeedyk, M. S., & Kelly, L.（2003）. Behavioural observations of adult-child pairs at pedestrian crossings. *Accident Analysis & Prevention, 35*（*5*）, 771–776.
26）Pfeffer, K., Fagbemi, H. P., & Stennet, S.（2010）. Adult pedestrian behaviour when accompanying children on the route to school. *Traffic Injury Prevention, 11*（*2*）, 188–193.
27）Barton, B. K., & Huston, J.（2011）. The role of child, parent and environmental factors in pedestrian supervision. *International Journal of Injury Control and Safety Promotion, 19*（*2*）, 153–162.
28）小松紘・大原貴弘・小野芳秀（1998）．母と子の交通行動に見られる危険要因――安全教育への一提言　東北福祉大学研究紀要，*23*, 135–150.
29）大渕初音・大谷亮（2017）．子どもの兄弟構成および性別と保護者の手つなぎ行動との関係　日本交通心理士会第 14 回札幌大会発表論文集，pp. 7–10.
30）ROSE25（2005）. *Good practice guide on road safety education*. European Commission.（https://pracoreana.com/sites/default/files/rose_25.pdf）
31）交通事故総合分析センター（2019）．交通統計　平成 30 年版
32）交通事故総合分析センター（2011）．交通安全教育に役立つ高齢歩行者事故の分析
33）Underwood, G., *et al.*（2002）. Visual search while driving: Skill and awareness during inspection of the scene. *Transportation Research, Part F, 5*（*2*）, 87–97.
34）Holland, C., & Ros, H.（2010）. Gender differences in factors predicting unsafe crossing decisions in adult pedestrians across the lifespan: A simulation study. *Accident Analysis & Prevention, 42*（*4*）, 1097–1106.
35）松浦常夫（2019）．歩行者の免許有無別の事故統計分析（未公刊）
36）国際交通安全学会（2011）．子どもから高齢者までの自転車利用者の心理行動特性を踏まえた安全対策の研究 II（https://www.iatss.or.jp/common/pdf/research/h2293.pdf）
37）国際交通安全学会（1995）．歩行者，自転車乗用時に対する運転経験の効果に関する調査研究（https://www.iatss.or.jp/common/pdf/research/h617.pdf）
38）松浦常夫（2017）．高齢ドライバーの安全心理学　東京大学出版会
39）Antin, J. F., *et al.*（2012）. Comparing the impairment profiles of older drivers and non-drivers: Toward the development of a fitness-to-drive model. *Safety Science, 50*（*2*）, 333–341.
40）Barak, B., & Stern, B.（1986）. Subjective age correlates: Research note. *The*

Gerontologist, 5, 571–578.

41) Teuscher, U. (2009). Subjective age bias: A motivational and information processing approach. *International Journal of Behavioral Development, 33(1)*, 22–31.

42) Matsuura, T. (2019). Effects of elderly people's walking difficulty on concerns and anxiety while walking on roads. Paper presented at the 14th International Conference "Living and Walking in Cities", Brescia, Italy.

43) 交通事故総合分析センター（2004）．電動車いすの交通事故――高齢者の事故が増加しています　イタルダ・インフォメーション，49.

44) 鈴木春男（1997）．シルバーによるシルバー交通安全対策――交通教育――の提案　国際交通安全学会誌，*23*(*2*), 39–46.

45) 文部科学省（2014）．効果的な交通安全教育に関する調査研究報告書（https://anzenkyouiku.mext.go.jp/mextshiryou/data/koutsu02.pdf）

46) 小宮信夫（2012）．危険予測能力を育てる地域安全マップづくり　戸田芳雄（編）学校・子どもの安全と危機管理（pp. 88–97）少年写真新聞社

47) 伊那ケーブルテレビジョン株式会社（2005）．伊那谷ねっと――「ヒヤリ」地図で交通安全防止の意識向上（https://ina-dani.net/topics/detail/?id=2610）

48) 厚生労働省（2019）．平成 30 年国民生活基礎調査の概況（https://www.mhlw.go.jp/toukei/saikin/hw/k-tyosa/k-tyosa18/index.html）

49) 内閣府政策統括官（2015）．高齢者の交通安全確保に関する地方自治体等の施策の実態調査報告書（座長：松浦常夫）

50) 松浦常夫（2017）．教育技法　高齢者宅訪問推進委員だより，232 号　東京都交通安全活動推進センター（写真はセンター提供）

51) 小山裕（2004）．世代間交流事業を通した高齢者の交通事故防止――安全で安心な地域づくりのために　交通安全教育，*463*, 6–15.

52) 市川和子・藤田悟郎・菅谷勝弘（1995）．高齢歩行者を対象とした効果的な交通安全教育について　科学警察研究所報告　交通編，*36*, 70–76.

53) 大阪府寝屋川警察署（2019）．平成 29 年 10 月 16 日「寝屋川交通安全大会を開催しました！」（http://www.info.police.pref.osaka.jp/ps/neyagawa/1001696/1001712.html）

54) 日本交通安全教育普及協会（2019）．交通安全危険予測シミュレータ（歩行者編）（http://www.jatras.or.jp/simulator/index.html）

55) Thomson, J. A., *et al.* (2005). Influence of virtual reality training on the roadside crossing judgements of child pedestrians. *Journal of Experimental Psychology Applied, 11*(*3*), 175–186.

56) WHO (2013). Pedestrian safety. A road safety manual for decision-makers and practitioners. (https://www.who.int/publications/i/item/pedestrian-safety-a-road-safety-manual-for-decision-makers-and-practitioners)

57) 久保田尚（2017）．地区交通計画　新谷洋二・原田昇（編著）都市交通計画（第 3 版）（pp. 186–187）技報堂出版

58）警察庁交通局（2020）．交通規制基準（https://www.npa.go.jp/laws/notification/koutuu/kisei/kisei20200327-2.pdf）
59）保良光彦（1978）．交通警察の基礎的考え方——交通秩序確立のために　警察時報社
60）交通工学研究会（2018）．道路交通技術必携 2018
61）稲垣賀史（2011）．コミュニティ・ゾーン対策の継続的な推進　月刊交通，*42*(*11*), 23-33.
62）橋本成仁・小倉俊臣・伊豆原浩二（2004）．路側帯拡幅のための中央線抹消施策の効果に関する研究　土木計画学研究・論文集，*22*, 703-708.
63）本田肇・金子正洋・蓑島治（2009）．物理的デバイスの効果持続性に関する研究　土木計画学研究・講演集，*40*, 104.
64）交通工学研究会（2017）. 改訂 生活道路のゾーン対策マニュアル——身近な道路を安全に　ゾーン設定からデバイスの導入まで
65）松浦常夫（2014）．統計データが語る交通事故防止のヒント　東京法令出版 pp. 165-166, 222.
66）警察庁交通局（2019）．「ゾーン 30」の概要（https://www.npa.go.jp/bureau/traffic/seibi2/kisei/zone30/pdf/zone30.pdf）
67）日本音響学会道路交通騒音調査研究委員会（2019）．道路交通騒音の予測モデル "ASJ RTN-Model 2018"　日本音響学会誌，*75*(*4*), 188-250.
68）森川多津子（2019）．自動車排出ガス計測における走行モード——ガソリン・LPG 乗用車を例として　*JARI Research Journal*, 20190502.
69）角湯克典・土肥学・菅林恵太（2013）．実道路上における貨物車の自動車排出ガス特性の把握　国総研レポート 2013（http://www.nilim.go.jp/lab/bcg/siryou/2013report/2013nilim77.pdf）
70）増田昌昭（2011）．ゾーン 30 による生活道路対策　月刊交通，*42*(*11*), 4-14.
71）大野敬（2018）．「ゾーン 30」による生活道路対策について　生活道路交通安全フォーラム（https://www.mlit.go.jp/road/road/traffic/sesaku/forum/pdf/2-3.pdf）
72）野田市（2019）．くらしの便利帳 交通・駐輪場ゾーン 30（https://www.city.noda.chiba.jp/kurashi/anzen/koutsuu/1009305/index.html）
73）Tom, A., & Granié, M. -A. (2011). Gender differences in pedestrian rule compliance and visual search at signalized and unsignalized crossroads. *Accident Analysis & Prevention*, *43*(*5*), 1794-1801.
74）羽賀研太朗・浜岡秀勝（2013）．交差点での横断歩道横断時における歩行者の右左折車確認行動に関する研究　土木学会論文集 D3，*69*(*5*), I_797-I_807.
75）Lord, D., Smiley, A., & Haroun, A. (1997). Pedestrian accidents with left-turning traffic at signalized intersections: Characteristics, human factors and unconsidered issues.（https://safety.fhwa.dot.gov/ped_bike/docs/00674.pdf）
76）内田信行（2014）．交差点での見落とし事故の発生メカニズム検証と予防安全対策の構築　筑波大学博士論文

77）交通事故総合分析センター（2012）．信号交差点における右折事故——右折先の自転車，歩行者に注意　イタルダ・インフォメーション，95.
78）交通工学研究会（2011）．改訂 交差点改良のキーポイント
79）吉武宏・小竹元基（2019）．交差点右折時の運転行動変化による歩行者衝突リスクの低減効果　自動車技術会論文集，*50*(*2*), 480-485.
80）Been-Joseph, E.（1995）. Changing the residential street scene. Adapting the shared street（Woonerf）concept to the suburban environment. *Journal of the American Planning, 61*(*4*), 504-515.
81）薬袋奈美子（2019）．欧州におけるボンエルフの普及と現状——オーストリアにおける“生活の道 Wohstraße”と“出会いのゾーン Begegnungs zone”　都市計画報告集，*17*, 413-418.
82）エルファァデイング，Z．・浅野光行・卯月盛夫（2012）．シェアする道路——ドイツの活力ある地域づくり戦略　技報堂出版
83）本田肇（2010）．欧州における生活道路施策に関する最近の動向　土木技術資料，*52*(*11*), 10-15.
84）Edquist, J., & Corben, B.（2012）. *Potential application of shared space principles in urban road design: Effects on safety and amenity*. Monash University.（https://acrs.org.au/files/roadsafetytrust/1339632202.pdf）
85）名古屋都市センター（2018）．シェアード・スペース　生成発展と変遷　平成29年度 NUI レポート，No. 026.
86）Karndacharuk, A., Wilson, D. J., & Dunn, R. C. M.（2014）. Safety performance study of shared pedestrian and vehicle space in New Zealand. *Journal of the Transportation Research Board, 2464*, 1-10.
87）自動車技術会（2010）．自動車の百科事典　丸善
88）日本自動車工業会（2020）．車両安全装備の充実　表1　乗用車の車両安全装備実施状況（2017）（http://www.jama.or.jp/safe/safety_equipment/safety_equipment_t1.html）
89）日本自動車工業会（2019）．小学生のためのよくわかる自動車百科　より安全なクルマづくり（http://www.jama.or.jp/children/encyclopedia/encyclopedia5.html）
90）自動車技術会（1996）．自動車の安全技術　朝倉書店
91）津川定之（2007）．自動車の安全運転支援システム——動向と課題　日本ゴム業界誌，*80*(*10*), 14-20.
92）原井直子（2016）．高度道路交通システム（ITS）——歴史と現状　レファレンス，*平成28年1月号*，3-29.
93）道路交通問題研究会（2014）．道路交通政策と ITS　大成出版社
94）UTMS 協会（2019）．安全運転支援システム（DSSS）（http://www.utms.or.jp/japanese/system/dsss.html）；現場急行支援システム（FAST）（http://www.utms.or.jp/japanese/system/fast.html）
95）国土交通省（2017）．「安全運転サポート車」の普及啓発に関する関係省庁副大

臣等会議中間取りまとめ（http://www.mlit.go.jp/common/001180255.pdf）
96）経済産業省（2017）．「安全運転サポート車」のコンセプト（案）について（https://www.meti.go.jp/committee/kenkyukai/seizou/supportcar/pdf/002_04_00.pdf）
97）内閣府（2018）．政府広報オンライン　暮らしに役立つ情報　夕暮れ時に歩行者が死亡する交通事故が多発！（https://www.gov-online.go.jp/useful/article/201711/1.html）
98）茨城県警察本部（2019）．交通安全かわら版　ライト切り替えによる交通事故防止（平成30年中）（https://www.pref.ibaraki.jp/kenkei/a02_traffic/archives/blockprint/pdf/h31/h31-02.pdf）
99）木下義彦（2018）．AEBの追突事故低減効果の分析　第21回交通事故・調査分析研究発表会（https://www.itarda.or.jp/presentation/21/show_lecture_file.pdf?lecture_id=110&type=file_jp）
100）近藤直弥（2019）．衝突被害軽減ブレーキ（AEB）の世代別効果分析　第22回交通事故・調査分析研究発表会（https://www.itarda.or.jp/presentation/22/show_lecture_file.pdf?lecture_id=125&type=file_jp）
101）国土交通省（2019）．日本が主導してきた自動運転技術に関する国際ルールが国連で合意！――衝突被害軽減ブレーキの国際基準の成立（https://www.mlit.go.jp/report/press/jidosha07_hh_000307.html）
102）自動車事故対策機構（2019）．予防安全性能アセスメントの概要（http://www.nasva.go.jp/mamoru/active_safety_search/about_active_safety.html）
103）交通事故総合分析センター（2018）．衝突被害軽減ブレーキ（AEB装置）の対四輪車追突事故低減効果の分析結果（https://www.npa.go.jp/koutsuu/kikaku/koureiunten/menkyoseido-bunkakai/3/kakusyu-siryou/4.pdf）
104）富士重工業（2016）．スバル　アイサイト搭載車の事故件数調査結果について（https://www.subaru.co.jp/press/news/2016_01_26_1794/）
105）伊藤大輔・水野幸治・齊藤大蔵（2016）．JTDBを用いた歩行者，自転車乗員の傷害発生に関する分析　日本交通科学学会誌，*15*(*2*)，36-49.
106）本田技研工業（2019）．Hondaの安全技術（https://www.honda.co.jp/tech/safety/technology/）
107）永冨薫（2013）．クルマの歩行者保護技術　*Motor Ring*, 36.（https://www.jsae.or.jp/~dat1/mr/motor36/07.pdf）
108）橋本善之ほか（2019）．シンプルな構造で画期的に性能が向上する歩行者保護エアバッグシステムの開発　自動車技術会オートテクノロジー2019（https://www.jsae.or.jp/auto_tech/docu/auto_tech2019_03.pdf）
109）消防庁（2018）．平成30年版救急・救助の現況
110）漢那朝雄・杉森宏・橋詰誠（2009）．理想のメディカルコントロール　国際交通安全学会誌，*34*(*3*)，276-285.
111）自動車事故対策機構（2019）．事故自動通報システム（ＡＣＮ）の概要（https://

www.nasva.go.jp/mamoru/acn/about_acn.html)
112) 石川博敏 (2019). 事故自動通報システムの歴史と今後の課題　日本交通科学学会誌, *19* (*補*), 26.
113) Holmberg, M., Holmberg, S., & Herlitz, J. (2000). Effect of bystander cardiopulmonary resuscitation in out-of-hospital cardiac arrest patients in Sweden. *Resuscitation, 47*(*1*), 59-70.
114) 東京消防庁 (2019). 応急手当の重要性 (http://www.tfd.metro.tokyo.jp/lfe/kyuu-adv/joukyu/oukyu-01.htm)
115) 厚生労働省 (2018). ドクターヘリの現状と課題について　第8回救急・災害医療提供体制等の在り方に関する検討会資料2 (https://www.mhlw.go.jp/content/10802000/000360981.pdf)
116) 篠原拓也 (2016). 救急搬送と救急救命のあり方――救急医療の現状と課題 (前編)　ニッセイ基礎研究所レポート, 2016-07-28.
117) 厚生労働省 (2013). 救命救急センター及び二次救急医療機関の現状第2回救急医療体制等のあり方に関する検討会資料2 (https://www.mhlw.go.jp/stf/shingi/2r9852000002xuhe-att/2r9852000002xuo0.pdf)
118) 厚生労働省 (2018). 救急医療体制の現状と課題について　第4・5回救急・災害医療提供体制等のあり方に関する検討会資料1 (https://www.mhlw.go.jp/content/10802000/000328610.pdf)
119) 丸茂裕和 (2000). わが国救急医療体制発展の歩み　日本救急医学会雑誌, *11*, 311-322.

著者略歴

松浦 常夫（まつうら・つねお）

1954 年　静岡県に生まれる

1978 年　東京大学教育学部教育心理学科卒業

1978 年　警察庁科学警察研究所技官（交通部交通安全研究室）

1986-87 年　英国交通省 TRRL 研究所留学（科学技術庁派遣）

2001 年　大阪大学博士（人間科学）

現　在　実践女子大学人間社会学部教授（2004 年～），元・日本交通心理学会会長（2014 ～ 17 年）

主　著　『初心運転者の心理学』（企業開発センター，2005 年），『統計データが語る交通事故防止のヒント』（東京法令出版，2014 年），『高齢ドライバーの安全心理学』（東京大学出版会，2017 年），『シリーズ心理学と仕事 18　交通心理学』（編著，北大路書房，2017 年），『交通心理学入門』（共編者，企業開発センター，2017 年）

歩行者事故はなぜ起きるのか

2020 年 7 月 31 日　初　版

［検印廃止］

著　者　松浦常夫

発行所　一般財団法人　東京大学出版会

代表者　吉見俊哉

153-0041 東京都目黒区駒場 4-5-29

http://www.utp.or.jp/

電話 03-6407-1069　Fax 03-6407-1991

振替 00160-6-59964

組　版　有限会社プログレス

印刷所　株式会社ヒライ

製本所　誠製本株式会社

ISBN 978-4-13-013315-9　Printed in Japan